培养未来 CEO

给孩子的领导力课

邝小平 —— 著

清华大学出版社
北京

内 容 简 介

  本书针对家庭及学校教育中所重视的孩子的自信心、幽默力、财商训练及领导力教育的话题进行了剖析和挖掘，鼓励孩子努力做自己的 CEO，走向成功与卓越。在本书中，作者介绍了部分科学家、运动员、农场主以及领导力培训师等人的成长和教育经历，突出自信心、财商和领导力教育在家庭教育中的重要性。本书指出教育中还应加强对创业精神的重视，鼓励孩子勇于创造，强调家庭和学校应重视对孩子思维方式的培养。孩子拥有了改变世界的梦想，便拥有了努力做最好的自己的内驱力。

图书在版编目（CIP）数据

  培养未来 CEO：给孩子的领导力课 / 邝小平著. —北京：清华大学出版社，2021.1
  ISBN 978-7-302-56977-0

  Ⅰ.①培… Ⅱ.①邝… Ⅲ.①成功心理—家庭教育 Ⅳ.① B848.4 ② G78

  中国版本图书馆 CIP 数据核字（2020）第 230574 号

责任编辑：杜春杰
封面设计：刘 超
版式设计：文森时代
责任校对：马军令
责任印制：杨 艳

出版发行：清华大学出版社
    网 址：http://www.tup.com.cn，http://www.wqbook.com
    地 址：北京清华大学学研大厦 A 座 邮 编：100084
    社 总 机：010-62770175 邮 购：010-62786544
    投稿与读者服务：010-62776969，c-service@tup.tsinghua.edu.cn
    质量反馈：010-62772015，zhiliang@tup.tsinghua.edu.cn
印 装 者：三河市铭诚印务有限公司
经 销：全国新华书店
开 本：170mm×240mm 印 张：16.5 插 页：1 字 数：199 千字
版 次：2021 年 3 月第 1 版 印 次：2021 年 3 月第 1 次印刷
定 价：59.00 元

产品编号：086981-01

1. 2019 年，约翰·古迪纳夫获诺贝尔化学奖，作者携孩子们与他共进午餐庆祝

2. 作者参加美国"爱与逻辑"教育机构培训，与"爱与逻辑"创办人之一的查尔斯·费伊博士合影

3. 作者常常与约翰·古迪纳夫教授一起探讨教育问题

4. 作者为美国奥斯汀市的家长们讲授正面管教课

5. 作者在美国达拉斯为华人家长们讲授正面管教课

1. 作者接受新浪育儿视频访谈，讲述积极教养知识
2. 作者为广州广雅实验学校的中学生们讲课，介绍西方国家的不同学习方法
3. 作者为北京海淀区的家长们讲正面管教课程

致我最爱的宽宽、跃跃和天天。

序

放下焦虑　与爱同行

第一次见小平，我就被她的幽默、自信和敏锐的思维感染，她和我分享了她因为丈夫赴美做博士后，她选择跟随而不得不辞去她热爱的记者工作，和她如何适应美国的文化和教育的经历；也和我分享了她在各种育儿杂志上和博客空间发表的文章。我俩相谈甚欢，彼此相见恨晚。从此，我们成了无话不谈的密友。教育、婚姻、经济以及中西方教育的区别都是我们最爱谈论的话题。

我是中国福建一家连锁英文教育机构的创办人，12年间我开办了6家英文培训机构，多次受邀福建电视台做教育类的主题讲座；也曾在海内外学校和组织开展了以教育为主题的演讲和培训，受众多达10万人次，在圈内也算是小有名气的"文化人"了。这么多年的教学经验让我接触了大量的学生、家长，很多孩子身上存在的问题背后都隐藏着父母不正确的教育方式，由此我便看到了父母学习亲子沟通方法以及掌握家庭教育技巧的重要性。

有这样一个观点：**一个人能飞得多高，首先取决于他看到的最高点有多高。**在小平的这本书中，她用很多现实的案例给我们展示了父母培养孩子面对亲情、友情，甚至未来的爱情时的应对方法，我也很认可幽默力在人际交往中有化险为夷、化干戈为玉帛的作用。2019年，我们都在讨论着AI、大数据、区块链、多元化助推创新，担心着世界经济下沉，但无论世界怎样变化，我们都需要保持一种幽默的心态，用乐观的态度看待世界，因为父母的幽默力深深影响着孩子的价值观和世界观。

我和我的先生长居美国，有两个可爱的女儿。如今大女儿已经 8 岁，小女儿 5 岁，都在美国上小学。我的先生从小在美国接受教育，而我是在中国接受的教育，所以在我们家很自然地存在着两种不同的教育方式，也因此常常会有冲突。所以如何平衡对孩子的教育就需要艺术，我与先生之间需要演绎幽默，要学会配合演戏。我的大女儿 Maggie 洗漱完总忘记把溅在地上和洗脸台的水擦干，提醒了多次都没用。我就让先生假装在卫生间滑倒，并让大女儿到卫生间扶起先生，同时告诉她："妈妈经常和你说，要把卫生间的水擦干，这样下一个人用卫生间的时候，才不会滑倒。"女儿赶紧向爸爸道歉道："爸爸，对不起，下次我一定把水擦干，不让你摔倒。"当然，这场戏也让小女儿来观看，从而也就避免了我们将来要重复演戏。我们这样演的原因是孩子会犯错，他们还不知道犯错的后果。作为家长，我们可以把犯错的结果演绎给她看，这很好地规避了重复的说教。很多孩子有拖拉、做作业不专注、上课爱吵闹、不懂礼貌、说谎、胆小怯懦等问题，这些问题都可以通过父母的演戏来解决。只有在生活中能管理好自己的孩子，将来才可能管理好自己的人生。

当然，家长们有不同的家庭背景，对自己孩子的期望值也不同，所以也很难将一种固定的教育方式套用于所有家庭。重要的是找到最适合自己目标的教育方式。庆幸的是，无论社会如何变迁、发展和进步，作为父母的我们，基本的愿望就是希望孩子身心健康。小平的这本书中所提到的孩子的性格培养，其核心是塑造孩子的自信、幽默、财商和领导力，它很好地解释了培养孩子身心健康的方法。

理想的家庭教育离不开爱，爱是一切教育的核心。家庭是爱与责任并存的地方，可是很多家长因为爱的度没有把握好，加上教育焦虑，所以他们的爱就变成了对孩子的伤害，本该培养孩子的自信反而造成了孩子的自卑。他们忘记了和孩子说笑，大部分时间只是关心孩子的作业和考试，或者单词是否背完，年级排名是否靠前，等等。在这种情形下，家长首先要解决的问题是教育焦虑。小平在她的第一本书《积极教养》中，就用大量的实例介绍了解除焦虑的技巧和方法。本书中提供的大量案例，则是在解除焦虑的基础上所做的进一步延伸，拓展为家长在不焦虑、不急躁的情绪下，如何帮助孩子成长与进步，实现自我。

美国常春藤大学的奖学金并不只给那些会考试的学霸，更多会颁发给这样的学生——**他们内心向往着更大的世界，有着探索未知事物的好奇心，独立，真实，有世界情怀，能深入思考问题，懂得不断提升自己，把人生当成不放弃和不断调整的过程，坦然面对困难和挫折。**

我希望所有阅读了本书的家长可以从焦虑的状态中得以解脱。每个孩子都有独特的美。我的大女儿在学校被同班的男同学嘲笑说："你的脸好圆，像块饼。"她回应那个男生说："这个大脸的女生会说中文，她非常特别！"我有好多学生因为害怕自己的英文口语不够好而不敢张口大声说，我也鼓励他们说："大声说出你的英文来，因为痛苦的是听的人，你自己不会痛苦。"

所有的焦虑都可以通过自信来化解。我们不要求孩子完美，但可以引导孩子努力。我们即便成不了完美的父母，也需要做坚韧的父母。要让我们的孩子感受到我们待人接物的方式，要做好自己并给予孩子爱，教孩子去爱

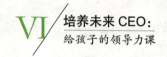
人。一个人能成为什么样的人，家庭的引导是非常重要的。无论在大城市还是小地方，一个家庭能够给予孩子的物质资源总是有限的，但是一个家庭给孩子塑造的秉性和习惯，影响的却是孩子的一生。最好的教育，始终来自父母和家庭。

希望读者能够用轻松愉快的心情阅读这本书，并有所获。

关爱国际英语创办人，亲子家庭教育指导师

廖涧鸿

2020 年 12 月

自序

在美国，印度被称为"CEO 出产国"，因为世界 500 强企业中，有 30% 的 CEO 由印度人或印度裔担任。美国的很多高科技公司就冲着这"CEO 出产国"的神话，每年都会派出招聘队伍前往印度物色人才。印度能创造这样的职场神话，归因于他们的家庭教育。他们重视社交与演讲，孩子从小被培养得幽默善辩，高中起就开始接触工商管理课程……

我儿子宽宽与一个印度裔男孩塞桑成为好朋友，他们经常一起打球，一起吃饭，一起玩耍。塞桑的爸爸常常亲自来接我儿子到他家里去，就是为了让两个孩子一起练球和谈心。宽宽能言善辩，在家里常常与我们争辩，让我与先生烦恼不已。但在塞桑家，他喜争辩的特点却成为了他们家欣赏的优点。塞桑的爸爸希望两个男孩多在一起探讨辩论，并相信这种辩论能让他们打开新的世界。我们原来担心儿子在别人家争辩会惹来麻烦，没想到他与塞桑一家关系越来越亲密。他们一起吃手抓饭，一起讨论时事政治，塞桑的爸爸还教儿子跳印度舞蹈。儿子说塞桑一家已经把他当作自家人。儿子说塞桑一家非常幽默，他们总是高谈阔论，家里充斥着欢声笑语，跟我们华人的严肃认真不太一样。

认识塞桑一家后，我才开始思考印度成为"CEO 出产国"绝非偶然，也才开始意识到 CEO 的确是可以培养出来的。大多数父母都希望自己的孩

子能成才，拥有优质的生活与卓越的成就。成就可以培养，只是父母在教育孩子一事上很容易走错方向，我们会在可以看见成绩的硬指标上用力过猛，却在培养孩子的软实力，如自信、幽默力、财商、领导力等方面欠缺引导，甚至用不当的方法破坏了这些软实力。

十年来，我一直在用心当母亲，但有时也会因为过于用心而使相互之间受到伤害。对待最亲的人，我们常常有过多的期待，这种期待会成为压力，这种压力会带来焦虑，成为我们没法控制好脾气、没法好好说话、为了孩子成长过程中的丁点儿小事而坐立不安以致失去耐心的内在破坏力。我在我的第一本书《积极教养》中，讲述了如何运用正面管教法解除焦虑，如何与孩子共同成长，引起了很多读者的共鸣。很多读者反馈说他们在运用该书描写的方法改善了与孩子的沟通方式后，孩子变得更合作、更上进，真正地产生了自我成长的内在动力。

孩子们进入小学以来，我发现自己产生了新的焦虑，这种焦虑来自社会的竞争压力，以及对于孩子未来的思考。如果说《积极教养》是一本关于教育技巧的书，那这本《培养未来CEO：给孩子的领导力课》就是一本培养孩子梦想的书，主要讲述了父母们应该怎样做，才能让孩子们勇于追求自己的梦想与未来，追求卓越，成为CEO式的领军人才。

孩子的梦想与未来我们无法强加给他们，我们可以做的，就是创造一条通道，让孩子自己走进去发掘自己的才能，追求自我的实现。当今社会出现了很多"佛系"青年，追求无我境界，他们常常因为没有找到自己可以为之努力的梦想，努力守护着心灵深处不被世俗入侵的一片净土，用"佛系"理念进行自我保护，隔绝了与外界的接触。也有很多青年躲在电子游戏建造的虚幻城堡里，追求那种用宝剑杀死恶龙救出公主而带来的成就感，却在现实生活中完全不懂得如何自我实现，如何爱人。虽然我们应该尊重个人的选择，但从教育发展与进步的角度出发，我们更希望下一代能够出现更多拥有理想，并具有生命力的青年——他们懂得追求进步，拥有爱人的能力，对社会与家庭愿意承担责任。

我在本书中主要讲述了如何培养孩子的自信心、幽默力、财商与领导力，因为具备这四种能力的人未来会更有成就。而这些能力却难以在成年后短期内习得，童年时父母的教育方式，会或多或少地决定孩子成年后是否能拥有这些能力。

圣诞节滑雪是我们家的常规度假活动，我因为畏高而无法与家人一起享受在雪山驰骋的欢乐，于是便躲在度假屋里，看着窗外漫天飞雪，想象着孩子们一次又一次地摔跤，一次又一次重新爬起来继续的场面。记得孩子们刚开始学滑雪时，很多次在我接到他们时，他们已经手脚冻僵，挂着鼻涕，扑到我怀里哭着说再也不来滑雪了，因为他们几乎是从雪山上滚着下来的。然而第二天上午，我还是会为他们整理好衣服，帮他们戴好头盔手套，忐忑不安但仍装作满心欢喜地送他们出门。他们抱着雪具一步一回头地跟着爸爸蹒跚着往山上走去。纷飞的大雪模糊了我的视线，我只能看见两个小小的身影慢慢变成红色和蓝色的两个小点淹没在人海中。

从不断摔跤的艰难到享受在雪山上驰骋的成就感，孩子们付出了很多努力，我们也埋藏了很多焦虑与担忧。但人生就是在这种痛苦与快乐中交错前行的。

因为不愿意孩子们只躲在温暖的家中被电子产品控制，我们几乎把所有的节假日时间都用于各种各样的户外活动，冬天滑雪，夏天冲浪，春天划艇，秋天露营。有读者问我为什么感觉我们家总是在户外，有很多妈妈读者

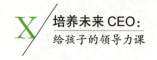
还表示先生常年工作在外，一家人根本没有时间聚在一起。我觉得家庭的户外拓展活动不但有助于孩子的身心成长，更是这个家庭共同的美好回忆，无论对于亲子关系还是夫妻关系都有非常大的益处——有助于培养出更有生命力的孩子。因此我很重视家庭度假计划，常常在年初就把一年的度假计划都安排好了，工作再忙碌，节假日都必须留给家庭活动。

一个孩子如果拥有强大的自信，就不会惧怕失去，从而敢于追求自我的实现。让孩子自信的秘诀就是父母认同和接纳孩子，孩子在被认同中不断地实现自我，拥有更高的自我价值感与成就感。这将会成为孩子们追求梦想的催化剂。拥有自信心的孩子不需要父母的监督和催促，便能找到适合自己的人生路。

幽默力的培养是中国家庭教育中常常被忽视的，大多数家长都十分严苛，很重视孩子的学业。成年以后，那些拥有幽默力的人，因为有更乐观豁达的心态，更容易活出真实而美好的自我，也更容易实现梦想。拥有幽默力的人是更强大的能量体，他们是打不死的"小强"，摔倒了就哈哈大笑爬起来，然后跑得更快，跳得更高。

很多家长曾经向我透露自己的孩子财商为零，从来不在意钱的问题。即便进入青春期了仍然没有想过钱是从哪里来的，只会大手大脚地花钱。那是因为如今大多数孩子的生活都是父母一手包办的，且十分容易得到物质上的满足，孩子没有为生活产生过焦虑，没有为钱发过愁，自然不懂得赚钱的艰辛。但我们需警醒：孩子长大后的生活不会一帆风顺，我们得给予孩子更多生存与生活的智慧，只有这样才能保证孩子在未来过上富足的生活。

我在学习家庭教育的过程中，也学习了大量的心理学和经济学方面的知识，本书描写了很多把心理学与经济学用于家庭教育的方法，如峰终定律的运用，经济学概率算法，等等。我们常常会觉得孩子小不懂事，其实不然，当我把那些心理学和经济学的概念跟孩子们分析讲解时，他们会恍然大悟，并从中吸收很多帮助他们自我实现的元素。孩子们的学习能力比成年人强，只要我们乐于跟孩子们分享，他们就能自我吸收并自我成就。

我先生在美国做完博士后进入一家公司做科研工作，几个月后却遭遇公司裁员。当他沮丧地回到家躺在床上，告诉我他失去了工作，不知道应该怎样面对嗷嗷待哺的孩子们时，我拥抱着他安慰他：这是上天给他的机会，让他摆脱那份他不喜欢的工作，去追求属于他自己的人生；他不应该去当工程师，而应该当 CEO。他惊讶于我不但没有抱怨，反而相信他必定能创造自己的事业。多年后，他创造了自己的公司，业务范围拓展到世界各地。他常对孩子们说，如果没有妈妈，就没有他这个 CEO。随着孩子们逐渐长大，我们开始培养孩子社交、理财、演讲、辩论、销售、管理等方面的能力，并对培养下一代 CEO 充满信心。

为此写下这本《培养未来 CEO：给孩子的领导力课》，与读者们一起成长进步。

2020 年 12 月

目录

第一章

自信的力量：
让孩子内心强大

自然界中，呼吸越慢越均匀的动物寿命越长，比如乌龟；而呼吸急促的动物寿命却较短，比如呼吸急促的狗寿命就没有猫长。而对于人类而言，所有负面情绪如生气、悲伤、惊恐等都会使我们进入呼吸急促的状态，严重时甚至会导致癌症或心脏类疾病，从而影响生命进程。

神奇的腹式呼吸法。腹式呼吸法起源于印度，其模拟的是婴儿期的呼吸。我们都看过婴儿睡着后呼吸的样子，自然而缓慢，与整个世界的运转十分协调。当婴儿吸气时，他的肚子会微微鼓起；当他吐气时，肚子又会轻轻地缩进去。这种呼吸方法与我们日常的呼吸方法有所不同，我们的呼吸状态通常是：吸气时肚子收缩，吐气时肚子鼓起。而随着人不断成长，不断地产生烦恼，逐渐有了很多急促的呼吸。它们是由愤怒、悲伤或者恐惧所致，这些急促的呼吸没有让气通达肺部直入丹田，而是急促地卡在喉咙，或者郁结于胸腔，没法循环。

我在家里组织了正面管教家长课堂，在这里，爸爸妈妈们首先得学会从深层次了解自己，这样才能更好地学习教育孩子的方法。正面管教课堂的环节之一就是练习腹式呼吸法。

播放着轻柔的音乐，点燃一些香薰，让所有人都坐在地毯上，用最舒服的姿势坐着，然后闭上眼睛开始练习腹式呼吸法。

在大家开始调整呼吸进入一个安静而祥和的状态时，我开始运用美国催眠大师斯蒂芬·吉利根的自我催眠法，引领大家进入梦境。有兴趣的读者可以在家中与配偶或亲人一起练习这种催眠方法：

你与孩子建立了更深层次的链接，他们想要爱你，他们想要追随你，他们想要跟你链接。

吸气……深呼吸，让气穿过你的身体，屏住呼吸，最后，释放……放松，吐气……放下……

你可以感受到你的内心像一个平静的湖泊一样，在这个平静的湖泊中，我想邀请你接纳三个不同的画面。

第一个我希望你想象的画面是：回忆你生命中的某个时刻，你非常爱你的孩子。想象那样的一个时刻，可能是在他们年幼时……想象那个时刻、那个地方，那个你非常爱他们的地方，它会提醒你，你是多么爱自己的孩子……你给予了孩子那么多的爱。这是一件非常美好的事情，因为为人父母，我们需要所有的爱……有的时候，为人父母真的是挺艰难的……

第二个我希望你感知的画面是：回忆一个你们跟孩子之间有困难的时刻，他们没有听从你的指挥，你很生气……他们不听话……他们很悲伤……心里带着爱去感知。有的时候，我们真的很挣扎……了解这一点很好！放松……了解这一点很好！

最后一个画面，我希望你想象一下自己在未来和孩子处于非常快乐的正向链接中，这是一个正向的未来的画面，你与孩子在一起……看到他，并感知到这就是你所期待的未来！这样你就可以创造你们的未来——你和孩子有了快乐链接的未来，你们这个家庭一起踏上了非常愉悦的旅程。

呼吸，放松，吸气，吐气……

妈妈凯伦的眼泪。在悠扬的音乐与缭绕的桂香中，我带领家长们进入自己脑海中这三个想象中的画面。我观察着每一位家长的面部表情。有一些家长没法进入意境，他们会左顾右盼，不知应该怎样深入。这些家长在家庭教育中往往运用头脑思考多于情感引导，他们没法让头脑放松下来以腾出一些空间给予自我或者他人情感满足，因此冥想对于他们来说多少有些困难；有一些家长在催眠结束后眼眶湿润甚至泪流满面，他们渴望情感得到链接，他们在亲子关系中遭遇到理性与情感的强烈冲突，他们手足无措又渴望链接，他们感动于未来的和谐温馨，热切地盼望能结束现实中的痛苦，走向一个正向的未来；有一些家长则在整个催眠过程中气定神闲，结束后在谈感想时，他们会说很美好，看到自己与孩子的将来很美好，心里很快乐。

在这节催眠练习课前我了解了所有人的原生家庭，而在催眠过程中，那个哭得最痛快的妈妈凯伦，是一个从小就在父母打骂与忽视的环境中长大的孩子。而她在与女儿的关系中的困惑，是她总是对女儿非常愤怒，忍不住会打骂女儿。但据她所说，她 7 岁的女儿已经像一个小大人一样，不但能照顾好自己，还能承担起为一岁半的妹妹洗澡等高难度的工作。然而凯伦却始终认为女儿做得不够好，而且不理解女儿为什么会乱发脾气。

在催眠练习的第一个画面开始时，我便看见了凯伦那两行止不住的眼泪。她闭着眼睛，听我念每一个画面，似乎呼吸都停止了，只任凭眼泪流淌。我似乎看到了那个叫凯伦的孩子，在一个不被接纳、不被肯定的世界，渐渐地任由童年与欢乐被悲伤吞没！没有人听得见她心里的呐喊，没有人理解一个表面很乖的、任由父母打骂的女孩内心潜藏着的愤怒。

而凯伦的女儿，在 30 多年后，会重新被投射成为另一个小凯伦。

我问凯伦在哪里被触动以致落泪了。她说在第一个画面，她看见了小时候的女儿，是那么可爱，那么乖巧。"其实我女儿真的非常乖，我不知道我为什么对她那么凶。"凯伦再度流泪不止。

有家长递给凯伦纸巾，拍拍她的肩膀安慰她。我没说什么，我知道凯伦在与内在的自己产生链接，她会在课堂上慢慢地认识自己，慢慢地找到童年时失落的美好情感，并会把这种美好重新投射到女儿身上，让女儿成为一个快乐的个体。

激发孩子自我实现

马斯洛需求金字塔

著名的社会心理学家马斯洛的需求层次理论指出，人类的需求分为生理需求、安全需求、社交需求（爱与归属感需求）、尊重需求和自我实现需求 5 个层次。这 5 种需求依次由较低层次到较高层次排列成如图 1-1 所示的金字塔模式。

自我实现需求

尊重需求

社交需求（爱与归属感需求）

安全需求

生理需求

图 1-1　马斯洛的需求金字塔

人只有在满足了处于较低层次的需求后，才能去追求更高层次的需求。比如说，如果一个人同时缺乏食物、安全、爱和尊重，那他对食物的需求是最强烈的，其他需求则显得没那么重要，他会把所有能量用于获取食物，以解决马斯洛需求层次理论中的第一层次需求——生理需求。

当人们解决了生存问题后，就会把注意力集中在第二层次的需求——安全需求上，其表现为感官和智能上的安全。

当安全需求被满足后，人们会开始寻求第三层次的需求——社交需求，也可以称为情感与归属感的需求。此时，人们开始在爱情、亲情、友情等各种社会关系中实现需求的满足并寻求情感的归属。

当人们拥有了稳定的社会关系后，第四层次的尊重需求便作为更高级、社会化程度更高的需求出现了。人们会希望自己拥有稳定的社会地位，个人的能力和成就得到社会的承认。尊重需求分为内部尊重和外部尊重，内部尊重是指人的自尊，指一个人希望在各种不同情境中有实力，能胜任，且充满信心，能独立自主。外部尊重是指一个人希望有地位，有威信，被别人信赖、尊重，获得高度的评价。马斯洛认为，尊重需求的满足能使人对自己充满信心，对社会满腔热情，从而实现自己的价值。

而当生理需求、安全需求、社会需求和尊重需求都得到满足后，人们会自发追求最高层次的自我实现需求，希望实现个人理想抱负，最大限度地发挥个人潜能。达到自我实现境界的人，接受自己也接受他人，解决问题的能力增强，自觉性提高，善于独立处事，做适合自己的工作，并从中得到莫大的快乐。

未被滋养的不自信感

我花了如此大的篇幅来描述马斯洛的需求理论，是因为曾经发生在我身边的一件小事引发了我的思考。有一年，我们在洛杉矶的家中来了客人，是一家三口。爸爸是国内一名小有成就的企业家，他与妻子带着已经 15 岁上初三的儿子来我家做客，希望了解一下孩子留学的事。

我们按美国待客的惯例邀请他们在我家里用餐，这位企业家彬彬有礼，精明能干，一看便知是那种在商场阅历无数的人；他的妻子虽打扮精致，眼神中却有种未被家庭关系滋养的不自信感，对话时总会躲开他人的目光；他们的儿子比较瘦，个子已经比妈妈高出很多，但不爱说话，在我家做客期间没有跟我们有过任何交谈。用餐期间，爸爸与我们交流，妈妈则一直在招呼着儿子吃菜，儿子厌烦母亲，把腰放软倚靠在椅子上，一副青少年独有的无病呻吟的叛逆姿态。而爸爸即便在吃饭，眼光也常常斜向儿子和妻子，一副厌恶的表情。儿子感觉如坐针毡，扒拉了几口饭就坐到沙发上去玩游戏了。

为缓和气氛，饭后我给大家端上一盘西瓜。那位妈妈拿起一块西瓜走到儿子旁边，用各种方法劝说儿子吃一块西瓜，甚至要喂到孩子嘴里。儿子用极度厌恶的表情看着妈妈，又不好在别人家里发作，轻轻咬了一口西瓜便厌烦地走开了。而他含在嘴里的那口西瓜，用了很长时间才吞咽下去。

我们还没有聊到教育问题，但这一家三口的相处模式却尽显无遗。那一刻我就想到了马斯洛的需求层次理论，我看到的是一个只在物质方面被满足了的妻子，她没有安全感，没有得到家庭关系的滋养，因此更无法谈及尊重与自我实现的需求。这位妻子或许是因为害怕丈夫的责怪，一心只希望把儿子养好以获取更多需求的实现，只是她本身的各种高层次需求未被满足，因此无法用自我各层次需求的满足感去滋养孩子，而只能停留在最低层次的生理需求上。她希望能更努力一把，让太瘦的孩子吃得更多，养胖一点，以此来证明她在这条供养链上还有存在的价值。

只可惜事与愿违，一个在各个需求层次中没有得到满足的母亲，所能投射给孩子的，只能是精神的匮乏与空虚。

重新去审视马斯洛的需求理论，我们会发现，除了第一层次是关于物质需求的，其他四个层次都是关于精神需求的。纵观人的一生，除了半岁以前的婴儿只有生理需求外，从半岁以后开始，婴儿认识到自己与母亲并非一体，于是开始认生并产生对母亲的依赖，这便是安全需求的开端。而三岁前孩子希望与母亲形影不离的欲望，便是情感需求的最大体验；在确认母亲不会离开自己后，孩子开始走进同龄小伙伴的世界，以满足他们的社交需求。进入小学阶段，孩子希望得到老师和同学的认可，开始追求独立处理问题，希望得到父母更多的尊重和包容，以满足他们的尊重需求。而青少年阶段，孩子在前面几个层次的需求都得到满足后，会开始追求个性，希望自己与众不同，同时反抗父母的权威，希望用自己的方式得到自我价值的实现，这是他们在满足自我实现的需求……然后，孩子长大成人，成家立业，在各种需求仍然并列存在的同时，自我实现的需求终其一生都会存在。直至离开世界的那一刻，仍然在为自己这一辈子是否得到了自我实现或感恩或哀叹，却很少有人会在那一刻谈及自己这辈子是否吃好，够不够高，够不够壮。

我们是否走错了方向

用马斯洛的需求层次理论去重新审视人生，你会对自己是否走错了方向产生怀疑。吆喝着孩子吃饭时，如果我们手中只有胡萝卜，可以在餐桌上与孩子聊聊胡萝卜的起源，人类种植与畜牧的发展和进步，胡萝卜为什么会是橙色的，甚至可以聊到一根胡萝卜曾经给欧洲王室带来的经济腾飞。餐桌上的一顿丰盛的精神盛宴，可以滋养孩子的一生，让他在面对自我实现的需求时，能有更多信心和底气。

从另一个角度来看，如果你常常无缘无故地对孩子发脾气，或者总是觉得孩子不够好，心中有很强的愤怒感，那首先要明确自己正处在哪一个需求层次中。你迫切需要满足的是一次足够好的休息或睡眠之类的生理需求，还是因觉得自己在婚姻中没有得到爱的滋养而产生的情感需求？又或者恐惧于因为孩子的羁绊而觉得自我价值没法实现？

有一位妈妈曾经找到我，向我倾诉在辅导女儿作业时她常常会暴怒。有时并非因为女儿有多么严重的问题，但她就是容易发火。她不知道是什么原因，希望得到我的帮助。我询问她与丈夫的关系，她说自己与丈夫分居两地，丈夫在另一个城市上班，自己带着女儿在家中，丈夫大概一年回家三趟。在聊到丈夫每次回家看到她与女儿发生争吵就会批评她没有教好女儿时，这位母亲眼圈儿一红，强忍着没让泪水流下来。

我心里明白，这位母亲处在马斯洛需求层次的第三层次，也就是爱与归属感的需求没有获得满足。她没有得到婚姻的滋养，无法跨越到获取尊重和自我实现需求的满足，因此她感觉自己被卡在某个无法跳出的循环中，看不见希望。尽管她非常爱女儿，也希望女儿能拥有好的成绩，但潜意识里，她认为是女儿的存在使她的婚姻打上了死结，并让她看不到自我价值。因此，她在无意识中便会迁怒于女儿，把自己未被满足的情感需求与无力感传递到女儿身上。

女儿的爱与归属感的需求得不到满足，就无法让自己获得更高级的尊重与自我实现的需求的满足，于是对母亲有了恨意，她会通过激怒母亲或者攻击自己来试图解决问题。孩子的自我攻击轻者会导致自我封闭与否定，重则会伤害自己。女儿由于知道当问题严重时爸爸可能会回家来处理，因此为了吸引爸爸回家以满足妈妈的情感诉求，她会变本加厉地制造出能激怒母亲的行为，希望以此帮助母亲和自己跳过这个层次的需求进入下一个层次。

当我们发现家庭教育中的各种问题后，不能单纯地从孩子是不是有问题的角度来思考，而应该综合思考一下孩子的需求处于哪个层次，我们应该如何满足他们这个层次的需求以使他们顺利进入下一个层次。家长们很容易看到孩子浅层次的需求，如孩子饿了会哭，困了会闹，却很难看懂孩子在逐渐长大的过程中所产生的其他层次的需求，以致当孩子进入青春期后，很多父母仍然停留在关注孩子生理、安全之类的浅层次需求中，难以进入孩子的内心，去看看他们的梦想到底是什么，如何才能帮助他们实现它。

克里斯汀娜离婚后带着儿子再婚，她一直小心地呵护着儿子那颗因家庭破裂而受伤的心，为他挡住了所有外在的情感伤害。儿子 17 岁那年，忽然对妈妈说："妈妈，我其实很多次都想到自杀，但我又对万一我死了你该怎么办有顾虑。"儿子的这番话击溃了克里斯汀娜，她没有想到自己的刻意保护竟让儿子更痛苦。因为在妈妈的保护下，儿子没有机会直面伤痛，难以为自己疗伤，也就无法自我实现。

听完我的课后，克里斯汀娜知道自己在满足儿子的需求层次方面找错了方向。有一天她要出门，忽然对儿子脱口而出："我出去了，你在家要听话！"儿子大惑不解地问道："听话？我要听谁的话？"

克里斯汀娜忽然意识到自己又把儿子当作幼童了，于是她呵呵一笑对儿子说："对不起！我说错了！我应该说'祝你有愉快的一天！'再见！"

克里斯汀娜面带微笑出门了，她忽然觉得自己一下子轻松了起来，步伐变得轻盈，内心很快乐。

未被折断的翅膀

教育 GDP

家长在看待孩子的需求问题时往往用的是成人的眼光，从收益与成本的角度出发，总是希望能以最低的成本收获更多的回报，因此很多家长过度重视"教育 GDP"的增长，希望自己的投入能为孩子带来最大的教育收益。这就是为什么很多家长把大量的时间用于孩子学业等硬指标的提高上，认为成绩是衡量一切的标准，考上好的大学才是孩子的人生目标，而忽略了孩子的其他软实力，如人际沟通能力、同理心、思维方式的培养等。一位中国一线城市的家长在孩子小升初的那年暑假，为孩子报了比平时学业更重的培训班，硬是让孩子把初一的课程全部学完了。当谈论此事时，她仍然忧心忡忡，因为据她所知，周边很多同龄的孩子已经把初三的课程都学完了，她担心自己孩子上初中后没法跟同学竞争。因此她和孩子的生活重心完全围绕着孩子的学习进行，已经 12 岁的儿子甚至洗澡时都在心算数学题，好几次因忘记拿衣服而需要妈妈把衣服送进浴室去。

在"教育 GDP"压力下长大的孩子，不懂得思考如何去说服他人，也很难拥有生活热情。这些家长只是在研究哪所学校需要怎样的"人才"，如果这所学校需要圆的，他们就把孩子搓成圆的；如果这所学校需要方的，那他们又得想办法把孩子压成方的。孩子即便有翅膀，也会因被父母剪掉而无法起飞，只能做父母要求的事，没法做自己，思维方式日渐固化。这也是如今很多表面看着十分努力风光考上名校的孩子很容易成为抑郁症患者的原因。

曾经有这样一个笑话：一名少年被导演相中，要他去扮演一个重要的角色。少年回家后告诉父母，父母非常高兴，觉得这是儿子成名的一个好机会。但他们觉得儿子的龅牙不太好看，于是带他去做了牙齿矫正，拥有了一口整齐漂亮的牙齿。当这位少年再去找导演时，导演惊呼道："你的牙呢！你为什么要做牙齿整形？我们那角色需要的就是你的龅牙啊！"

龅牙在父母看来是孩子的不足，但换一个场景，却可能会成为孩子的优势。我们得警惕是不是在用自己的标准抹杀孩子的优势，阻碍孩子成为更好的自己。

用爱为孩子装上翅膀

索菲亚有两个正在上大学的儿子，有一天大儿子来找她，说要去学习飞行，并且第二天就要跟他的同学一起尝试驾驶小型直升机。因为担心孩子的安全，她要求孩子在手机上设置分享位置，以方便她知道孩子的行踪。孩子却以自己已经是成年人不需要监护，同学有飞行驾照不需要担心，以及自己在飞机上会录制视频发给妈妈这三点理由拒绝了妈妈。索菲亚收到大儿子发来的视频，两个爱冒险的年轻人驾驶着直升机，时而直接高速往下冲，时而倾斜翻转，索菲亚看得胆战心惊。索菲亚忍着所有焦虑，等儿子回来后不再跟他谈学习飞行的事。但不知道为什么，孩子从此再也没有提学习飞行的事，也没有再跟同学去试飞。

谈及此事，索菲亚感到非常欣慰，因为她允许儿子去尝试了。尽管儿子最终放弃，但那是他自己的选择，他会心甘情愿。倘若索菲亚不允许儿子去尝试，儿子反而可能因为叛逆，不会理性地看待飞行一事并不顾后果地往前冲。

每个孩子都有挑战极限、振翅高飞的梦想，尤其是在青少年阶段。他们认为自己已经长大，希望得到自我实现，这也是青少年叛逆的原因。美国的"爱与逻辑"协会曾提出用不寻常的处理方法对待孩子的挑战，这种方式会让孩子重新审视自己的行为，破除对父母的戒备，并学会思考自己的行为的价值和意义。

迈克尔的 15 岁儿子杰克到一个好朋友家过夜。半夜一点钟迈克尔接到对方家长的电话，称两个男孩躲在衣橱里喝酒，要求迈克尔把杰克接回家。迈克尔怀着满腔怒火到达对方家，但当杰克坐到副驾驶座上时，原本打算要把杰克痛骂一顿的迈克尔却忽然沉默了。他什么都没说就把杰克带回家并继续睡觉。第二天早上杰克终于忍不住，用极具挑衅的语气问爸爸："你为什么没有对我吼叫？"

迈克尔长舒一口气，说："我想不出我还能说点什么让你感觉更糟糕，我知道你已经很沮丧了。我爱你！"

杰克非常震惊他的父亲会说出这句话，因为他已经做好了要跟父亲大吵一架的准备。杰克与父亲坐下来认真地谈论了这件事。迈克尔提出让杰克用一些额外的时间帮助自己做一些事以弥补自己深夜去接他所带来的损失。杰克也答应了会给好友的父母寄送卡片为自己的行为道歉。

杰克在成年后的一次演讲中提及此事，他表达了自己内心深处对父亲的尊敬和爱。父亲没有因为他的行为而发火，让他有机会冷静思考自己的错误并从错误中学到了怎样才能成为更好的人。

迈克尔没有折断杰克的"翅膀"，相反，他用爱为杰克装上了"翅膀"。

青春期，请选择相信

我想起了我的青春期，那时候流行卡拉 OK，十几岁的热血少年们最爱做也觉得最炫酷的事，就是去卡拉 OK 厅唱歌至天亮。我的父亲是那种不苟言笑的传统型家长，他为我订立了一条家规：节假日的晚上可以跟同学出去玩，但是回家的时间最晚不得超过 10 点。

在一个假日，一位男同学开着非常酷的摩托车停到我家楼下，喊着我的名字。我赶紧下楼，跳上了他的摩托车后座。男同学有点儿犹豫地对我说：

"你真的要去吗？你爸正在二楼看着你呢。"我回过头来朝楼上看去，我的父亲正不动声色地在二楼阳台的角落看着我们。他头顶有微弱的灯光，人在半明半暗的环境中显得异常高大魁梧。父亲明明在盯着我们看，但他却一言不发。我当时颇心虚，却没有在同学面前退缩，而是朝他肩上一拍，嘴里嘟囔着说："别管他，快走，快走！"摩托车的发动机声响起，我们随即消失在村庄小道上。

尽管我心里清楚父亲非常不喜欢我跟男同学晚上出去玩，但那天晚上父亲没有批评我，也没有冲下楼来拦截我，他的冷静让我觉得异常不安。我在卡拉 OK 厅没有心情唱歌，只是频繁地看手表，等着我该回家的时间。10 点没到，我就要求男同学送我回家。父亲在楼下等着我回来，他静静地为我打开门，我像一只被猫发现的老鼠，连招呼都不打就蹿进了房间并关上门。直至听见父亲回房间的脚步声，我才长舒了一口气。

父亲自始至终没有跟我谈起过这件事，但从此以后，我对跟同学晚上一起出去玩失去了兴趣，反而把更多的时间用在了写作上。20 多年后我为人父母，成了家庭教育领域的一名讲师，我在很多关于青春期教育的课堂上都讲过我那天晚上的纠结与不安，以及对父亲的信任的感恩。我成为父母以后，才真正理解那天晚上父亲忍住想说的话不说是多么艰难的事。父母在遇到孩子挑战的时候，吼叫或者打骂都是非常容易做的事，因为发泄情绪后会让自己好过一些，而忍耐与冷静却非常不易。家长要把所有的焦虑不安，甚至愤怒，都埋藏在心底，强迫自己忍耐和冷静，其目的就是不伤害孩子，或者是选择相信。

正是这种信任，能带给孩子安全感，让孩子不必通过反叛的方式吸引父母注意。

无意识中否定孩子是很多父母摧毁孩子自信心的一种方式，有的父母常常挂在嘴边的一些话是："你看你……""为什么你要这样……""难道你不会……""就凭你……"等等，都能轻易地摧毁孩子的自信心，让他们觉得自己一无是处。很多父母都困惑为什么孩子在他人面前不爱说话，或者什么都不愿意跟父母谈，如果深究原因，大多是这些父母一直把孩子当作需要被照顾的孩子看待，从内心深处否定他们有自己解决问题的能力。这一点我在我的第一本书《积极教养》中有详细讲述，在此就不再重复。

那么我们应该怎样为孩子装上本属于他们的翅膀，让他们振翅高飞？

答案是用积极的心态去看待孩子的成长。父母就如同一个园丁，在园丁的手中，植物只需要有天然的、充足的阳光和水分，以及对植物足够的爱，时不时给植物施肥和松土，植物就会蓬勃生长并开出属于自己的花来。我们不需要玫瑰树上长出百合，也不能要求橡树上长出桃子，我们需要的，是玫瑰枝头开出玫瑰，百合枝头开出百合，橡树只需要成为橡树，桃树上长出桃子。**我们唯一能做的，就是欣赏自己的孩子，他是玫瑰就享受他的醇香，不要羡慕百合的皎洁；他是橡树就享受他带来的阴凉，不要羡慕其他树能长出果子。**

2019 年暑假我回到中国探亲，给广州一家中学的孩子们上了一节题为"不一样的学习"的课，为他们介绍世界各国孩子们不同的学习方式。课后，有个孩子提出一个让我比较尴尬的问题："美国学生的数学是不是都很烂？"那天我带着 9 岁的儿子一起去讲这节课，儿子就坐在台下的学生中间。作为一个在美国出生长大的孩子，儿子还不懂对中美数学水平做比较，但我不想其他人对美国学生数学水平的主观评价影响到儿子的自我认同感。于是我回答道："美国学生数学的具体水平我没法帮你们比较分析，但可以告诉你们的是，我儿子的数学很棒，他没有参加过任何培训，靠自己的能力考进了数学天才班。"全场哗然全都转向我儿子，课后还有不少孩子找我儿子要签名，儿子便乐呵呵地在他们的笔记本上画个可爱的笑脸。（美国的教育为了让人才得到更好的训练，会开设系列尖子班课程。如果通过考核发现孩子在某方面具有特长，孩子就会被安排接受一些比较超前的课程培训，我们所在的学区被称为 TAG，意为 Talent and Gift，翻译成中文也就是天才班的意思）

我成功地化解了一场对比的尴尬，所用方法只是对儿子做出了我作为一个母亲应有的欣赏与肯定，而没有去对两国的教育做任何对比。我先生曾经问我："你那么欣赏儿子是因为他真的那么聪明还是只是因为他是你儿子？"我回答说："只是因为他是我儿子！孩子之间其实差别不大，只有那些一直被欣赏的孩子，才会自信满满地朝着你欣赏的方向前行。"

这就是我为孩子装上翅膀的方式，肯定他欣赏他，他便会在任何领域都能感觉到自信满满。

没有伞的孩子跑得更快

青春期的孩子大多认为自己已经是成年人了，有能力用自己的方式解决问题了，所以他们不需要接受任何人的建议或指令。这就是为什么青春期的孩子往往会你指东他却向西，以顶嘴或背叛的方式对待父母。**实际上这只是青春期孩子宣布主权的一种方式，他们希望以此来证实自我的强大，告诉这个世界自己已经成年了，不应该再受到父母过多的管束。**父母如果了解孩子在这个时期的需求，那他们就可以以平等的态度与孩子对话。因此不要过多责怪或命令孩子，尽量不要说"不"字。

但面对孩子的离经叛道，父母该如何应对？

16 岁的苏菲有一个叫汤姆的男朋友，有一天，汤姆偷偷塞给苏菲一张纸条，上面写道："亲爱的，这个周末我爸妈不在家，你来我家过夜好吗？"

苏菲有点儿激动，也有点儿手足无措，身边的同龄伙伴都把性视为很酷的事，拥有性经历是他们同龄人中常常用来炫耀的资本，以显示他们已经是成年人了。无数个晚上，苏菲也梦想过跟自己喜欢的人在一起。但是，苏菲也感到非常害怕，她清楚地记得自己中学时的好友奥利维亚就因为不小心怀孕而退学了。无缘无故地失去了一个好朋友，学校里也有各种流言蜚语，这让苏菲惶恐不安。

正在苏菲内心处于挣扎时，电话铃响了，是爸爸打来的电话。爸爸与妈妈在苏菲 10 岁时离婚了，尽管他们没有生活在一起，但爸爸仍然坚持每周五晚上与苏菲进行一次"特殊时光"的约会，即在苏菲最喜欢的餐厅里一起吃晚饭。爸爸做生意很忙，但他总能在周五晚上抽出空来，他喜欢听苏菲讲自己在学校的事，也知道苏菲最近交了一个男朋友。爸爸也常常会在"特殊时光"跟苏菲聊聊自己生意上的事，以及这个世界正在发生的事。

"嗨！爸爸——"苏菲接通电话，脸上绽放出灿烂的笑容……

在餐厅里，苏菲挑着盘子里那几块蔬菜，反反复复无法下嘴。她有一搭没一搭地跟爸爸聊着，心里却盘算着要去男朋友家过夜的事是否应该跟爸爸商量一下。

爸爸看出苏菲的异样，温和地问道："亲爱的，你是不是有话想跟我说？"

苏菲终于鼓起勇气，因为她知道不管何事，爸爸都不会对她发脾气，于是她鼓足勇气对爸爸说："爸爸，我的男朋友汤姆想让我这周末到他家去过夜。"

正在喝汤的爸爸忽然像被烫了一下，他赶紧拿餐巾擦干嘴巴，定了定神笑着说:"哦!原来是这个事。亲爱的,谢谢你告诉我。"

看到爸爸轻松的表情,苏菲放下心来,笑着问:"爸爸,你觉得我应该去吗?"

"你自己是怎样想的?"爸爸问道,顺便把一块牛肉塞进嘴里。他一边嚼一边盘算着,应该怎样跟女儿谈论此事。

"我觉得我已经长大了,而且,我很爱汤姆。"苏菲说。

"嗯。我知道你一定很爱他。"爸爸说:"这件事对我来说有点儿突然,我得想想应该怎样分析。我知道你想跟自己爱的人在一起,但我也不希望你受到任何伤害。亲爱的,要不这样,你给爸爸一点儿时间,今天晚上我回去帮你好好想想。明天早上 8 点我来接你,我们一起去徒步,顺便聊聊,好吗?"

"好的。谢谢爸爸。"苏菲高兴地说。

爸爸回家后辗转反侧:他希望自己的孩子能有一个美好的将来,不在年少时犯下一些难以挽回的错误。但他也知道这个年龄的孩子渴望爱情,有打破规则展示自我的试探心理。

第二天早上,爸爸把苏菲接到市郊的一片树林里,父女俩在树林里徒步穿梭。爸爸开始跟苏菲讲述自己与前妻,也就是与苏菲的妈妈的故事。从他们的相爱到为什么离婚,从他们犯过的错误到无法逆转的结局……爸爸还讲了一些自己中学阶段的事情,自己曾经犯过的错误,以及这些错误给自己和别人带来的痛苦与伤害。最后,爸爸谈到了爱情的本质:要去爱一个人,就要努力地成为更好的自己,也要让对方成为更好的自己,一起努力追求共同的梦想,为双方打造一个更好的未来。爸爸还从自己生意上的一些经历聊到目标与欲望的区别,当我们为未来设定了某个目标,就要为了这个长远的目标而放弃一些眼前的欲望,因为很多短期的欲望,是与恒久的将来目标相背离的。

最后，爸爸拥抱女儿，对她说："亲爱的，你已经长大了，爸爸相信你懂得自己应该去追求更美好的人生。至于是否应该去男朋友家过夜，这是你的个人选择，爸爸能够帮助你的，就是把选择权交还给你，来庆祝你的成长。你能来爸爸这里征求建议爸爸感到非常高兴，爸爸也看到了你思想上的成熟和理智。无论你做出怎样的决定，都不会影响爸爸对你的爱。爸爸也会一如既往地帮助你，无论将来你遇到什么问题，爸爸都在这里等着你。"

把女儿送回家后，这位爸爸忐忑不安地度过了十分焦虑的一天，他焦急地等着前妻的信息。晚上 9 点，前妻发来信息说："苏菲已经回来了，放心吧。"

一直揪着的心终于放下了，这位爸爸躺在床上，看着床头自己与女儿的照片，欣慰地笑了。

以上这个案例展示了一位高素养的爸爸是如何帮助青春期女儿解决棘手问题的。首先，尽管父母已经离婚不与孩子一起居住了，但这位爸爸尽父职每周都会跟孩子完成"特殊时光"约会，关心和了解孩子的生活与学习状况。正是有了"特殊时光"的安排，他才能维持着与女儿非常好的关系。因此女儿遇到难题时会主动找爸爸寻求帮助。在美国，很多人回忆起自己的童年时，都会满怀温情地讲起他们与爸爸妈妈一起在"特殊时光"的片段，并认为那是他们一生中最美好的时光。

犯错误才能有创造力

美国的家庭教育有一个比较奇怪的现象，很多父母常把处于高中阶段的孩子视为成年人，孩子的各种问题都由他们自己解决。因此孩子在大学申请、专业选择、情侣选择等问题上会走不少弯路。不过大多孩子会在 25 岁左右回归理智，重新选择更适合自己的道路。比如说孩子在高考时会选择一些自己喜欢的专业，父母不会给他们提出选什么专业会更容易找工作等建议，而是让孩子自己选择。但孩子在上大学期间如果发现这个专业并不适合自己，他们会自主决定换一个更适合自己的专业。也有一些孩子选择暂时不上大学，花一年时间到其他国家去做义工，之后再重新回来申请大学。香奈儿公司的前 CEO 莫琳·希凯就曾经在上大学前，到法国的一户人家寄宿了一段时间，她要去追寻"迷失的灵魂"。法国人对于美和自然的追求触动了她，让她这个持实用主义的美国姑娘开始接触浪漫主义的美学，这为她将来进军时尚界并最终成为香奈儿的 CEO 提供了铺垫。

短时期内走点弯路，对于漫长人生来说是一件好事。每遭受一次挫折，都会拉近我们与成功的距离。在我即将进入不惑之年时，我开始对世间的人事有了全新的看法，喜欢与那些曾经经历过挫折却一直前行的人交往。他们那些曾经沧海的故事让我十分着迷，在听这些故事时，我能感受到一颗强大的心灵，引导着他们成为自信、坚毅以及拥有感恩之心的人。

这些故事有：在非洲寻找生意被抢劫的商人；被派往阿富汗参加战后重建却遭遇汽车炸弹的外交官；曾经患有阅读障碍，缺乏父母关爱却在 97 岁获得诺贝尔奖的教授……

没有伞的孩子在下雨天会跑得更快。

那些从小到大被父母安排好步伐，每一步都不出差错的孩子，更容易在成年后面临寻找自我的困惑。很多读者找我咨询婚姻或亲子问题，我建议他们去做自己喜欢的事，而不是做别人喜欢他们去做的事，他们会很委屈地说不知道自己究竟喜欢什么。在他们成长的过程中，父母不断地对他们说你应该做什么，不应该做什么，你应该喜欢什么不应该喜欢什么，凡事都要干涉。太多真实的感受被不断地打压抑制后，孩子的自我感觉就会迟钝，不知道自己究竟喜欢什么不喜欢什么。甚至连谈恋爱，都变得只是为了结婚成家，他们对爱情是什么感觉全然不知。

允许孩子犯错误，就是在培养孩子的感知能力，让孩子从错误中学习。有一天我儿子在做题目时犯了一个错误，我黑下脸来。他大声抗议说："犯错误是好事，我可以从中学习到新的东西。"我愣了一下，问他这是谁教他的。他说这是学校老师说的，老师在他们做错题时从来不生气，只是告诉他这段话。我一下子被触动了，人如果掌握了这样的价值观，那就不容易出现自卑与抑郁症状，在发现问题时就不会惊慌失措。他会冷静地默念一下："犯错误是好事，我可以从中学习到新的东西。接下来我要看看我能学习到什么新东西。"

然后，在学习新东西的时候，我们会找到解决问题的方法，并为自己的努力感到自豪！

自信心就是这样培养起来的。

父母"隐形的手"

心理学实验：谁会更优秀

1960 年，美国哈佛大学心理学家罗森塔尔在加利福尼亚州的一所学校做了一个著名的实验。

他请一位校长对两位老师说："你们是本校最优秀的老师，为了奖励你们，我们特意挑选了一些最优秀的学生让你们来教。请好好表现！"

两位老师非常高兴。一年后，这两个班学生的成绩，是全校最优秀的。

事实是，这些学生都是随机挑选的，他们的智商也并不比其他学生高。而这两位老师，也是随机挑选的普通老师。

为什么校长的一席话，就让两位普通的老师变成了优秀的老师？两班普通的学生变成了全校最优秀的学生？

当校长告诉老师"你很优秀，你手下的学生很有天赋"时，老师就会产生一种自我认同："原来我很优秀，我的学生潜力也很大啊！"为了不辜负校长的这番重视，老师必定不会自毁名声，而是努力改进教学。这两位老师因为在潜意识里认为自己班的学生都是最优秀的学生，因此也会对学生产生认同：如果学生表现好，老师会认为那是因为学生优秀；如果学生表现不好，老师则会认为是学生一时的过失，并不影响他们是优秀学生的美誉。因此，学生取得的每一点成绩都能被老师不断地以优秀来印证。就是这种不断的认同感，让老师的教学进入了良性循环，最终形成一个通畅的、强劲的增强回路，让教学质量大大提升。学生也向着优秀学生的期望迈进。

以上案例中使老师带领学生向优秀迈进的原因，不是老师想要成功的愿望，也不是老师自我提升的期待，而是老师的被认同。老师知道"被认同"的内容与现实中还存在着差距，比如老师会看到这班学生离"全校最优秀学生"仍有差距，或者自己离"全校最优秀老师"仍有差距，于是忍不住会想办法缩小期望和现实之间的差距，实现教学的良性循环。

我们在家庭教育中常常会给孩子设定美好的梦想，但却发现孩子毫无兴趣。一些家长甚至以各种条件"诱惑"孩子去实现梦想，如我在《积极教养》一书中写的一个案例：

一位爸爸为了让女儿产生考上斯坦福大学的梦想，便带女儿到斯坦福大学游玩了一圈，然后对女儿承诺，如果女儿能考上斯坦福大学，他将会给女儿在斯坦福大学旁边买一套房子作为奖励。这位爸爸的一番苦心遭到了女儿的鄙视，女儿傲娇地抛出一句"I don't care!"（我不在乎！）作为回应。这个案例中的爸爸犯了这样的错误：只知道设定梦想的愿景，却没能巧妙地让孩子自己设定梦想，并意识到自己与梦想之间的差距，从而自发产生减少差距以实现梦想的内动力。

美国是移民国家，每一个移民都是怀揣着某种梦想来到这片土地上的，但梦想与现实之间总是有距离的，不过这种距离能够通过个人的奋斗而消除，于是距离给冒险者带来的就是不断地超越自我以缩短现实与梦想之间的距离的快感。

教育界从人类整体水平发展的宏观角度出发，常常会劝家长们接受孩子的平庸，接纳孩子做个普通人的现实，我也经常做这样的说教。这当然没有错。但从家长的角度，我们希望自己的孩子有所成就，这是人之常情。而实现这个"有所成就"的梦想，需要家长用一双"隐形的手"，把孩子轻轻推向他自己的梦想。当孩子位于自己的梦想与现实之间的适当距离的临界点时，他会忽然找到方向，然后奋勇前行。

很多家长十分迫切地希望自己能够有一双有形的手，直接把孩子推向梦想的终点，却常常弄巧成拙，让孩子产生极大的逆反心理。由于这双手没有隐形，孩子清清楚楚地看透了父母的心思和方向，知道父母的愿望，因此这个梦想不是他自己的梦想，而是父母的梦想。比如说很多希望孩子能够考上常春藤名校的父母，他们苦心钻研名校的录取政策，然后把孩子打造成名校需要的样子，并逼孩子向名校冲刺，仿佛除了名校，孩子没有其他的路可走。这就容易导致孩子一旦考试失利，便觉得末日降临，不知如何应对。也有不少孩子实现了父母的梦想，之后忽然失去了方向，不知道下一个梦想应该在哪里。他们容易在成年后出现抑郁症状，或者必须以拼命工作、不敢享受生活的方式，不断重复着梦想对人生的奴役。

一位妈妈曾经在一次聚会中聊及自己已经成年的一对儿女。儿子说当年父母让他报考父母喜欢的专业，结果毕业后好多年都找不到工作，其间只能去餐馆打工。后来他又报考了另一个不一样的专业，直到 30 岁时才毕业并找到一份工作，薪水并不高，也错过了很多机会。他责怪父母当年没有给他提供更现实的建议，导致他走了弯路。眼看当年学习不如他的同学不少都已经成家，开始创业，他很郁闷自己才刚刚起步。女儿则说当年自己的成绩没有哥哥好，也是自己选的专业，五年后毕业了，她觉得那根本不是自己想干的事，勉强找了好久的工作也不如意。现在责怪父母当时应该像逼哥哥一样逼她去补课，让自己考得好一些……

这个案例让我瞠目结舌。在美国很多亚裔因为对孩子的学习抓得太紧而导致孩子成年后变得抑郁或叛逆，从而抱怨父母的过度强迫；而很多其他族裔的家庭对孩子不管不顾，孩子成年后则发出"如果当年父母对我严格一点……就好了"之类的抱怨。为人父母有多难可想而知！

任何形式的抱怨，都是缺乏自信的表现。父母常常以"有形的手"去摧毁孩子的自信，让孩子变得怨天尤人或者习惯推卸责任。这种"有形的手"通常是那些过高的期望。他们没有有效的教育方法，只知责怪和抱怨孩子，没有用心帮助孩子成长。

我们需要找到一种平衡的方法，让孩子既能有所成就，又能在面对失败时勇于承担责任，寻求解决的办法。

"隐形的手"的运作对家长的水平十分考究。首先，我们应该对孩子抱有期望，这是为人父母的责任。美国也有一种只要孩子顺利长大就任由其发展，18 岁以后就不闻不问的教育思维，这种教育观念已经产生了太多的副作用，直接使美国社会产生了严重的阶层固化与贫富差距。比如很多不被父母监管的青少年染上毒瘾或者未婚先孕，这在美国的底层社会十分常见；很多高中生不懂得如何选择自己的专业和技能，通常要犯很多重大错误才能找到自己的方向；因为没有父母资金的支持，不少学生因为巨额的大学学费而无法顺利完成学业，或者很多人在大学毕业后很多年，仍然在偿还助学贷款。

我在演讲俱乐部认识了比尔，他是一名已经退休的销售主管，正在写一本关于商业营销的书。我聊到我在写有关家庭教育的书，因为我是华裔，他哈哈大笑问我是不是要写如何成为"虎妈"。虎妈蔡美儿的《虎妈战歌》在西方国家有极高的知名度，西方人很容易把华裔妈妈的"虎妈"形象脸谱化。我也哈哈大笑回应说我能力有限还无法成为虎妈。后来我们深入地聊到了教育，比尔不无感慨地说，其实我们需要找到某种平衡，像美国很多家庭完全让孩子野蛮生长也产生了很多问题，或许美国家长也应该学会不动声色地轻推孩子一把。

孩子的"隐形梦想"

对孩子抱有期望，并用"隐形的手"轻推孩子一把，可以帮助孩子更接近梦想。而剩下的梦想与现实之间的鸿沟，就需要孩子自己去跨越了。"隐形的手"就是我们平时在与孩子的聊天中，不动声色地传达给他的价值观。比如说我常会跟我的孩子讲我先生的导师，2019 年诺贝尔化学奖得主，"锂离子电池之父" John Goodenough（约翰•古迪纳夫）教授的故事，讲他的科学成就、人生经历等。也每年带孩子去参加教授的生日会，或者邀请他到我们家来做客。我们在家畅谈各种好玩的科学实验或故事，一起阅读科学类杂志图书，或者做点火山喷发类小实验，等等。孩子从小耳濡目染的都是这些人物与故事，他们知道爸爸妈妈心目中所推崇的人和事，于是儿子小小年纪，便一直抱着长大后要当科学家的梦想，持续好几年都没有改变。

我女儿酷爱画画，我常常跟她一起种花种菜，观察虫鱼鸟兽，鼓励她把自己的想法都画出来。她每一个阶段的画作，不管在行家看来如何稚嫩，我都视若珍宝，装裱起来，挂在家里的墙上。在我的眼中，任何名家的画挂在家里，都比不上挂我女儿的画好看，因为这里面蕴藏着无限的爱、童真以及我所了解的她真实的童年。没法裱起来的画，我便收藏到盒子里，常常与她一起翻阅。当她看到自己以前粗糙的画作时，会哈哈大笑，嘲笑自己那时的涂鸦太丑，然后灵机一动，转身再去重新创作。

女儿一直说她长大后要当画家，我为她的这个理想感到自豪。在我们要换一处房子时，我看中了一套后院有一片树林的房子，我们从院子的围栏里就可以看到外面树林漂亮的风景，那里每天都有野兔和白尾鹿出没，有成片的野花和仙人掌，有叽叽喳喳跳跃个不停的鸽子与小鸟，还有一棵常常会有秃鹰伫立的枯树。我第一眼就看中这所房子的原因，就是觉得这样一个后院，会给我的孩子们带来无穷的生活灵感，使他们过上如同女儿所热爱的《彼得兔》一书中所描述的生活。

我的第一本书《积极教养》出版以后，女儿第一时间在我送给她的那本书的扉页上画上画，画里有她最爱的爸爸妈妈、哥哥以及小猫小狗，还有花草和昆虫。她以这种方式，表达着对妈妈这本书的热爱和骄傲。第二天，女儿带着这本她心爱的书去了学校，老师给了她一次"Show and Tell"（展示）的机会，她当着全班同学的面介绍了她妈妈的书和她自己的画。

我先生从科研人员转型成为创业者，我们因此也常常和孩子们探讨创办公司过程中会遇到的各种问题及解决的方法，讨论钱在生活和投资中的作用，探讨宇宙的奥秘以及人类在各个阶段的努力，探讨未来的机器人时代将需要什么样的人才，等等。孩子们从我们探讨的话题中得到很多价值观的滋养，并在内心搭建起自己的价值观体系。我做了十几年的主妇，却从来没有放弃过自我成长。我不断地参加各种培训，写书讲课，带着孩子在各地演讲以帮助更多家长成长，或者做公益慈善帮助更多的人。这些都是隐形的手，悄悄地在孩子的心里播下了一颗为自己创造条件努力奋斗的示范性的种子。

香奈儿前 CEO 莫琳·希凯在她的《深度思考》一书中提到她对家庭的愧疚，因为长期高强度的出差和工作，导致她很少有时间陪伴女儿。但她却不会错过女儿的任何一次重大转折事件，在女儿人生的每一个重要时刻，她总能陪伴在她们身边。她用自己的努力营造了"只要你需要我，我始终都在"的家庭环境，并在女儿步入哈佛大学后，还创造很多机会到哈佛演讲，与女儿的同学们一起吃饭，给女儿传递一种女性需努力追求自我提升的价值观。她的女儿成年后，最感恩的是母亲为她带来的这种模范作用，母亲积极向上的价值观影响了她的一生。当她遇到难题彷徨失措时，她不会想到抱怨父母，而会在潜意识里问自己：如果父母遇到同样的问题，他们会怎样做？然后，她就从父母曾经的努力中找到了自己的方向。

我们一直在放养孩子，从来没有对孩子要上哪所学校、选择什么职业等有过要求，但我们就是在这样的不经意间，不断地用这双家庭环境的"隐形的手"，如温和的海浪般把孩子轻轻推至他们梦想的沙滩。当他们日渐长大成熟，慢慢地发现了自己与那片沙滩之间的距离并非遥不可及时，他们会奋力向前游，直至成功到达。

负面评价成为"可实现的预言"

好友玛丽娜找我，说她的孩子有很多问题，希望能得到我的帮助。玛丽娜的儿子 23 岁，已经从她所在城市最好的大学计算机专业毕业了。按理说玛丽娜已经到了开始享受人生的年龄，但玛丽娜却一直愁眉不展。玛丽娜的儿子虽然从最好的大学毕业了，但毕业后却一直找不到工作，已经在家"啃老"两年了。更糟糕的是，不管玛丽娜对儿子提出什么要求，儿子都对母亲爱搭不理，甚至反唇相讥。

玛丽娜的心情我十分理解，任何父母遇到这种情况都会伤透了心。玛丽娜认为是儿子出了问题，天天对儿子催促、抱怨、责骂，希望儿子能发奋努力尽快找到工作。她说儿子小时候很听话，让他认真读书就会认真读书，不是叛逆型的孩子。玛丽娜与先生也尝试过无数次托人帮忙为儿子找工作，但不知道为什么，儿子每次面试都以失败告终。于是儿子最终决定什么都不做，每天躲在家里打游戏。玛丽娜为此终日以泪洗面，觉得自己对儿子 20 多年的苦心栽培打了水漂。

我知道，玛丽娜的儿子没有问题，问题出在他在生活中没有体会到被肯定的成就感，他对离开父母独立生活缺乏自信，这种不自信来源于父母对他的否定。他在潜意识中认为，如果没有父母的帮助，他将一事无成。他的这种想法在童年已经被无数次复制：我什么事都做不好，只有爸爸妈妈来帮忙才能做好；我只能按照爸爸妈妈的想法去做，没有爸爸妈妈，我解决不了任何问题。

另一位朋友薇薇安的儿子，也考上了人人羡慕的名校，但毕业后却一直找不到工作，不得已去餐馆找了一个送快递的工作赚点零花钱。薇薇安对儿子失望极了，只要一见到儿子就满脸嫌弃地嘲讽，说儿子给她丢脸。儿子渐渐变得不爱说话，不爱见人，也不敢谈女朋友，别人说什么他都只是傻笑，完全一副"失败者"的模样。一位朋友看着孩子可怜，给他介绍了一份玻璃厂切割玻璃的工作，这孩子便兢兢业业地切割玻璃，并且感到很快乐。薇薇安很难接受自己高学历的儿子做着一些没文化的人都能做的蓝领工作。当我把接纳与肯定孩子才能激励孩子进步的理念告诉薇薇安后，她有所触动，再次见到儿子时勉强挤出了一句："我听玻璃厂的老板说你的玻璃割得最好，他很欣赏你。"让薇薇安惊讶的是，当他跟儿子说了这样一句话后，儿子第一次敢于直视她的眼睛，险些流下眼泪。

我们常常会用"鞭策"的方法来教育孩子，先把孩子否定一遍，让孩子觉得自己不够好，于是就会头悬梁、锥刺股地发愤努力。假如孩子学习有退步，家长可能会说："你成绩那么差，必须好好努力才能赶上。"但按照孩子的思维方式，他们不会记住后面"好好努力"这几个字，而会记住"你成绩那么差"这几个字。**因为人类大脑天生对评价性语言非常敏感，评价性语言能支配人的情绪，并通过情绪反应进入人的大脑，最终形成自我评价体系。因此，父母对孩子的评价会成为孩子自我评价的"可实现的预言"。**当孩子认为父母无所不能而自己却什么都做不好，只好什么都对父母言听计从时，表面上看这个孩子变得更乖更听话了，实际上孩子是在自暴自弃，在自己的人生中不断地自我否定。

"峰终定律"培养成就感

诺贝尔经济学奖得主、心理学家 Daniel Kahneman（丹尼尔·卡内曼）提出过"峰终定律"。"峰终定律"是指人们对某段经历体验的记忆主要由两大因素决定：高峰（无论是正向的还是负向的）时的感觉与结束时的感觉，即"峰值"和"终值"的体验。对一项事物的体验过后，人能记住的就只是在高峰时或者终结时的体验。而在整个过程中好的与不好的体验的比重、时长，对记忆基本上没什么影响。

比如你去餐馆吃饭，餐馆环境很好，菜肴也很香，但如果服务员说了一句让你不舒服的话，你对这家餐馆的评价就会非常糟糕，可能再也不会去那里吃饭了。但如果一家餐馆环境一般，菜肴也不是非常可口，但最后服务员却给你送了一份水果还打了折，那你对这家餐馆的印象就会非常好，下次再找餐馆时肯定会想起它。

"峰终定律"存在于我们生活的各方面：为什么美国的儿科医生会在给孩子打完预防针时再给孩子一根棒棒糖？这根棒棒糖便是孩子对打预防针这件事的峰值体验，美好的棒棒糖冲淡了对打预防针这件事的痛苦感受，打预防针也就不太疼了。孩子会逐渐忘记打预防针很痛这件事，却会保留着打完预防针会有棒棒糖这个峰值记忆，于是在下一次再去打预防针时，为了获得最终的那根棒棒糖的峰值美好体验，孩子甚至学会了在打预防针时自控与忍耐，并自我暗示：自己是一个十分坚强的孩子，而且在打完预防针后还能得到棒棒糖。人们对"世界杯"如此狂热，就是因为掺杂了球赛过程中进球时的峰值体验与最后胜负所带来的终值体验，让人们（尤其是男性）感到极大的心理满足。

　　"峰终定律"还可用在教育孩子身上。所有做父母的都曾面对过各种各样的在抚育孩子过程中的痛苦，但如果孩子最终成才，这种终值体验就会让父母感到安慰，觉得之前的一切痛苦体验都是快乐的、值得的。这就是为什么那些已经成才了的孩子的父母，常常觉得教育是很简单的事，会安慰我们这些还在家庭教育中艰难前行的家长们放宽心，一切都会好起来的。而如果孩子最终没有成才，像之前提到的玛丽娜和薇薇安的孩子，糟糕的终值体验会让两位妈妈厌弃自己的孩子，完全忘记了当初孩子取得好成绩时她们获得的喜悦，也忘记了孩子在成长过程中带给她们的快乐体验。同样的道理，两个孩子因终值体验太糟糕，便完全忘记了自己在学校时也曾经叱咤风云，如今所面临的小挫折只是人生的一个小玩笑。因此这两位妈妈需要做的，是不能被自己的终值体验控制，而是要强迫自己去回忆昔日孩子有成就时的峰值感受，甚至应该与孩子们一起来回忆一下当年的峰值体验，告诉孩子暂时的挫折只是每个人都会面对的小玩笑，只要继续做那个努力而强大的自己，就能重新找回新的峰值体验。

　　我们在教育孩子的过程中，应该给孩子或者自己制造一些正面的峰值体验，以保持对孩子的良好评价，增强孩子良好的自我评价。为达到这种正面的峰值体验，最好的办法就是夸奖。比如孩子练钢琴，曲子很难，孩子练得很辛苦也很枯燥，甚至非常想放弃。如果此时我们大声吆喝警告孩子，或者强迫孩子必须继续把琴练完，甚至威胁说不练完琴就不能吃饭或睡觉等，孩子对于练钢琴一事，就会只剩下负面的峰值体验，认为学钢琴是非常糟糕的事并誓死抵抗。在孩子练得很辛苦也很想放弃时，家长不妨夸奖一下孩子的坚持，夸奖孩子在某个段落弹得特别动听，孩子就会被正面的峰值体验包围；练完琴时，再给予孩子一个大大的拥抱，夸奖一下孩子是一个多么努力的孩子，孩子又体会到了正面的终值体验，练琴也就不枯燥了，甚至可能会喜欢上弹琴，时不时自己练一会儿。

在我儿子学钢琴的那段时间，我先生陪练。我先生常常不断地指出孩子弹错的地方，并在孩子感到枯燥无聊时发脾气，孩子也誓死抵抗，最终不欢而散。后来儿子坚决放弃了学琴。尽管那时他已经弹得非常好了，但这种负面的峰值和终值体验让他感觉非常难受，完全没法享受到音乐的美妙。我这时才意识到我们的方法有问题。因此在我女儿开始学琴时，我坚持自己陪她练习，她弹琴的时候即便弹错，我也不会指出来，而只是让她再弹一遍，她便能自己发现哪里弹错了需要重来。她每弹一遍，我都列出她比上一遍有哪些进步，在她按要求全部弹完后，我会跟她一起去吃个雪糕作为终值体验。这种正面的小峰值与终值体验使她愿意一遍又一遍地不断练习。当练完了约定的次数后，我一般会给她一个大大的拥抱，夸奖她是非常坚毅的孩子，有很强的学习能力，这就是她弹得一次比一次好的原因。这种终值体验让女儿爱上了弹钢琴，常常对我说弹钢琴很有意思，有时甚至不需要我督促就自己练习去了。

人们常说"失败乃成功之母"，实际上成功才是成功之母，人们在某个领域找到了成就感，就会推动他们持续不断地努力。正面的峰值和终值体验能带给孩子巨大的成就感，使他们乐于为了获得这种感觉而努力成就自我。**人一生其实都在追求自我的价值感和成就感，孩子还在父母身边的时候，这种成就感的主要来源便是父母的肯定和赞赏，父母对孩子的肯定和赞赏越多，孩子便越自信勇敢，直至成为最好的自己。**

因为儿子喜欢各种各样的球类，我便开始陪儿子打球。我教他打乒乓球和羽毛球，他由最初的完全不会到能笨拙地发球接球，到最终能把我打败，都是因为在打球的过程中我不断地对他大喊"好球！""太棒了！"等这种能增加峰值体验的话语，以及在打完球后跟我一起吃甜品之类的正面终值体验而带来的美好回忆。

那些能够让孩子上瘾的电子游戏，实际上也是利用了孩子在闯关过程中不断得到的奖赏作为峰值体验，以及最终闯关成功的终值体验，给予孩子一种虚拟成就感，从而让孩子迷恋和上瘾。

猫咪，我的脚趾不是蚯蚓

幽默感是有助于增加孩子正面峰终体验的因素。人在大笑的时候大脑神经元所产生的多巴胺，会增强我们的记忆与快乐体验。父母适当的幽默不但能促进亲子关系，还能给孩子的生活带来峰值体验，从而让孩子爱上那件原本枯燥的事。

在孩子上小学的年龄，叫孩子起床是一件挺困难的事，要让孩子起床后自觉完成刷牙、洗脸、换衣服、穿袜子等常规流程，父母需要费尽口舌。很多父母会因为孩子们在做这些小事时的拖拉而陷入与孩子的争斗中，弄得彼此都不愉快。我曾经也是这样一位着急焦虑的母亲，害怕孩子迟到所以拼命催促，却发现孩子越来越拖拉或丢三落四。知道峰终定律后，我忽然知道了自己给予孩子的是非常糟糕的负面峰值或终值体验，这会加剧孩子对起床后这段时间的厌恶感。于是我开始改变策略。

我与孩子们通过家庭会议（《积极教养》里有介绍）的方式讨论了早上起床后他们自己需要做的事情，且说明了妈妈以后只负责叫醒他们，不会再督促他们做任何事，所有事情由他们自己来负责完成。我没有让闹钟把他们叫醒，而是亲自去叫醒他们，因为我觉得没有任何事能比早上睁开眼睛就看见爸爸妈妈深情而充满爱意地看着自己的感觉更让人温暖。在早晨，爸爸妈妈的吻会给予孩子最美好的童年回忆，这也是一个早晨时光的正面峰值体验。叫醒孩子后，我会跟他们说一会儿话，内容可能是我在煎鸡蛋时做的傻乎乎的让人发笑的蠢事，或者是自己在阳台上伸懒腰时看见的猫头鹰，或者是漂亮的金黄色的天空，也可能是院子外面蹦跳的白尾鹿和它们刚出生的小鹿，抑或是自己做的梦，小猫的趣事，等等。

我曾经跟孩子们说过猫有时会把人的脚趾当作蚯蚓，这就是猫总是想扑过去抓咬人的脚趾的原因。有一天早上我抚摸着女儿的头发叫醒她，正轻轻地告诉她我早上做了什么早餐，当天将会有什么快乐的事时，我家的小猫忽然跑进来扑向我的脚趾并开始抓咬。我对小猫说："嘿！猫咪！我跟你说过很多次这是我的脚趾不是蚯蚓，不要咬我！……嘿！你怎么还咬我的脚趾？你这小猫，怎么看不出那是脚趾而不是蚯蚓？……"当我这样对着小猫唠叨并假装要拍打猫咪时，刚才还在睡梦状态中的女儿哈哈大笑起来，冲下床去抱走小猫，并告诉了边刷牙边冲过来看热闹的哥哥，小猫把妈妈的脚趾当成了蚯蚓，然后两人哈哈大笑。我则装作十分无辜的样子，逗引他们发笑。

经过这样的哈哈大笑，孩子们都体验到了早晨时光的峰值，迅速地洗漱完毕后跑下楼来吃早餐，并在约定时间内完成早上必须完成的任务。在他们准点上车出发去学校时，我会对他们早上的行动做正面的总结，如感谢他们的准时与高效，夸奖他们是自觉和独立的孩子。

峰终定律还可以用在孩子成长的整个过程中，让孩子长大后在回忆起原生家庭时，内心充满爱与欢乐，从而对原生家庭产生感恩，并经常想念。不少华人家庭表示，他们为孩子的学业安排了很多辅导课程，一家人甚至从来没有一起吃过晚饭。这对于孩子的成长来说其实是一种负面的峰值体验。而那些善于利用晚饭时光来促进亲子感情，或者借助特殊节日增加家庭仪式感的家庭，却在孩子的人生过程中不断地增加正面的峰值体验。很多人回忆起自己的童年时，常常会想起各种愉快的节假日，以及爸爸妈妈给予他们的如"特殊时光"等某种有仪式感的峰值体验。

有生命力的孩子

一本正经是慢性毒药

10 岁的凯恩是一个十分敏感的孩子。由于家里孩子多，妈妈常常忙得焦头烂额。凯恩对一些小事异常敏感，这让妈妈十分烦躁，她常常对着凯恩大喊大叫。凯恩有着很强的不安全感，任何小事都能触动他的神经让他彻夜不安。

一次，凯恩与家人去海边度假，他们租住在海边的一套老房子里。晚上洗漱时，凯恩发现洗手间里有一只蟑螂，他吓了一大跳，尖叫着跑出来找妈妈。妈妈试图拍打蟑螂，但蟑螂很快钻进了墙壁的一个缝里，逃跑了。

凯恩受了惊吓，尽管妈妈关上了洗手间的门，但凯恩仍一直盯着门缝无法入睡。过一会儿他就问妈妈："如果蟑螂跑进来怎么办？"妈妈无数次向凯恩保证蟑螂不会进房间来，但凯恩仍然喋喋不休，说蟑螂肯定会跑进房间，爬到他的被子里。他不断地假想蟑螂会从他的身体爬到他的头上，哭丧着脸说他无法睡觉。

整整两个小时，凯恩都在对妈妈喋喋不休，他的推测和抱怨也惊扰到了在同一个房间里睡觉的弟弟妹妹，弟弟妹妹也嚷嚷着哭诉说不能让蟑螂到房间里来。

妈妈终于忍无可忍了，对着凯恩大吼一声："你有完没完啊，不就是一只蟑螂吗？至于怕成那样！再不睡觉明天就不准你出去玩了！"

妈妈的大吼让凯恩安静了下来，他转过身去面向墙壁，不再说什么。不久后他睡着了，妈妈再去看他时，他脸上残留着一道泪痕，显然是哭着入睡的。

对蟑螂的恐惧只是一个开头，后来凯恩开始了一发不可收拾的对这个世界的恐惧。

"妈妈，人死了后会去哪里？"凯恩常常问妈妈。

"死了就是死了，不去哪里。"妈妈说。

"那如果你和爸爸死了，我就永远都见不到你们了。"凯恩忧心忡忡地说。

"哦。"看着凯恩伤感的样子，妈妈不忍心地说："也有可能我们会上天堂，在天堂就可以见面了。"

"可是你们都不相信上帝啊，你们上不了天堂，那你们会去哪里？"凯恩问。

"你现在那么小，担心死的问题干吗？别瞎操心了，我起码要活到100岁呢。"妈妈开始不耐烦了。

"但没到100岁也有可能死啊！有的人遇到车祸死了，有的人生病死了。你们也不一定能活到100岁。"凯恩继续喋喋不休地问。

"你就不能想点别的！那么小想什么死啊！我看我是快要被你气死了！你就不能做一个正常点的孩子？"妈妈感觉自己要爆炸了。

凯恩的恐惧日益严重，他晚上不敢回房间睡觉，经常搬到妹妹房间与妹妹一起睡。他还经常在半夜惊醒大哭。刚开始妈妈以为他无理取闹，为了能使他早点睡觉，常常吆喝他不要哭赶紧睡觉。直到有一天，凯恩半夜惊醒大哭，他抓着妈妈的手臂，用惊恐的神色对妈妈说："妈妈，我好害怕，我好害怕，我不要死，我不要死！……"妈妈这才意识到凯恩可能存在的某些心理障碍被她忽视了。

凯恩妈妈来找我，说起这几个月的往事，她泪流满面。她不知道曾经那么快乐的凯恩，为什么会对死亡如此害怕。她也意识到，他是真的害怕而不只是想引起父母的关注。

凯恩的妈妈是那种相对传统的女性，做事非常严谨。凯恩的爸爸做生意常年不在家，凯恩的妈妈忙着照顾几个孩子，很少与孩子们一起嬉戏玩耍。凯恩的妈妈不喜欢吵闹的环境，因此孩子一旦打闹争吵，她就受不了，会大叫逼迫孩子们停止。半年前搬了新家，妈妈忙于装修房子和为孩子们换新学校，无暇顾及孩子换了新环境后的感受，她已经半年没有带孩子出去玩了。凯恩好几次向妈妈提及他不喜欢新学校，因为新老师很严厉，他想回到原来的学校去，妈妈都只当是孩子想引起关注而没有重视。

我从心底里心疼凯恩，一个 10 岁的孩子不应该背负着如此沉重的对人生或死亡命题的恐惧。凯恩妈妈的当务之急，是尽全力让凯恩快乐起来。**人只有在快乐的时候，才能以足够强大的内心力量，去打败生活中的各种恐惧情绪。**人也只有在感受到活着的美好时，才能战胜对死亡的恐惧。孩子是用玩的方式来对抗生活中的各种残酷的，家长需要陪孩子一起玩，用大笑来驱散孩子心中的抑郁情绪。

屎尿屁的玩笑

每年秋天我都会带孩子们去打流感疫苗，记得儿子 8 岁那年我带他去打流感疫苗，他忍着痛挨了一针后，问我为什么护士这次给他打针在大腿上而不是在手臂上。我哈哈一笑说："你这个问题有意思，你觉得会是什么原因呢？"儿子想了想说："可能她觉得我的手太瘦了，怕针会穿过我的手臂，那我的手臂上就会插着一根针动不了了。"说完，儿子做了一个吐舌头、翻白眼、脑袋侧向一边的鬼脸，假装他的手臂上插着一根针，然后学僵尸走路扑到我怀里，引得我与女儿以及一旁的护士都哈哈大笑。轮到 5 岁的女儿打针时，儿子还装模作样地对护士说不要把针打到妹妹的手臂上，而要打到大腿上。女儿本来对打针一事非常害怕，听哥哥这样说，也确定不是要打在手臂上的，便放心躺下让护士为她打针。等她打完了嘟着嘴，我问她针有没有穿过她的手臂，还学着儿子的样子吐舌、歪头、扮僵尸，并一惊一乍地说："我好害怕，我是一个不喜欢打针的僵尸！"女儿一看我滑稽的样子就噗嗤一声笑了，还嘲讽我是一个胆小鬼僵尸，然后一蹦一跳跟哥哥一起离开了。

很多父母从小活在一本正经的世界里，稍有一点儿出格的动作便会被家长或其他成人训斥为"不正经"。因此他们从小就没有办法释放那种作为孩子的生命力，只能不自觉地压抑着自己的欲望。人的情感和情绪被过度压抑后，那种无能为力的感觉会加深他们的恐惧。他们长大以后也难以解开这种恐惧的枷锁，因此他们也只能活在一本正经的世界里，并进而对孩子也一本正经。

我反对那种让幼小的孩子一本正经地坐在小板凳上学习的教学方法，很多孩子的天性会因此而被压抑。我为孩子挑选幼儿园时，我会看幼儿园教室桌椅的摆放方法，那种桌椅摆得整整齐齐，没有留任何空间让孩子们可以坐在地毯上活动的幼儿园，我是绝不会选择送孩子去的。孩童的天性是跑来跑去，他们会坐着或趴着读书，而不是一本正经地坐在桌椅前听课。那些有足够空间让孩子们坐在地上，围成圈听老师讲故事的幼儿园，才是真正懂得儿童需求的好幼儿园。

处于脏话敏感期的五六岁的孩子们，经常会冒出屎尿屁之类的"脏话"，继而自顾自地哈哈大笑。我的孩子们刚开始认字时，常跟我们玩一个拼读游戏。他们会问："Mom, Can you spell I cup?"（妈妈，你能拼读 I cup 吗？）。我便拼读说 I-C-U-P，两个孩子就会哈哈大笑，说你刚才说了"I see you pee"（我看见你尿尿）。我一看上当了，也跟着他们哈哈大笑起来，有时候会追着他们挠痒痒"报仇"，大家哈哈大笑倒在沙发上。尽管这个游戏已经玩了无数次，孩子们还是喜欢一本正经地再追问我这个问题，我也继续一本正经地回答，再次与他们追逐打闹。孩子们心里其实明白我早已经知道了他们的诡计，却仍然会一次又一次地装傻回答这个问题，他们看重的不是我是不是真的那么"傻"，而是我这种傻的实质——把成人世界的那种一本正经的"毒药"抛弃，跟他们互动玩耍，给予他们愉悦的峰值体验，与他们建立起联结，实现心流的互动。有一天，女儿跟我在车上又玩起这个游戏，我俩哈哈大笑过后，女儿问我为什么爸爸觉得这个问题很蠢，而且一点儿都不好玩。我知道爸爸的科学脑袋接受不了屎尿屁这类的刺激，便告诉女儿每个人都不一样，如果爸爸不喜欢跟她玩这个游戏，她可以跟爸爸玩力量抗衡的游戏，也就是她可以与哥哥一起想办法把爸爸压倒，骑在爸爸身上让爸爸没法起来，爸爸很喜欢跟他们玩这个游戏。

很多父母不了解孩子会有脏话敏感期，往往用成人的教养观来看待这个问题，他们会厉声斥责孩子，禁止他们说这些"脏话"。孩子因为父母的斥责而变得谨小慎微，虽然不再说脏话了，但也被剥夺了一种探索的本性，从而变得一本正经。我先生曾经因为孩子们常开屎尿屁的玩笑而发脾气，觉得孩子没教养。但当爸爸发现我们可以这么开心地玩一些比较"粗俗"的游戏，而过了一段时间后孩子们忽然对屎尿屁这类字眼失去兴趣后，他才开始放松了他那"一本正经"的神经，偶尔也跟孩子们开开屎尿屁的玩笑。

我每次走进衣帽间去找鞋子的时候，孩子们总是会嘻嘻哈哈地把门关上，然后在外面把灯关掉。衣帽间没有窗户，被熄灯后里面变得一片漆黑什么都看不见。在这种情况下很多家长可能会觉得孩子在搞恶作剧，于是吆喝斥责孩子，开启了一本正经的本能反应。我知道如果孩子受到斥责后可能不会再那样做了，但每次看见爸爸妈妈进入衣帽间，他们内心深处仍然会涌动起关灯的冲动，只是被挨骂的恐惧压抑，这种压抑在青春期会成为一种反叛方式，让潜意识把他们带向原本恐惧的事物，心里既害怕又非常想尝试。为此每次他们把我关在衣帽间里并关上灯的时候，我都会大喊大叫，装作很害怕的样子，然后开门冲出来假扮僵尸吓唬他们。他们嘻嘻哈哈四散逃窜，跟我玩一段植物大战僵尸的游戏。

过了一段时间后，他们就不会再玩这个游戏了。

神秘的解药

孩子大多好奇心重，对于神秘的东西往往会有一探究竟的欲望，神秘性对于孩子来说非常有吸引力，这就是孩子那么喜欢魔术或魔法故事的原因。父母有时做点故弄玄虚的事，会让孩子探讨神秘性的欲望得到满足，从而跟父母合作。

为了让孩子感受到神秘性的魔力，家长可以购买一些小型的魔术器材，适当地表演一两个小魔术，每次这样做都足以让孩子兴奋半天，并对父母崇拜不已。比如说当孩子不肯出门时，我们可以神秘地对孩子说："我的车上有个魔法盒子，如果你现在跟我走的话，它可能会变出一些漂亮的东西来。"孩子的好奇心被这个神秘的盒子调动起来后，便会毫不犹豫地跟着你上车。而此时家长故弄玄虚地打几个响指，然后从兜里掏出一根魔法棒，轻轻一敲，魔法棒的一头开出一朵花或者棒棒糖来递给孩子，那孩子一定乐开了花，会非常高兴地跟家长出门，即便是要带孩子去做一些平时孩子认为太枯燥而厌烦的事，比如说孩子不肯刷牙或者不肯上床睡觉，等等，这朵花带来的神秘的峰值体验，也会让孩子感觉一切都非常美好，因而愿意与家长合作。

我在每年春节期间都会到孩子们的班上去介绍中国春节文化，这些美国的孩子们从来没去过中国，但他们从我的介绍中可以看到长城、舞龙舞狮，还有可以作为挂画用的中国汉字。尽管孩子们非常好奇，但我知道他们不可能通过我半小时的介绍就能记住这些中国元素，因此在讲解的最后，我会用一个魔术帽，变魔术般地给他们变出一个非常可爱的红包，里面装着有中国字画的书签，有时也会往里面塞一美元。因为这个红包，他们对中国文化的体验达到顶峰，大家举着红包沸腾起来，轮流跑来跟我带的狮头合影。后来我跟孩子们的父母交流，这些美国家长们非常高兴地告诉我，他们的孩子回家后是如何向他们讲述中国的长城、舞龙舞狮，以及漂亮的可以画出来的中国汉字的，且几天来都抱着他们的红包睡觉。我惊讶于孩子们把我讲解的知识都记住了，这就是峰值体验使他们的大脑内产生了大量可以帮助记忆的多巴胺，于是一些原本枯燥无味的知识点，都成了有趣的学习体验并形成了记忆。

2019年春节，大年初一，我按惯例去给孩子们介绍中国文化。我特地穿上了一件熊猫服装，把自己打扮成一个大熊猫。学前班的小朋友们看见我都沸腾了起来，跑过来跟我这只"熊猫"拥抱。当我这只笨拙的"熊猫"开始给大家表演魔术，逗得大家哈哈大笑并为红包欢呼时，我展示给孩子们的中国文化便悄悄地潜入了孩子们的心里。下一次我再在学校里出现时，几个孩子认出我来，高兴地跑过来跟我拥抱，称呼我为"Lady Panda"（熊猫小姐）。

保持神秘是做一个有趣的父母需要学习的第一招。孩子活在一个幻想的世界里，他们对带有神秘色彩的事物特别感兴趣。那个闹钟为什么滴答响？拆开来看个究竟；妈妈的抽屉里装了什么东西？我要打开看看；妈妈为什么抹口红？我也涂来看看⋯⋯一旦知道答案或经过尝试，孩子的好奇心得到了满足，他们就不会再执意追求了。

有一段时间女儿对我的化妆品非常好奇，拿出我的腮红刷煞有介事地对着镜子在自己脸上刷来刷去。我看她依依不舍地刷了半天，便打算满足一下她的好奇心，问她是否想化个妆跟我一起出去。她惊讶地问我说："可以吗？你说过这些是大人用的。"我说："是的，大人用的化妆品小孩拿去用的话会损伤皮肤，不过就试一次，完了就洗掉，没关系的。"女儿听我这样说，非常高兴地让我为她化妆。我给她涂了粉底，画了眉毛，涂了口红，然后让她自己用刷子刷了一点儿腮红。她对着镜子看见这张"成熟"的脸，咯咯咯地笑了，跑过去让她哥哥看。哥哥满脸嫌弃地说："好丑啊！"她便又咯咯咯地笑着跑回来，要求我帮她洗掉。

尝试过以后，女儿再也没有玩过我的化妆品。

如果孩子要玩有危险性的游戏，我们应该温柔地制止并告诉孩子后果。如果父母平时跟孩子有足够的心流体验，那孩子就会意识到危险，进而接受父母的意见并控制自己的行为。

一本正经是一剂慢性毒药，会一代代地毒害下去。而世界上有一种解药，可以解除这种毒药的毒害。这剂解药，就是大笑。大笑不仅可以化解矛盾，增强记忆力，延年益寿，提高幸福感，等等，更重要的是，它还能成为人生各种痛苦或抑郁症状的解药，让人们不需要一本正经地活下去，而是可以带着梦想和希望，用最旺盛的生命力来诠释人生。

后来，凯恩妈妈给凯恩买了一副拳击手套和沙包组合，一有空她就陪凯恩一起打沙包，让凯恩发泄一些压抑的情绪。凯恩爸爸也减少了一些工作，抽空与凯恩打篮球，父子俩大汗淋漓地击掌挥拳，偶尔为抢球的滑稽动作哈哈大笑。凯恩妈妈减少了一些家务杂事，开始尝试嘴角上扬着微笑，并允许孩子们在屋里跑来跑去推搡打闹。妈妈还安排凯恩去找一位咨询师进行"快乐教育"，并陪着凯恩一起接受咨询，她还逐渐增加了带孩子们外出玩耍的机会。慢慢地，凯恩的心里拥有了力量，变得越来越开心，晚上不再惊醒，对死亡的恐惧再没有提起过。

关于死亡

我的第一本书《积极教养》出版后，我组建了 8 个"积极教养"的亲子教育家长群，让家长读者们互相学习，并用积极教养法教育孩子。家长们常常会在群里热议一些教育难题，家有存厌世情绪的青春期孩子的问题很受家长关注。

有一位家长曾经给我发来这样一封邮件：

群主：

您好！

我儿子 11 岁，读小学五年级，他最近反复说真希望自己没有来到这个世界上，感觉这个世界没意义，太麻烦、太无聊了。请问我该从哪些方面开导或引领他？平时他成绩很好，假期参加滑雪班和化学实验班，其余时间大多在写作业。假期也很充实，他爱好很多：弹吉他、养多肉、做烘焙、滑雪等，为什么他突然会觉得自己不想在这个世界上了呢？

请您帮我分析分析，谢谢您！

这个话题引起了很大反响，不少家长提出自己的孩子也常常询问有关死亡的问题，自己不知道该怎样回答。也有不少家长会像凯恩妈妈那样，因为接受不了孩子胡思乱想，于是直接吼叫怼回去作罢。但生死命题不光对于孩子，甚至对于所有人，都是一个艰难的哲学命题，我们无法逃避，只能坦然接受与面对。怎样跟孩子谈论死亡，才能让孩子的内心充满安全感和内在的力量，不让死亡成为恐惧的话题，以致影响他们的心理成长，这是一门需要我们家长努力去学习的学问。

首先，我们得坦然面对死亡。生老病死是人生再正常不过的部分，既然没法逃避，那就要坦然去面对，去认识它，去了解它。我在美国怀着二胎的时候，我的父亲因病去世了，我无法回国见父亲最后一面，这成了我人生的一件憾事。我与孩子们聊天时经常会聊到我的父亲，以及我小时候跟父亲在一起的一些趣事。我告诉孩子们我的爸爸在天堂，我很想念他，他也非常想念我。孩子们会追问我为什么不给外公打个电话，我说天堂没有电话。女儿若有所思地说："天堂的科技不发达，连电话都没有。"她想了很久又说："其实外公可以从天堂扔一张纸条下来到我们家门口，纸条上写上我的名字，然后告诉我他在天堂很好。"

我知道我们没法用理智的思维方式跟孩子谈论死亡，便非常高兴地肯定了女儿的这个主意。我又满怀期待地对她说："如果外公能想到这么好的主意就好了。发现天堂没有电话，外公应该也会很着急的。"

看到自己的想法得到了肯定，女儿很高兴。她非常神秘地对我说："妈妈，现在你知道这个好方法了，那你死了以后，你要记得把一张纸条扔到我家门口。"

我听后十分感动，抱着她说："我一定会的！我会每天都给你扔一张纸条，还会给你画画，告诉你天堂上有哪些好玩的东西。等你也死了的时候，我们就可以在一起玩了。"

女儿很高兴，兴奋得大喊大叫，恨不得马上就跑到天堂去。关于生死的话题让我和孩子们在说笑中得到了很好的联结，孩子们不会觉得死亡是多么可怕的事，甚至因为与妈妈有着情感联结而变得更加有意义。

对，联结！很多家长只看到孩子畏惧死亡，却忽略了孩子内心深处究竟在追寻什么。**人的一生都在追寻自我价值感和成就感，对死亡的畏惧实际上更多是因为缺乏自我价值感和安全感所致**。同样以凯恩为例，凯恩对死亡的恐惧，实际上是内心深处一种对亲近妈妈的渴望，妈妈每天需要照顾多个孩子，总是疲惫不堪，甚至脾气暴躁，没有办法给予凯恩想要的爱与亲昵。凯恩因与妈妈失去了联结而感觉不安与焦虑。这种焦虑日渐增加，便成了恐惧。而死亡，只是这种恐惧的一个替代品而已。

如果凯恩的妈妈能意识到这一点，在凯恩提出对于死亡的恐惧时，不要急于去否定他，而是先肯定他的感受，告诉他每个人都会有对死亡的困惑，肯定他思考的能力，同时拥抱他，告诉他，不管是在人世间还是在天堂，妈妈永远都不会跟他分开，永远都会爱他、保护他！

唯有如此，凯恩才能得到爱的内在力量，让他战胜对死亡的焦虑和恐惧，成为一个快乐的孩子。

从另一个角度看，很多孩子流露出对死亡的畏惧情绪，其实并非是恐惧死亡本身，而是因为他们在探索一个未知的世界时所自然流露的担忧焦虑。这就好比我们在爬山的过程中，发现了一个黑乎乎的山洞，好奇心会驱使我们想进去看个究竟，但自我保护机制又会不断地提醒我们山洞里可能存在危险，于是我们会产生焦虑与担忧。作为成人，我们的自我保护意识大于好奇心，因此我们可能会选择止步；但对于孩子来说，他们仍然处于不断探索与认识世界的过程中，好奇心大于自我保护意识，因此他们会毫不犹豫地走进山洞，但同时又极度担忧，害怕自己因此闯祸。而一旦孩子进入了山洞，发现别有洞天，有清澈的水池或者美丽的景色，或者有滴着水的钟乳石，那孩子会惊喜尖叫，为自己的勇敢探索而倍感自豪！

这个山洞，就如同孩子跟我们讨论的死亡问题。家长如何看待死亡，孩子是否了解死亡的实质，都会直接影响孩子是否有勇气走进山洞。

如果家长对死亡持有豁达之心，便会鼓励孩子到山洞里去看看，即便山洞里潮湿阴暗，孩子还是会在自己的探索下找到答案，这同样也会给孩子的心灵积蓄强大的内在力量。

如果家长忌讳死亡，不愿与孩子讨论与死亡相关的话题，那么死亡在孩子眼里会变得更神秘、更恐怖。我的母亲就是一个绝对忌讳死亡的人，在餐桌上，父亲聊到新闻里一些灾难性事件时，如在大型车祸中死亡人数多少等，母亲会感觉非常不安并要求父亲停止该话题。当我们向母亲询问关于死亡的话题时，母亲会直接回避，认为我们是小孩子，不应该问这些问题。我的外公去世后，母亲处于巨大的悲痛中，但她却不愿意跟我们讲死亡究竟是什么，外公到底去了哪里，就那样独自隐忍着她的悲伤。而她的这种隐忍，作为孩子的我们是无法理解，也无法接受的，于是我从小便恐惧一切与死亡有关的话题，甚至变得害怕黑暗和孤独。成年以后回看童年的这种经历，我觉得倘若母亲当年能够坦然告诉我们死亡是什么，与我们讨论外公到底去了哪里，让我们对死亡能有一个清晰的认识，那我就可以避免整个童年期对于死亡的困惑与恐惧。

孩子总是活在自己的幻想里，我们与孩子讨论死亡时也不能过于直白。曾经遇到一个孩子，他在跟我儿子讨论死亡时非常直白地说："我爸爸说，人死了以后就扔进火里烧掉，就什么都没有了。"那时我儿子才6岁，刚开始萌发对死亡的恐惧，听好朋友这样评价死亡，他吓得赶紧跑来找我，说他不要被火烧掉。

好友丹尼尔的父亲去世了，他邀请我们去参加葬礼，我们带着孩子们一同前往。刚开始时我们担心场面过于伤感会吓着孩子，但为了让孩子认识死亡，我们还是让孩子们穿上黑色礼服跟我们一起去。葬礼在教堂里举行，会场挂满了他父亲生前的照片，从出生到步入婚礼殿堂再到为人父亲成为爷爷等，追悼会就是一场人生故事的展览。现场还有各种甜点、咖啡、果汁等供来宾享用，亲朋好友们相聚一堂，聊着逝者生前的一切。追悼会开始时，丹尼尔上台悼念父亲，他谈及父亲生前各种各样的故事，当中讲述了几个他父亲生前闹的笑话，以及各种与父亲的幽默对话，引得台下嘉宾们哄堂大笑。

参加完这个温情与幽默并重的追悼会后，我如释重负。回家的路上我跟孩子们谈论死亡，孩子们问为什么丹尼尔叔叔的爸爸死了他却那么开心。我便告诉他们说他一定也有伤心的时候，但他知道爸爸去了天堂，他也为爸爸感到高兴，有一天他们会在天堂再相见的。我也告诉孩子们，等他们长大了，如果爸爸妈妈死了，我们也希望他们能像丹尼尔叔叔一样为我们感到高兴，我们也会在天堂看着他们。

孩子们非常高兴，如同他们在山洞里发现了宝藏。

我的孩子们认了一对英国老人当他们的爷爷奶奶，他们住在离我们三小时车程外的休斯敦的老人院里，我们常常去探望他们。奶奶去世那天，爷爷给我打电话的时候，我流下了眼泪。孩子们看见我哭了，都跑来问我到底发生了什么事。我抹干眼泪对孩子们说，奶奶今天死了，她去了天堂。那几天孩子们画了一些画，里面有奶奶，有花草，女儿说那是美丽的天堂，因为奶奶很爱花。有几次睡前故事结束，在我亲吻孩子道晚安时，女儿会告诉我说她有点儿想念奶奶了。我给她盖好被子，微笑着说，我也很想念奶奶，我相信她也会很想念我们。女儿便微笑着入睡了。

事后不久，爷爷要把奶奶的骨灰撒到奶奶生前喜爱的一片野花上，并把撒骨灰这个任务交给了孩子们。孩子们在空旷的野地上欢快地跑来跑去，一把把地把骨灰往草地上撒去。我们允许孩子们随意狂欢，看着他们把骨灰往天空中撒去，成为一片白茫茫的烟尘，轻轻地散落在草地上。孩子们并不为此伤感，而是觉得这就像一场游戏，一场充满乐趣的告别仪式。他们把所有骨灰都撒完了以后，爷爷夸奖他们做了一件了不起的事，并笑着对他们说，明年春天，奶奶的身体就会开出很多野花，奶奶就像躺在野花上睡觉一样，她一定会非常喜欢！孩子们高兴地大喊："耶——"

第二年春天，我们陪同爷爷到撒了奶奶骨灰的野花地里去悼念奶奶，爷爷指着那一片夹杂着各色野花的德州蓝樱花群，招呼孩子们来看，并兴奋地大喊道："Look! That's Grandma!"（看啊！那是你们的奶奶！）

孩子们便飞奔到花丛中玩起来……

妈妈才是胆小鬼

医学界普遍认为，抑郁症的病因是大脑内缰核的异常放电，从而抑制了多巴胺的分泌。多巴胺被抑制了，人也就抑郁了。类似前文中凯恩这类孩子的抑郁症状，大多来源于父母与他缺乏生命力的相处方式。很多父母只以成人的眼光来判断孩子的行为，只希望孩子按照成人的想法来做事，不能违背父母的意愿。因此他们总是"一本正经"地说教，也希望孩子能"一本正经"地学习。甚至有不少父母为了孩子能有一个"好"的将来，剥夺了很多孩子玩耍的权利，只让孩子不断地为"美好将来"而学习。这便导致了很多孩子不知道快乐是什么滋味，人生也变成了永远完不成的功课与父母无休止的责骂。

当一件事发生时，父母往往难以做到撇开个人观点对事实做出反应，反而很容易因为期望某个结果而用苛刻的思维方式来解读孩子。以前文中的凯恩害怕蟑螂一事为例，我们一起来解读一下家长的说话方式为什么会把孩子逼迫至崩溃边缘，我们又该以怎样的方式来改变局面，如表1-1所示。

表1-1　家长和孩子的两种说话方式（FIRE模型）

	孩子的想法	妈妈的想法
事实	担心蟑螂晚上会爬到床上，不敢睡觉。妈妈训斥自己	孩子担心蟑螂晚上会爬到床上，不肯睡觉。孩子哭闹
解读	妈妈不爱我，我真的很伤心！我真的不好，连妈妈都不爱我了！我还是继续哭吧！我哭的时候妈妈就会关注我多一些。我哭了那么久妈妈还是吼我，妈妈一点儿都不爱我。或许我死了会好一些	一个蟑螂有什么可怕的，孩子是在无理取闹。男孩子不应该害怕蟑螂。孩子这么爱哭，真的很烦人
反应	继续哭，渴求爱抚，恐惧死亡	大吼以制止孩子哭闹
结果	逐渐不敢对妈妈说出自己的担忧，抑郁成疾	对孩子越来越不满意，进入动不动就发脾气的恶性循环

从表1-1可以看到，妈妈和孩子在同一件事上，想法和反应都是不一样

的。因为想法与反应不一样，就会造就大家都不想要的不一样的结果。渐渐地，孩子失去了生命力，而孩子的抑郁情绪也在损耗着妈妈的生命力。孩子毕竟是孩子，他们没法做到用这种严密的逻辑去分析妈妈的问题，因此妈妈在遇到类似情况时，可以列出一个这样的表格，撇开妈妈脑海里对孩子的固定理解，只把一致的事实拿出来跟孩子讨论。我们再一起来看看下面的讨论方式。

妈妈："你担心蟑螂会爬到床上，所以不想睡觉？"（讲出事实，跟孩子共情）

儿子："是的！我看见它逃跑了，担心我睡着后它就会回来。"

妈妈："嗯！如果它跑回来是挺麻烦的。有什么办法来解决这个问题？"

儿子："我不知道！"

遇到这种情况，妈妈容易说教，或者只是单纯地劝说孩子改变想法。但如果妈妈想使自己与孩子的沟通变得有趣一些，就可以运用幽默的方法来更好地解开孩子心里的结。比如，妈妈可以突然灵机一动说："我想到了一个办法，你别过来，在这里等着。"然后冲进洗手间去，用鞋子啪啪打几声，弄出点拍打蟑螂的声音，还可以嘴里大喊"别跑——"。最后，按下抽水马桶的冲水开关，让房间里的孩子听见哗啦啦的冲水声。妈妈重新走回房间，拍拍手说，"我把蟑螂冲进马桶了，它应该会被冲到太平洋去了！"妈妈还可以跟孩子示范一下自己如何挥舞着拖鞋，用中国功夫拍打蟑螂，完美完成任务等情节。当然这就需要妈妈有较强的表演能力，一边手舞足蹈，一边声情并茂地描述和表演。孩子仿佛在听一个故事，看到妈妈滑稽的动作、表情和语言，就会开心得哈哈大笑，对蟑螂的恐惧荡然无存。

另一种比较幽默的做法，是妈妈来扮演"胆小鬼"的角色，假装自己非常害怕蟑螂，但孩子一眼就会看穿妈妈的把戏，于是会故意向妈妈描述蟑螂的长相和外貌等，把蟑螂说得很可怕故意吓妈妈。如果妈妈继续假装越来越害怕，求孩子不要再说了。孩子就会越得意，还会继续找出更多蟑螂可怕的地方来吓妈妈，最后吓得妈妈要假装钻进被窝里去，此时孩子便会开心得哈哈大笑。家长们可能会认为这是在纵容孩子取笑他人，但从儿童心理学的角度分析，当孩子看到自己害怕的东西会引起他人如此害怕时，他的内心就会产生力量——原来不止自己害怕，别人比自己更害怕！然后又得意地想其实那东西并没那么可怕，妈妈真是胆小鬼。他从这种思维方式的转变中找到了让自己不再害怕的力量，从而消除了恐惧。

《游戏力》一书中提到，角色置换对恢复孩子的自信特别有帮助，能帮助他们摆脱无力感的困境，克服恐惧等那些被压抑的情绪。妈妈如果自己去扮演"胆小鬼"的角色，就能把孩子从对蟑螂的恐惧和无力感中拯救出来。

我儿子8岁时怕黑，如果他的房间里没有开灯，他就不敢走进房间。为了帮助他克服对黑暗的恐惧，有一次我说要去房间里拿袜子，但我说我房间没开灯，有点害怕，担心里面有大灰狼，然后我缩到他的身后，扯着他的衣服，假装害怕地跟着他进入房间。儿子说："妈妈你都是大人了怎么还会怕黑。"我对他嘻嘻笑说，妈妈是胆小鬼，他便哈哈大笑顺便嘲笑了我一番，然后摆着一副"看我的"的姿态，走到房间里帮我把灯打开，还振振有词地说："房间里怎么可能会有大灰狼，你就是假装害怕的胆小鬼！"我在房间门口缩着脑袋瞄来瞄去，"确定"没有大灰狼后才走进去。儿子看我样子滑稽，还会跟在我后面偷偷地忽然大叫一声，吓得我赶紧又缩回到他的身后，或者把他紧紧搂住，他更是哈哈大笑，变本加厉地嘲笑我。我假装生气，追赶着要挠他痒痒。就这样我们彼此追赶，穿梭在各个没有开灯的房间里，他也不再害怕。而有时女儿也说害怕不敢进房间，我会让儿子去帮她开灯。儿子会用"你怎么会害怕进房间"这种疑惑的眼神看着妹妹，然后帮妹妹打开灯。

屎壳郎的斗嘴

再来看凯恩害怕蟑螂的案例，如果孩子热爱科学，妈妈跟孩子探讨害怕蟑螂的问题应该怎样解决时，可以鼓励孩子上网搜索一些关于蟑螂的资料，看看蟑螂有哪些习性，爱吃什么东西，害怕什么东西，天敌是什么，等等。再根据这些资料做一些防患措施，如在浴室里喷一定剂量的杀虫剂。通常孩子们在搜集了资料，对这种昆虫足够了解后，就不再害怕了。人对事物的恐惧主要来源于未知，比如一个山洞，如果不知道里面有什么东西，会发生什么事，便会产生恐惧感。但如果别人已经详细描述了山洞的内观，我们对山洞足够了解，就不会再感到恐惧，从而敢大踏步地走进去。

我从小生活在乡下，常常翻山越岭捞鱼捕虾，也常常把拇指般粗的大毛毛虫放在手臂上当宠物养。因为了解各种昆虫的习性，所以我不会害怕昆虫。我的两个孩子没事就在院子里抓昆虫，我会跟他们一起观赏昆虫，研究昆虫。我与他们一起阅读了大量的关于昆虫的资料，他们对昆虫世界非常了解，因此无论见到什么昆虫都不会害怕。有一次我与女儿在草地上观看儿子的足球比赛，一条浑身长满黑色毛毛的虫子爬到了我们的凳子上，我一看便知这虫子有毒，于是我跟女儿一起观察它的爬行。但我会告诉女儿这种虫子有毒，不要用手去抓。女儿便用一根棍子把毒毛毛虫挑开并扔回草地去，也不会感到害怕。

有一次，我和孩子们在公园的马路上发现两只推着粪球的屎壳郎，于是我们花了半个多小时慢悠悠地跟踪着这两只屎壳郎，直到它们把粪球推进草地上的洞里。这大半个小时我们都在谈论着这两只屎壳郎的各种细节，如谁倒了推，谁又爬到了上面，孩子们还分别给两只屎壳郎起了名字，他们给公的屎壳郎起名为约书亚，给母的屎壳郎起名为索菲亚。他们还玩角色扮演游戏，儿子假装他是约书亚，对索菲亚喊道："快点，快点走，这些人可能要踩死我们！"女儿便假装她是索菲亚，轻轻地说："我走不动了。我觉得这些人是好人，你才是坏人……"然后两个孩子便斗起嘴来，但也为屎壳郎从粪球上滑下来等意外而哈哈大笑。

我一直鼓励并允许孩子们玩各种各样的昆虫，孩子通过这种方式了解生命和自然。春天，他们在院子里抓到各种各样的虫子，放在一个大盒子里，并在盒子里放了泥土，插上花草，做成一个热带雨林，开始养虫子。他们会询问各种虫子的食谱。养七星瓢虫时，他们知道七星瓢虫爱吃蚜虫，就到院子里的柠檬树上翻看每一片柠檬叶子，希望找到蚜虫喂养七星瓢虫。有一次女儿找到一只非常奇特的长着很多角的蜘蛛，跟我送给她的一根琥珀项链上琥珀包裹着的那个蜘蛛一模一样。她小心翼翼地把那只蜘蛛放进玻璃瓶子里，非常高兴地对比着。她忽然想起我曾给她说过琥珀里的那种蜘蛛已经灭绝了，于是问我，她为什么还能找到已经灭绝了的蜘蛛。其实那是我让先生在中国出差时从网上买的一块便宜的琥珀，尚不知真假，更无从分辨年份，但却对女儿说那是一个非常珍贵的已经灭绝了的蜘蛛。正当我在为自己的胡扯该如何自圆其说发愁时，女儿忽然兴奋地大笑道："啊！我找到了一只已经灭绝了的蜘蛛！太棒了！这种蜘蛛还没有完全灭绝！还有最后一只被我找到了！哥哥快来看……"然后她把蜘蛛拿给她哥哥看。我如释重负，假装发现新大陆般地与他们一起兴奋大笑，帮助他们给那只蜘蛛在瓶子里用棍子做了一个舒服的家。

养了两天后，女儿要把蜘蛛放走，因为她觉得这蜘蛛不吃东西会饿死的，她不希望这种蜘蛛灭绝，所以决定让它回归自然。她与哥哥一起举办了一个隆重的仪式，还对蜘蛛说了很多话，然后把蜘蛛放出来，让它爬到了我家后院的树上。

我一直相信，人类是从自然中吸取了足够的能量，才让我们成为阳光开朗的人。大自然给予我们生命力，给予我们坚毅的品格，给予我们爱心和欣赏美的能力。远古的人类善于在山林中奔跑，在戈壁上攀爬，这些都是大自然馈赠给他们的强大生命力。而随着农耕文明的发展，文字与考试制度的出现，人类则变得更加注重获得社会的认可，却忽视了跟大自然的联结。人类正在逐渐失去一些大自然赐予我们的生命力。正如 GPS 的出现会让人类逐渐丧失识别方向的能力一样，过于重视考试能力会让人失去与自然、动物、昆虫真实相处的能力。这种生命力一旦丧失，就很难重新回归。人在长大以后，成为水泥森林里的一员，容易变得心灵空虚。因此，人还是要保留着与大自然的联结，保留着作为人应该有的原始生命力。

孩子：感谢你对我发脾气

哭闹的孩子

先生出差，我带着 5 岁的女儿去给家长们上亲子教育课。女儿曾经很多次跟我一起去上课，我自信在我讲课时，她能像以往那样乖乖地坐在旁边画画，不会对我造成干扰。

　　刚开始女儿很合作，我与家长们也聊得火热，但却忘了在开场先对女儿做一番介绍。当她看到我们大声说说笑笑时，忽然冲我大发脾气，以哭闹阻止我讲课。我纵然使出浑身解数也无法让她安静下来，她一直大喊很无聊，大哭大叫。因为是中午，我知道她很困倦，所以没有对她做任何批评，但因为亲子课我收了家长们的费用，课堂的混乱局面让我感到了无形的压力，且"教育专家"这顶帽子更让我为自己的手足无措而感到惶恐。

　　无奈最后不得不使出绝招，让女儿看我手机中的各种她喜爱的花草视频，勉强让她安静了下来，我才得以断断续续把课讲完。

　　下课后，女儿如释重负，开始蹦蹦跳跳，变得十分高兴。我把她带到户外的草坪上，陪她欢快地玩耍，没有提课堂上的事。

　　过了大半个小时，我们都玩累了坐在石板上。她靠在我身上喝水时，我问她："你今天是不是因为觉得妈妈不理你有点生气？"

　　她说："我没有东西玩。"

　　我说："对不起！我忘了给你带玩具了，我以为你喜欢画画。"

　　"今天我不想画画，光画画很无聊。"她说。

　　"下个星期天爸爸还不在家，我还是需要来上课。如果你觉得无聊，要不下次我请一个婴儿看护在家陪你？我上完课就回去。"我说。

　　"我不要婴儿看护。"她抗议道。

　　"那有什么办法可以让你开心，妈妈也能好好上课呢？"我问。

　　"带一些我喜欢的玩具吧。"女儿说。

　　"那要不我给你带一束你喜欢的花，再带一些乐高，还带一些你爱吃的饼干？"我问。

　　"好啊好啊！"女儿两眼放光。

"那样你能做到不再打扰妈妈上课吗？我的意思是，你坐在一边玩这些玩具，不跟妈妈说话也不哭闹。"我问。

"可以。"她说。

"那如果你还是觉得无聊该怎么办？"我问。

"不会无聊的！我肯定！"女儿肯定地说。

我拥她入怀，说："谢谢你，妈妈爱你！"然后又轻轻地亲吻了一下她的额头。

她搂着我闭上了眼睛，嘴角挂着微笑。

我感激孩子对我发脾气，在她把她心中对我的恨意全部表达出来以后，她会形成一种内化的美好品格。没有人强迫她做好孩子，但她知道无论她怎样，妈妈都会接纳她的情绪，从而让她成为一个真实且敢于追求美好自己的人。

我的第一本书《积极教养》出版后，我回国一周参加售书活动。活动结束后，在我回到美国的第一天，儿子突然借一点儿小事对我大发脾气。老公不解，说他们一周以来都非常乖巧合作，而我回来后，他反而变得不乖了。

人类在进化的过程中，为了躲避危险，保障基因得以延续，潜意识里逐渐被埋下了一些决策捷径：**当我们遇到危险和感到不安全时，我们会自动加入群体，潜意识里知道要追随大众，避免落单；而当我们处于安全的环境下，面对一段美好的情感或事物时，潜意识又会让我们想着要避开群体，既要想着独享美好又要变得特立独行。**

孩子在我离开时与爸爸的合作，便是一种在不安全感驱动下的自觉追随权威的表现，而在我回家后的大发脾气，却是因为在安全的环境下，他们想通过发泄情绪来做真实的自己！

一位好友称她老公调到外州工作半年，那半年中孩子变得异常独立乖巧，而老公重新回家后，她的孩子又开始调皮捣蛋。她把这个现象归结为她老公对孩子的溺爱。实际上，孩子的乖巧恰恰是因为爸爸离开所带来的不安全感在作怪。孩子对爸爸的离开感到焦虑，于是不自觉地向妈妈靠拢，通过讨好妈妈的方式来进行自我保护。爸爸回来后，孩子的焦虑慢慢解除，他便不再需要压抑自己的情绪了，可以在爸爸面前做回真实的自己。

我感恩孩子对我发脾气，让我有机会知道我在他们心目中如此重要！

童年的恨意

好友 V 是一个年轻的女企业家，三十多岁便坐拥上亿资产。她不是富二代，也曾经历过不堪的童年。她出生后父母因为她是女孩而把她过继到叔父家中，以便在一胎制的时代再生一个男婴。在叔父家长大至青少年期，她又被接回到父母身边，重新成为父母的孩子。V 的性格倔强，无论是在叔父家还是在亲生父母家，她都非常独立且有担当，从来不对命运抱怨。后来下海经商，她以迅雷不及掩耳之势在商海中杀出一条血路，三十岁出头便成为乡里人引以为傲的千万富翁。V 从此为父母买车买房，用大把的钱帮扶不太出息的弟弟。早年被父母抛弃，出息后却如此恩待父母，V 的故事在那个小镇成为美谈，也成为许多父母教育子女的最佳榜样。

作为 V 的好友，我却为 V 心疼不已。她一路走来，为了向父母证明自己的强大，所有对父母的恩待其实都是潜意识里对早年被父母抛弃的恨的表达，她潜意识里的意思是："你们当初抛弃我，是错误的！"

这种恨在意识层面被"孝顺"的美谈掩盖起来，但在潜意识层面却无法释怀。V 在爱情路上一直不顺，难以找到真实相爱的对象。更可怕的是，V

患有严重的失眠症，经常睁眼盯着天花板熬到天亮。事业上的成功成为 V 唯一的寄托，她成了一个日夜不停的工作狂，一周飞几个国家的日子比比皆是。

分析 V 的案例，她的失眠其实是对自我的一种攻击。人的思维分为意识与潜意识，她在意识上认为要做一个公认的好人才能获得爱与关注，她甚至以"从小被父母抛弃，长大后却为父母买车买房"的好人形象出现在公众面前，以达到她意识上做一个感恩的人的想法。但实际上她潜意识里对父母的恨意非常强，但每当恨意出现，她就会压制自己的恨，觉得自己需要做一个好人。从心理学上说，如果意识上她没有办法表达对他人的恨意，她的原始攻击性没有得到满足，那她在潜意识里会把这份恨意转变成对自己的攻击。无法得到成功的爱情、可怕的工作狂，以及无休止的失眠，就是她潜意识中出现的攻击自己的状态。她只知道自己意识上是一个好人——要原谅，要包容，要有爱，但却无法理解在潜意识中，她已被自己打击得支离破碎。

如果 V 能适当对自己的父母表达恨意，即便以大吵大闹发脾气的方式，或者背叛的方式对待父母，那对于她来说也是一种救赎。因为她可以以此发泄掉她心中的恨意，不要求自己去做一个老好人，从而可以做意识与潜意识同步的真实自我，那样则可避免潜意识中对自己的隐形攻击。

我在亲子课上曾谈过这样一个案例：一个有各种问题的青春期女儿与父亲之间有着强烈的隔阂，父亲希望化解这种危机而带女儿去滑雪旅行。在旅行中的一天女儿因为一件小事突然对父亲大发雷霆，把她多年来想骂父亲的话全部骂了出来。情商比较高的父亲因为已经做好了化解前嫌的准备，在女儿对他破口大骂时他只默默聆听，不为自己辩解也不数落孩子。待女儿全部发泄完后，他心疼地对女儿说："对不起，亲爱的，我真的不知道原来我给你带来那么多的伤害，我希望我能做些什么给予你补偿。"

父女俩就这样回家了，后来他问起妻子关于女儿的情况，妻子称女儿的很多青春期问题都自动解决了，而妻子曾经问及女儿对那次旅行的感受，女儿说那是她人生中最美好的时光。

孩子青春期中明明知道酗酒等行为会对自己造成伤害，但却会因为对父母的叛逆而以此伤害自己。他们不能去攻击伤害父母，只能转而攻击伤害自己。上例中女儿因为对父亲说出了她的恨意，发泄了她的攻击情绪，那她就可以重新做回真实的自己，并感受到要追求美好的心流体验，从而不会从潜意识再去攻击自己。

如果女企业家 V 能做到找一个机会完完全全地对她的父母进行一次攻击，而她的父母也能想通并坦然接受她的攻击，向她道歉（这个比较难）的话，那相信 V 的失眠症状会迎刃而解，她也会因为自己敞开的心扉而获得爱情的恩赐。

但父母很难接受子女对自己的攻击，尤其是讲究孝道的中国父母。

亲子课前，我常问大家成为父母后令你感觉最幸福的是什么，大多数家长都表示是孩子在对自己表达爱意时有更强的幸福心流体验。但不会有家长说在孩子对自己表达恨意、发脾气或攻击父母时感到幸福，这是人之常情。

实际上，如果我们能包容和接纳孩子的恨意，那爱意的流动便会更明显、更动人。有一天，一个妈妈来到我的课堂，我讲到孩子对我们发脾气时我们应该感到幸福，因为我们只会对我们爱的人发脾气，却不会对朋友、同事，以及陌生人发脾气，所以孩子对我们发脾气其实是表明他们爱我们，所以会攻击我们，对我们表达恨意。课后那位妈妈单独留下跟我聊了很久，她说她的母亲去世后，父亲再婚且有一个与她年龄相仿的成年继女。她发现父亲对继女百般迁就疼爱，却常常对她发脾气，她为此一直感到失落并与父亲逐渐疏远。听了我的课后她才知道，她的父亲是因为在对继女掩饰真实情感，而对她因为是至亲所以毫无保留。聊着聊着她就哭了起来，觉得自己那么多年都错怪了父亲。我也被她爱的心流打动，陪着掉下了眼泪。

课后不久，她就让她父亲回到继母身边去，不再要求父亲来帮她带孩子。因为父亲不喜欢留在美国。她也开始真实地体会到父亲的真实需要，不再认为父亲不肯留在美国帮她带孩子是因为偏心继女。

拥有了爱的心流，我们便能做回真实的父母，我们的孩子也能做回真实的孩子。只要我们心中有真实的爱，孩子的人生目标就会自动萌生，且会产生自我进取的内动力。这就是我们引导孩子找到真实的自己，成为最好的自己的理想状态。

为此，请感恩我们的孩子对我们发脾气。

回家的路

在亲子课上，我跟家长们讲到家需要成为盛装孩子的容器，成为孩子心灵的港湾和归宿。一位叫温蒂的妈妈有所感动，说起她在 20 多年前出国留学的事，在即将离开家的那一晚，她的母亲对她说："姑娘，妈妈存了一笔钱，不管你在美国怎样，那笔钱足够为你买一张机票回家。"妈妈的这段话成为她在美国打拼 20 多年的强大力量，支撑着她度过一个又一个难关。

这位妈妈分享完她的故事，现场一片短暂沉默，包括我在内的很多妈妈们，都眼眶湿润。

我去理发时跟理发师安娜闲聊，安娜的两个孩子都已经离家去上大学或工作了，而安娜与丈夫仍然住在当初为孩子上好学区而购买的大房子里。美国的房产税很高，很多家庭为了不用支付大笔的房产税，在孩子离家后会卖掉好学区的房子而换到一般学区的小房子里去。我问安娜为什么不换一个房子，毕竟孩子都离家了，可以搬到学区一般但条件更好的房子里去，这样可以节省一大笔钱。安娜笑笑说她希望留着孩子的两个房间，告诉孩子这两个房间永远为他们留着，因为这里永远是他们的家。

一位叫贝蒂的妈妈来找我，希望我能帮她解答一下关于她 16 岁女儿的青春期困惑。她的女儿化妆，谈男朋友（妈妈认为这个男朋友人品不好），学习成绩下降，对父母态度恶劣，所有这些都让贝蒂时刻紧绷神经，死死盯着女儿生活和学习的每一个细节，害怕女儿因此自毁前程。

在深入交谈后，我基本可以得知贝蒂的女儿是一个非常优秀的女孩，心地善良，各方面都很优秀，只是青春期受荷尔蒙的影响，对父母反叛。我给贝蒂开出的"药方"是：

第一点：与孩子的男朋友成为朋友。在以自由民主为前提的美国社会，要求青春期的孩子不谈恋爱几乎是不可能的事。

贝蒂一直对女儿强调中学阶段不要谈恋爱，她说她不允许女儿承认自己有男朋友，也从各种渠道得知那个男孩的人品不好，让女儿就算找也要找个好的。她希望能通过对女儿男朋友的忽视和否定来改变女儿的意志。

16 岁的孩子由于受到激素或同伴压力的影响产生想要谈恋爱的想法，这是非常正常的，家长应该接纳孩子这个年龄对爱情的渴望。贝蒂应该邀请女儿的男朋友回家吃饭或者参加其他家庭活动，重视他并与他成为朋友。这样做能帮助女儿进一步了解她的男朋友，另一方面也是对女儿的尊重和信赖。女儿会因此在朋友面前感到有面子，如此就去除了同伴的压力，同时也因为感受到来自家人的尊重和爱，她会在重大决定面前，考虑到尊重家人的建议。

青春期孩子的叛逆，一般不是对父母价值观的叛逆，而是对父母所有观

点的反叛。他们即便知道父母说的都是对的，但他们要的，就是不管你说什么，我都要对着干。

为此，贝蒂唯一能做的不是否定女儿的男朋友，而是要跟女儿的男朋友成为朋友，去喜欢他，招待他。这样能让女儿的心重新回到母亲这边，因为有足够的亲人的爱，女儿便有足够的勇气和内在的力量去对男友做出评判。

家长担心孩子谈恋爱的主要原因是担心孩子会因为谈恋爱而影响学习。然而，如果否定孩子的情感需求，反而会把孩子推向危险的境地。如果孩子在家庭中没有获得足够的爱与理解，他人哪怕一丁点儿的体贴关怀都会成为孩子的救命稻草，让他们在爱情路上丧失理智。如果孩子在家庭中获得足够的爱，那在面对青春期冲动的需求时，他们反而有足够的勇气说不。

我曾经读过这样一个故事，一个女孩在学校操场上，她喜欢的男孩子向她提出到草丛后面去亲吻她的脚趾的要求。女孩觉得不对劲，尽管她很喜欢那个男孩，但她选择信任自己的感觉，因此断然拒绝了。女孩回家后把这件事告诉了妈妈，妈妈拥抱着她说："非常感谢你告诉我，我认为你做了一件很了不起的事，要去拒绝自己喜欢的人真的非常不容易，但你信赖自己的感觉，我感谢你与我分享这一切。"

这个妈妈没有批评说教，她用巨大的包容心，帮助孩子找到对抗外部世界的内在力量。这个女孩或许还会继续喜欢那个男孩，但却不会答应他的任何性要求。或许她也会在爱情中受挫但却懂得怎样保护好自己，这才是最重要的。

第二点：不要对青春期的孩子说"不"。对于进入青春期的孩子，我们应该少对他们说"不"。面对女儿谈恋爱的需求，贝蒂应该先肯定女儿的想法，再去寻求平等的沟通方式。女儿对父母说话态度恶劣，实际上是对长期以来她的情感被否定的一种反抗。青春期的孩子因为荷尔蒙的原因处于某种压抑状态，他们需要释放一些攻击性的行为，以寻求对自己的保护。

如果不对孩子说"不"，父母又不认同孩子的做法，那该怎么办？因为时代与知识背景的不同，年长二三十岁的父母一般难以认同下一代的行为模式。如吃惯大锅饭的"60后"父母无法理解"80后"孩子的以自我为中心，规矩意识较强的"70后"无法理解"90后"的特立独行……每一个时代的人都有不同的性格特点，我们需要接纳这种差异。等我们的孩子成长至青春期，我们会感觉无法理解孩子们的行为模式，这是非常正常的现象。

但不理解并不代表就是错的，如"60后"的父母不懂电脑，但电脑对于"80后"的孩子来说却非常重要。当孩子出现沉迷于一些我们无法理解的事时，我们需要做的，首先是去肯定孩子。

贝蒂的女儿喜欢化妆，常常花很长时间躲在卫生间里化妆，出来时贝蒂看到她浓妆艳抹，心里不是滋味。从来不化妆的她会十分直接地对女儿说："化那么浓的妆太难看了，你要弄淡一点。"她不觉得自己的这种说法有什么问题，但每次她这样说完后，女儿都对她都嗤之以鼻，且像故意气她般把妆化得越来越浓。

如果女儿化妆太浓，你不妨先肯定化了妆后的她很漂亮，也可以说："你今天真美！明天你要不要试试淡妆，那样或许更能彰显你的青春气质。"然后再讨论化妆品的健康成分，以及淡妆会带来不同的气质等问题。总之，不要直接就否定说"化那么浓的妆太难看了"。

在任何想说"不"的时候，都先想想有什么办法可以转变为"Yes!"这是一种既能达到自己目的又不会伤害孩子的双赢策略。

美国父母就很擅长运用这种策略，当孩子做了一件让父母不认同的事时，他们常常会说："Good! I am so glad you like it. You really did a hard work. Have you think about……? Or do you have another better idea?"（非常好，真高兴你做到了。我看到你真的非常努力。你有没有想过……或者你有没有更好的主意？）

第三点：给孩子绝对安全的家的港湾。在我上中学时，晚上曾在父亲的注视下与男同学一起出去唱卡拉 OK。

父亲从来没有对我晚上出去玩的事说过什么，而我，也懂得在该回家的时候就回家。父亲在寒冬腊月时仍然会披着外套赶下楼来为我开门，我什么话都不说就钻进房间锁上门。

直至为人母亲，我才开始理解，那几年对父亲来说是怎样的煎熬。

中学时代的我，知道父亲对我是信任的，因此我从来没有辜负过他的信任。我对家的留恋，绝大部分是因为父亲的信任。这种信任所带来的安全感伴随我一生，直至父亲去世后多年，每每想起，我仍然能感受到那种信任所带来的力量。在人生失意之时，我会默默对自己说，如果父亲还在，他会相信我一定能做到。这种信念帮助我渡过了很多难关，让我成为现在的自己。

再来看前文提到的妈妈，她为女儿存着回家的路费，她是一个非常温暖的人，有安全感，有很强的学习能力，是一个让孩子感到安全与温暖的妈妈。一个有爱的港湾的孩子，便有能力和勇气去面对外部世界的残酷，并从这份残酷中开出花来。

为此，我给贝蒂开了一个最重要的"药方"，那就是完全信任孩子，告诉孩子不管她在外面发生了什么事，她永远会存着她回家的路费。

第二章

遇见幽默：
没有什么不可以

日本动漫大师宫崎骏曾经说过："这个世界上可怕的东西很多，但是我们大家都来笑，笑声越大，可怕的东西就越少，所有人都一块儿笑的时候，这可怕的东西就没了。"

我们看宫崎骏的动画，刚开始会觉得很可怕，无论是《千与千寻》中的魔幻小镇，还是《天空之城》中的海盗和军队，抑或是《哈尔的移动城堡》中的少女苏菲无意间被巫婆变成了老婆婆，等等，这些作品都带着儿童对于这个世界的极强烈的恐惧看法。孩子担心这个世界上有太多可怕的东西，渴望着有人能走在他们前面为他们挡住前方的怪物。但慢慢地孩子们会发现其实没有人能帮助他们挡住成长过程中各种各样可怕的东西，他们唯一能做的，就是去寻找抵挡这些可怕的东西的方法。哭闹、发脾气、哀求、抵抗、装作受害者等都不是孩子解决对人生恐惧的办法，反而会让可怕的东西变得越来越多。

慢慢地孩子们会发现，解决这种恐惧需要依靠他们自己的力量。

4 岁的爱丽丝、福尼亚和伊顿是最好的朋友。一天，三人在一起玩的时候，福尼亚和伊顿忽然争抢起一个玩具娃娃来。

"我的！"伊顿不顾一切地从福尼亚的手里把玩具娃娃抢夺过来，并把玩具娃娃紧紧地搂在怀里，瞪着双眼，皱着眉头，鼓起腮帮，一副要开战的架势。

福尼亚抽搭着鼻子，牙齿咬得紧紧的，握着拳头，狠狠地瞪着伊顿。

一旁的爱丽丝左边看看福尼亚，又转向右边看看伊顿，再转向左边，再转向右边……

忽然，爱丽丝大笑起来："哈哈哈哈哈……"

正剑拔弩张的福尼亚和伊顿看见爱丽丝大笑，她们也互相你看看我，我看看你，也忽然放松了拽紧的手腕，放开了握紧的拳头，不约而同地放声大笑起来。

"哈哈——哈哈哈——哈——"三个孩子笑成一团，然后重新玩起来，完全忘记了刚刚发生的不愉快。

在一个比较严肃的场合里，我们怎样才能笑出来？人天生就有从众心理，因此当别人在开怀大笑时，无论你当时有多紧张或焦虑，也会因为身处一个轻松的环境而笑起来。与人交往中，我们在什么情况下会笑？当别人在笑时，我们也会会心地一笑。这种笑刚开始可能是附和，慢慢地就变成了放松的心情，最后会因大脑中不断产生的多巴胺，形成你真实的愉悦情感，使你高兴起来。

这就是大笑的魔力。大笑如同催化剂，轻松地调动着周遭人们的情绪。作为父母，我们几乎把握了整个家庭的生活规律和情绪节奏。或许很多父母都有同感，在自己轻松愉悦时，孩子们会变得格外高兴且愿意跟父母合作。因此，如果父母能常常在孩子面前大笑，那么他们一定会收获神奇的效果。

大笑的魔力

带妈妈去火星

感恩节那天，我们几个家庭在一起聚餐。我们按照美国感恩节的惯例玩感恩有奖问答游戏。我让孩子们分别讲出他们需要感谢的人是谁，以此引导他们感恩父母及家人的辛勤付出。围在一起的有 10 个孩子，年龄在 3 ～ 10 岁，都十分天真烂漫。他们细数对父母的感谢，内容大多是谢谢爸爸妈妈给他们做饭，带他们去玩，跟他们玩游戏，等等。回答完问题以后他们就可以获得一根荧光棒。

这个话题比较严肃，我看孩子们在看别人回答时开始有点躁动，于是我最后问了一个轻松一点的问题："孩子们，如果你们今天开始要到火星上去居住，你们只可以带一只动物，你会带什么动物去？为什么？"

孩子们一下来了精神，叽叽喳喳地嚷嚷着自己的想法，有人说要带猫，因为猫很可爱；有人说要带狗，因为狗是好朋友；有人说要带鸡，因为鸡会生蛋还可以吃⋯⋯

忽然一位爸爸冲进孩子堆里说："我要带我老婆去，因为我老婆会做饭。"

这位爸爸说完，围拢在周围的家长们全都哄堂大笑。孩子们刚开始都没反应过来这个答案的含义，因为家长们的大笑，孩子们也都跟着哈哈大笑起来，甚至笑弯了腰。刚才还心心念念要带宠物去火星的孩子们，忽然间全部改了口，说要带妈妈或者爸爸去火星，因为妈妈或爸爸会做饭，会陪他们玩，等等。有一些孩子还跑到妈妈身边，搂着妈妈的脖子亲亲，说："妈妈，我要带你去火星。"

大笑过后的场面变得十分温馨。我们的感恩问答游戏得到了最完美的答案，也把爱意通过大笑刻进了孩子们的脑海里。

8 岁的儿子有一段时间很害怕自己一个人在浴室里洗澡，我建议他可以一边唱歌一边洗澡，于是他便开始了他在浴室的歌唱生涯，洗了半天也不出来。有时候他出来时会非常高兴地告诉我，他抹了三次肥皂泡，让我闻闻他身上的香味。我哈哈大笑，往他身上使劲儿地闻，还一边挠他痒痒，他哈哈大笑跑掉了。此后，一个人在浴室洗澡，对他来说便不再是一件可怕的事了。

因为阅读了《纳尼亚传奇》，我儿子变得非常害怕走进衣柜，也对衣柜里的那面镜子感到害怕。我对他说，在他要进入衣柜前可以先"哈哈哈"大笑三声，然后就不会有可怕的东西了。于是儿子每次洗完澡，我都能听见他在衣柜里哈哈大笑，然后穿好衣服淡定地走出来。

当我开始为孩子的行为感到焦虑时，我会找一些网上的搞笑视频与孩子们一起看，一家人哈哈大笑一通，焦虑感便会逐渐褪去。偶然我感觉爸爸快要控制不住情绪对孩子爆发时，我会用一些自己小时候的糗事来转移注意力，让大家都来为我无知懵懂的童年哈哈大笑，以免孩子的不良行为点燃爸爸的怒火。

在成人的世界，可怕的东西也有很多，工作的压力，生活的困难，人际关系的复杂，养育孩子的艰辛……然而这所有的一切，都是我们精彩人生的一部分，只有等到我们年老体弱躺在床上时，方能体味和怀念这所有的酸甜苦辣。

我们需要准备一个可以储存我们大笑的罐子，每当遇到压力、挫折时，不妨对着罐子哈哈大笑，然后盖上盖子。当我们敞开胸襟放声大笑以后，不管是真笑还是故意笑，都能够释放掉各种各样焦虑不安的情绪，可怕的东西就会变得不那么可怕。

罐子里储存的笑声越多，我们对世界的恐惧就越少。成功的人为什么总能在大风大浪面前表现得云淡风轻？那是因为他们已经储存了足够的大笑来面对困境，此时他们已经没有太多的恐惧了。

正如在电影《狮子王》中，成年后的娜娜不臣服于邪恶，说出"我将大笑面对所有危险"这句话时，我们都能感到她大笑的背后，是一种不向命运屈服的人格，以及自信通过自己的努力就能解决人生难题的内在力量。

　　我们都希望我们的孩子拥有这样的力量，大笑面对人生。这种力量，父母可以通过引导来帮助孩子获取。

　　如果我们希望孩子有成功的人生，得先让他们找到大笑的力量。

诺奖得主的大笑教养法

　　2019 年的诺贝尔化学奖得主是 97 岁的约翰·古迪纳夫（John Goodenough），古迪纳夫教授是我先生在美国得州大学当博士后时的导师，他是"锂离子电池之父"，是他把人类带进了可移动科技的世界。锂离子电池改变了世界，也改变了所有人的生活方式，很多年来大家都觉得这个世界欠古迪纳夫教授一个诺贝尔奖。这也就是为什么当教授获诺贝尔奖的消息传来时，全世界都炸开了锅，所有人都欢欣鼓舞。

　　有记者在 2018 年采访教授时，问当时的他对于没有得诺贝尔奖的看法，教授用他那经典的可以穿透整层教学楼的哈哈大笑作答，笑完后他幽默地回答说："I am goodenough!"（我是足够好）。

　　古迪纳夫教授获诺贝尔奖的消息传来时，教授的所有学子们都炸开了锅。而此时的教授，正在伦敦领取另一个学术奖项。我们无法想象一个 97 岁的老人，仍然能常常往返于世界各地进行学术交流。

　　但古迪纳夫教授就是这样一个奇人，今天他可能还在跟我们一起吃午饭，逗孩子们说他的耳朵会动，弄得孩子们都爬到他的怀里扯着他的耳朵看个究竟，第二天他可能就飞到了地球的另一边进行学术讨论。

　　教授是我们一生中最尊敬的人，我们在为第一个孩子取名时，先生特地跑去问教授男孩子叫什么名字好。教授哈哈大笑说："John（约翰）是世界上最好的名字。"我先生也哈哈一笑回答道："John Goodenough 才是世界上最好的名字。"

回家后，我们毫不犹豫地为儿子取名 John，以表达对教授的尊敬和爱戴。

记得我先生还在教授实验室当博士后时，我常常为先生送午饭，我会顺便也给教授带上一份。有时我会带着年幼的儿子一起去，我们邀请教授跟我们一起在得州大学机械工程学院的大楼下吃午饭。

在这无数个吃午饭的时刻，教授与我们谈哲学、社会、战争、宗教、科学、思潮、教育等各种各样的话题。教授唯独不愿意谈及政治，他认为政治是很愚蠢的。

对于一个走过将近一个世纪的老人来说，经历过经济大萧条、第二次世界大战、思潮运动、冷战等各种各样的历史事件后，他对世事的认知是：流水的政治，永恒的科学。

我来总结一下教授的人生智慧，这些都是他能长寿与获得高成就的秘诀。从他的每一个人生智慧中，我们都能找到教育下一代的方法。

第一点：幽默的生命力。我第一次感受到身心合一的大笑的魔力，是我们刚来到美国的第二天。我们拖着被时差折磨得异常疲惫的身体，去得州大学见教授。

我们虽然怀揣着对异国无限的好奇和想象，却也伴随着因语言和文化冲突带来的紧张与不安，脚步沉重地走进了先生即将花费几年时间做博士后研究的实验楼。

从电梯里出来，我们转弯走进了一条走廊，走廊两侧是一个个教师办公室。神奇的是，当我们在寂静无声的走廊里走着，浏览每个办公室门口贴着的教师的名字，心中充满着对未知的期待与焦虑时，忽然传来一阵非常响亮的大笑声，打破了整个走廊的寂静！

"哈——哈——哈——哈——哈——"这是一个男性的笑声，听得出来是用尽全力在大笑，每一个"哈"的后面都有稍微的停顿，然后又延绵很久，在走廊里不断回响，以至于整层楼都能听到这异常豪迈的笑声。

所有的紧张与不安忽然随着我与先生的对视一笑而消散了："谁在这么严肃的地方笑成这样啊？"我俩这一笑，打破了原有的要见导师前的不安情绪，只剩下一种美好的期待。

继续往前走，笑声不绝于耳。我们已经非常确定笑声是从哪一个办公室里传出来的。而那个办公室门口的名牌上，赫然写着"John Goodenough"。正是我们要找的教授。

教授正在办公室里跟一个实验人员谈话，每说几句话教授就大笑几声。

我们敲门进去，自我介绍后，教授说："哇！太好了，你们终于到了！我已经迫不及待要跟你们见面了。哈——哈——哈——哈——"教授的笑声持续了将近一分钟才停下来。

我们无法理解这句寒暄究竟有什么好笑的，但看到教授的笑脸，我们的反应只能是跟他一起笑了很久。这一笑后，所有的不安与紧张全部消散，我们马上喜欢上了眼前这个非常有亲和力的"领导"。

跟教授第一次见面，我们送给了教授一幅仿真版的《清明上河图》。当我们把卷轴拉开，在他狭小的办公室展示给他看时，他哈哈大笑说："看来我得买一个非常大的房子才能挂起这幅画了。"

得知我们刚来美国需要买车，当时 89 岁的教授说他太太得了阿尔兹海默症，没法开车了，他准备把她的车卖掉，问我们是否有兴趣。他说那是一辆很好的车，即便我们在美国生六个孩子也坐得下。

说完他就哈哈大笑，我们也忍不住笑起来，整个办公室都是轻松愉悦的气氛。我们拒绝了购买他的车，实际原因是不符合我们的预算，但我笑说我们如果有六个孩子，一定连车轮都被孩子拆下来玩了。然后大家笑作一团，彼此都没有任何压力。

不管遇到什么挫折，都大笑而过，这就是教授的处世哲学，这帮助他成就了梦想，并成为他健康长寿与保持活力成就科学伟业的秘诀。

当我因为孩子们的一些小错误生气时，我的脑海里会浮现出教授大笑的模样。教授 96 岁时曾摔了一跤，把腰上的一根骨头摔断了，不过手术后两周教授就重新回到了办公室上班。

我能想象教授在办公室里，必定会对前来探访他的人哈哈大笑说："哈——哈——哈——哈——你们来了！太好了！"

这种强大内心，让教授有足够的能量对抗挫折、失落、逆境、疾病、衰老，让他用无限的生命力创造着一番又一番的成就。

我把教授摔断腰骨的事告诉孩子们，学着教授的口气假装大笑说："教授可能会说'哈——哈——哈——哈——只是断了一根腰骨，没什么大不了的，我要上班去了'。"

孩子们一看我的滑稽样，都乐开了花，嘻嘻哈哈大笑着跑回家。我看着孩子们的背影，心里燃起了很多爱。只希望他们能从中读懂教授的坚韧品格，长大后能像教授那样做一个有超强生命力的人。

大笑是一种对生活乃至生命的疗愈，生活总是会面临太多的艰辛险阻，而大笑的人生态度，却会给予我们解决问题的信心和勇气，也会给予我们无限的梦想与生命力。

教授获得诺贝尔奖后几天，我们去给他送午饭。一位朋友做了一个画着他的头像的蛋糕托我们带去。蛋糕太漂亮了以致我们不忍心吃掉，我们让教授放到冰箱里去跟实验室的学生们分享。教授幽默地说他不怕这些孩子们偷吃了他的蛋糕，因为没有人会敢第一个切他的头。然后哈哈大笑。

第二点：看见孩子。在美国十几年来，先生从锂电科研人员到转型做锂电池的生意，为世界各国的大公司进行锂电技术咨询与产品服务，每一个关节点都有教授金玉良言的指导。

我们的孩子也在教授身边长大，每年都参加他的生日聚会。我们每年都会请教授到我们家来做客，并常常带着孩子们去得州大学为教授送饭。这个耳朵会动的神奇的爷爷，成了孩子们人生中最亮的一盏明灯。儿子为他与教授同名感到十分骄傲，并一直存有要当科学家的梦想。

在获知教授获得诺贝尔奖的那天早上，我们兴奋地在早餐桌上为孩子们介绍了诺贝尔奖的由来和教授所做的研究对人类的贡献。

儿子眼神中闪烁着稚气，问我："我以后会得诺贝尔奖吗？"

我半搂着他，用柔和的目光看着他，坚定地说："当然没有什么不可能的！"

这就是教授教给我的"看见的力量"。教授给先生上的最重要的一课在我们第一次见面时，他对我先生说："当你到了我这样的年龄时，你才会发现，你的妻子是世界上最具智慧的人。记得常常倾听你的妻子。"

来美国后的第二年我们生下了儿子，我先生因为惦记着他的实验，在孩子出生两天后就跑回实验室工作，被教授发现了并赶了回来。

教授说人生没有任何事比家庭更重要，笑着命令我先生必须至少休假两周回家陪伴妻子和孩子，并大笑着威胁说如果还发现他在这两周内偷跑回实验室，将开除他。

回家后我先生把教授的这段话告诉我，我感动得热泪盈眶，产后的各种抑郁症状一扫而光。先生在那两周非常用心地陪伴在我和孩子身边，这段时间成为我们一家子非常幸福的时光。

教授的实验室里有很多中国人，教授喜欢中国人的吃苦耐劳精神，他常常把我们当作他的孩子们。化学本来就是比较枯燥的学科，需要用很多时间去"熬"出成果，这是崇尚金融经济的美国人所不愿意做的。

教授的学生们都把教授视为父辈，因为他不但会关注他们的科研，还会时刻关注这些学生们的家庭生活。教授的一位博士生带着同专业的妻子来到美国，得知该学生的妻子也希望能有机会读博时，教授就毫不犹豫地把她也招收进来。或者有一些学生陪读的妻子因为没有工作而去找他时，他也会帮助她们在实验室里安排一些工作。

我常常要给教授送午饭，便用心学了几道他爱吃的中餐。他每次都会把我给他带的饭全部吃光，并夸我是世界上最棒的厨师。我在孩子教育方面遇到难题时也会向他请教，他哈哈大笑说他没有孩子，而我在他眼里却是拥有着自然母爱的一位温柔的母亲。他让我相信以自己天然母爱的力量，就足以把孩子教育好。

在我的《积极教养》一书出版后，我非常高兴地给他送了一本。他哈哈大笑为我祝贺，并告诉我他多么希望自己能读懂中文。

在教授的身边，我们都感觉到了我们被他"看见"。已经到世界各地发展的教授的学生们，偶尔会带着孩子回来看望他。他会记得孩子们的名字，会在他的办公室里跟孩子们玩"会动的耳朵"的游戏。

"被看见"是一种神奇的力量，可以让我们变得越来越优秀。而那个常常给予"看见"的力量的人，又是那样的伟大和充满爱。

我们都是教授的孩子，我们在最美好的年华被他"看见"，然后成为了更好的自己。他也"看见"了我们的孩子，为我们的孩子种下了梦想的种子。

我们还有什么理由不"看见"我们的孩子呢。

第三点：爱成就传奇。教授每天无数次在走廊回响的大笑成了实验室里所有研究人员的生活调味剂，让枯燥的研究工作变得更加生动有趣。

从该实验室出来的很多研究人员，仍然会在离开实验室后常常回去看望教授，参加教授的生日宴会。

很多人只是因为怀念教授那爽朗的笑声，如同为了寻找划破平淡人生中的一道光，这道光消除了他们心灵深处的某种寂寞。

我先生的博士后生涯结束后，他在加利福尼亚州的一家公司找到了工作。搬离得州多年后，我们决定回得州创业。

奥斯汀也因为有教授在而成为我们心心念念的"故乡"，我们在教授 95 岁那年又重新搬了回去，并常常寻找机会为腿脚不便但仍然坚持每天上班做科研的教授送午饭。

有时候感觉很想跟教授见面，就因为希望能听到教授的大笑。他的大笑有一种魔力，可以驱散我们生活中所有的疲惫与焦虑，让我们感受到爱与幸福的力量。

有一次教授在接受采访时说："我想解决汽车的问题。我想让汽车尾气从全世界的高速公路上消失。我希望我死之前能看到这一天。我今年 96 岁，还有时间。"说完后，教授开始了他那招牌式的极具感染力的哈哈大笑。

我想，正是这种大笑，这种对工作用心用力的爱，这种对人类未来发展的憧憬，使这位伟大的学者成为了电池世界里的传奇。

教授曾经与我聊起过他的童年，我得以知道这位仁慈而幽默的科学家有着比较艰难的童年。他出生于第一次世界大战后经济萧条的德国，他的母亲为了得到一笔钱而嫁给了他的父亲，但父母并不相爱且关系恶劣，他的母亲对他也没有太多的感情。

他在 12 岁左右时被送到了寄宿学校，母亲甚至从来没有到寄宿学校探望过他，也没有给他写过一封信。他后来得了一场大病，在床上躺了一个月，以为自己会因此而死去。寄宿学校的管理员夫妇照顾了他，他从他们身上得到了缺失的父母之爱。后来他与一条狗为伴，开始了他艰难的求学生涯，并且在第二次世界大战期间服役出战。

教授本科毕业于耶鲁大学数学系，是芝加哥大学的物理学博士，然后他把一生都贡献给电池研究领域。

教授与我聊及他的这些往事时，我差点流下眼泪。我总以为一个有着豁达性情与仁爱之心，且拥有如此爽朗笑容的教授，应该拥有幸福美好的童年。但教授不太如意的童年背后，是那颗持续积极向上的心，以及他对这个世界、对他人强大的爱。

"人生有无限可能。"教授说："看你如何看待它。"说完，教授与我一起哈哈大笑。

教授的太太在人生的最后阶段得了阿尔兹海默症，也就是我们常说的老年痴呆。教授夫妇一生没有子女，因此除了教授外，她不记得任何人、任何事。她对教授非常依赖，过一会儿没有见到教授，就会焦虑不安。

那段时间，已经 90 岁高龄的教授每天早上六点左右就到办公室上班，中午再赶回家去为妻子做饭，后来因为摔了一跤，腿脚开始不方便，才把妻子送到养老院，并坚持每天去养老院陪妻子吃饭聊天。

教授曾撰写过一本自传，扉页上写着献给他的妻子 Irene，以表达他对她深沉的爱。在教授 97 岁的生日会上，学生们把他过去的照片整理成幻灯片，当他在幻灯片中看到与妻子的合照时，激动而感慨地说："那是我的妻子。"

妻子去世后，已经90多岁的教授有了更多的时间可以投入做科研，并带领他的团队在全固态电池领域取得了重大的突破。这种笑看人生的生活态度，正是我们这些每天为着芝麻绿豆般的各种小事而焦虑的普通人所欠缺的。

在教授97岁获得诺贝尔奖的那天早上，我先生一早起床看到这个消息，他高兴得大声呼叫，然后楼上楼下地跑来跑去，就像一个得到了很多糖果的孩子。

孩子们被爸爸的反常行为吸引，赶紧洗漱好并坐到早餐桌上。爸爸把这个喜讯告诉他们，并向他们介绍了诺贝尔奖的来历，以及教授的成就。

最终我们谈到了儿子起名时的那段趣事，告诉儿子我们就是用教授的名字给他命名的，爸爸妈妈希望他能像教授那样，不管世事如何，都要大笑面对人生，以爱与"看见的力量"成为更好的自己。

用笑成就孩子

笑容治愈童年

孩子从出生开始，便渴望被抚养人积极地关注。饿了的时候有人喂，尿布脏了的时候有人换，烦躁的时候有人抱，等等，这些都属于生活层面的关注，一般父母都能做到并做好。但孩子的健康成长，除了生活层面的关注需要被满足外，精神层面的关注也非常重要，它决定了孩子能否有健康的心理成长经历。

沈先生在美国留学期间生下了女儿小慧，因为沈先生与沈太太同在实验室里做科研，他们早出晚归，希望能早日博士毕业，所以照顾女儿便成为两人的生活重担，在女儿与获得博士学位之间，他们选择了一个折中的办法，把女儿送回中国让爷爷奶奶带上 3 年，3 岁后再接回美国上幼儿园，由他们自己照顾。

已经 70 岁高龄的爷爷奶奶把小慧照顾得无微不至，养得白白胖胖，沈先生与沈太太很高兴也很放心。在女儿 3 岁那年，两人都博士毕业并找到了工作，于是他们决定把小慧接回美国居住。但当他们面对女儿时，莫名的失落感冲散了他们所有的喜悦。小慧从不对人笑，不跟任何人有眼神接触，更可怕的是，当她的要求没被满足时，她会把自己的衣服全部脱光，躺在地上打滚。

沈先生与沈太太认为孩子是被老人惯坏了，开始对小慧严加管教。他们板着脸要求小慧服从父母，甚至在她要脱衣服打滚时，把她扔进房间里关禁闭或打屁股。但情况却越来越糟糕，小慧尽管不敢再撒泼打滚，却忽然不再说话，不肯出门，不敢与小朋友一起玩，不管遇到什么事，都以哭来应对。

沈先生与沈太太着急了，以为孩子得了自闭症，赶紧带孩子找了医生。医生见夫妻俩眉头紧锁，一副心事重重的样子，也了解到孩子有三年时间曾在爷爷奶奶家寄养，便问起了爷爷奶奶的性格。沈先生称他印象中自己的父母很少对别人笑，生活一直都很忙碌很烦躁，遇事总是皱着眉头。

医生给夫妻俩开了一个处方：每天对着孩子真诚地笑，用眼睛去笑，用心去笑。

夫妻俩刚开始不相信，"明明是孩子的行为有问题，笑能起什么作用？"但毕竟是医生的建议，于是他们在女儿大哭大闹的时候，尝试着放松自己的神经，不去想这哭声有多烦人，而是开始用怜爱的眼神看着女儿，嘴角稍稍上翘做出微笑的样子。尽管他们的微笑开始时显得有些不自然，但女儿迅速地捕捉到了他们的不同反应，大哭慢慢转变为抽泣。

沈太太忽然被一股作为妈妈的暖流击中，她张开双手把女儿拥入怀中，任由女儿在自己怀里哭泣，自己也差点掉下眼泪。

从此以后，尽管女儿仍然会哭，但脱光衣服和撒泼打滚的情节已经不再上演了。而沈先生和沈太太逐渐增加的笑容，也让女儿变得脸色红润且带有喜色，也开始跟其他小朋友一起玩了。

在日常生活中，如果我们遇到的是笑容灿烂的朋友，我们会感觉连空气都充满了阳光，整个世界都会变得热烈起来；而如果遇到的是额头总是拧成一根绳，眼鼻中都透露着严肃与鄙夷神情的朋友，便会感觉像有什么东西压在心里，从而在该朋友面前压抑自己的本性，不愿透露自己的真实想法，甚至希望逃离。

成年人的世界如此，孩子的世界也如此。**孩子无法选择自己的父母，如果他们遇到的是整天愁眉苦脸、烦躁挑剔的父母，那他们的内心会处于压抑与惶恐中。他们无法真实表露自己作为孩子的本性，而是直接把父母的压抑烦躁等情绪投射到自己身上，从而成为压抑与逃离的矛盾体，并以此折磨自己。**

能不能笑出来完全取决于个人的心态。持固定型思维模式的人会认为：博士还没毕业，没有稳定的工作，生活还那么艰难，孩子为什么要来烦我，我如何能对着孩子笑？而持成长型思维模式的人会认为：很快就可以博士毕业参加工作了，工作后我的经济状况会得到改善，我有能力去为孩子提供好的条件，好好地爱她，我的生活每天都会充满阳光，所以我要跟孩子一起大声欢笑。

落汤鸡游戏

得克萨斯州的天气很怪。才刚刚到 10 月中旬，便感觉一夜入冬了，由前一天的 20 多摄氏度直接进入第二天的三四度的状态。滂沱夜雨，一下子进入湿漉漉的世界。

下午 3 点接孩子放学，我带去两把雨伞。一把较大的我和女儿共用，另一把较小的雨伞让儿子自己用。当接上孩子往停车场走的时候，忽然狂风大作，大雨倾盆。我们母子三人正在过马路，一位家长志愿者撑着雨伞举着停车牌为我们拦截双向来车。正当我们走过一半斑马线的时候，一阵狂风把我的雨伞吹反了，那位家长志愿者的伞也被吹反了，豆大的、冰冻的雨水往我们身上砸下来，所有人一起尖叫起来。

我的伞太大，怎么也收不回来，于是我对孩子们大喊："快跑！"然后我们踩着地上的积水，扛着我那把反着的雨伞，一边尖叫一边跑到车上。三人都已经全身湿透，衣服都在滴水，鞋子里也注满了水。

上了车后，我们三人忽然你看我我看你，哈哈大笑起来。

"我们现在的这个样子就叫作'落汤鸡'，就像一只鸡掉进水里，羽毛全都湿漉漉的样子。"

"太好玩了！我还要出去玩'落汤鸡'游戏。"儿子说。

"耶——"女儿也很开心。

我心里有点着急，那么冷的天，两个孩子全身湿透，担心他们感冒。于是开足车内暖气，心急火燎地往家赶。

下车后，儿子再次冲进雨中狂奔了几圈。我心里有说不出的焦虑，忽然脑海里想起自己小时候也喜欢在雨中奔跑，那种高兴劲儿就甭提了，于是我便没有再阻止。女儿下车后也狂奔进雨中，兄妹俩相互追逐起来。我任由他们在雨中追逐打闹了几分钟，然后跑出去追他们，一手牵一个才把他们牵回来。

"妈妈，下雨太好玩了，不过也好冷啊！"儿子进屋后哆嗦着说。

我笑笑说："真的很好玩，我小时候也经常跑去淋雨。就是今天太冷了点，要不然会更好玩。我们去泡个热水澡，妈妈给你们做热巧克力好不好？"

"耶——耶——耶——"孩子们欢呼着跑到楼上去洗澡。

喝下一杯暖洋洋的热巧克力后，我对孩子们说："你们先去做作业，等你们做完了我们一起来查资料研究一下为什么会下雨，好吗？"

孩子们又再次"耶——耶——耶——"地叫着，跑到书桌上去安安静静地做了半小时作业。

孩子们做完作业后，我已经翻出了关于天气情况介绍的一些书刊，开始与孩子们一起探讨下雨、下雪、打雷、闪电以及降温等各种气象知识。

一件本来会让我异常揪心的事件，由于我撇开了焦虑担忧，便变成了一个快乐的游戏。享受过淋雨快感的孩子们，会对大自然产生更多热爱和好奇。可能会生病是我们在教育孩子的过程中所看到的眼前情况，而满足他们的好奇心、激发他们对知识的渴望，将比应对生病这件事更有价值。

被风掀翻雨伞，被雨淋湿身体，甚至踩了水，摔了跤，都是人生中快乐的体验。这种心态能帮助孩子在他日遇到困境时，会用更乐观的心态去对待，懂得找寻更好的方法开拓新的局面。

有一天我带孩子们去寄包裹，当我们从汽车后备箱拿包裹时，一个男人凑过来说："我能不能问你一个问题？"作为一个带着两个孩子的母亲，我对这种陌生人的异常行为十分敏感，想都没想就直接拒绝说："Sorry，No."然后就锁车带孩子离开了。当我带着孩子们到快递店里去的时候，孩子们看见那个男人在跟其他行人问路。

回家后，孩子们追问我为什么不愿意帮助那个男人。我告诉孩子们："因为我不知道他是不是好人，我首先要保证我们的安全，得尽快把你们带离停车场到安全的地方去。"然后我向孩子说了一些坏人或骗子的惯用伎俩，比如说假装问路，欺骗孩子上车为他带路，等等。以此叮嘱他们不能上任何陌生人的车，即便对方是警察或者总统都不行。我给孩子们讲了美国曾发生过的一个真实案例：一个坏人利用孩子们对同龄孩子的好感，带着一个八九岁的男孩在车上，然后向那些在路边走路放学的男孩问路，并让车上的男孩吸引他上车，然后把这些骗来的男孩集中关在郊外的一个农场小屋里。真实的案例中那个坏人对骗来的男孩实施虐待与谋杀，但我没有告诉孩子们这个恐怖的事实，只告诉孩子们其中三个男孩通过观察那个坏人的作息规律、地形环境等，最终逃了出来。

儿子听我讲完了这个故事，问我："如果有人拿凶器指着我的头，那我该怎么办。"这时我意识到我不能继续这个话题了，要不然会给孩子们带来恐惧。于是我绘声绘色地给他讲了一个电影中的情节，一个坏人 A 在桌子的一边用枪指着桌子另一边的好人 B，在这么紧张的情况下，B 忽然非常迅速地把他面前的桌子掀起来，打飞了 A 的枪，两人就开始用功夫打了起来。孩子们听到这里异常激动，觉得这个 B 简直太厉害、太酷了。于是我开始跟孩子们玩情景模拟，假装我是坏人 A，用手做握枪姿势指着孩子们。孩子们哗啦一声假装掀翻了面前的桌子，我往后一躺吐出舌头，假装枪被打飞了，我也被桌子砸到了脸。然后我开始跟孩子们你一拳我一脚地假装打起来。孩子们一看要玩打闹游戏，异常激动，开始展开架势，拿起枕头对我围攻，我就这样一对二跟他们打闹了一番，大家都哈哈大笑直至趴下，然后才很不情愿地各自回房间洗澡睡觉去了。

微笑面对孩子，大笑面对人生。孩子会感受到来自父母的这种微笑与大笑的力量，会更有勇气去面对令人恐惧的事情。

大笑提高记忆力

当我们面对一个陌生人时，什么时候我们最容易笑？答案是当别人对着我们笑的时候。笑就如同一面镜子，镜子外的人笑的时候，镜子里的人也会笑。有时候我们甚至不知道对方为什么笑，但看到其灿烂的笑容，我们也会忍不住心花怒放笑出声来。

我曾经在家长课堂上做过一个实验，打印了一张带有人的牙齿的小狗的照片，让两组家长去看这张照片。第一组家长需要用他们的前门牙咬着一支笔，而第二组家长则把笔含在嘴里嘟长嘴。当两组家长以这种不同姿势去看这张照片时，第一组的家长普遍更多地认为这是一张可爱的照片，而第二组的家长则更多地认为这张照片看起来并不太舒服甚至令人厌恶。

这个实验解释了人脸部肌肉的伸张情况会影响我们对事物的判断。前门牙咬着笔，人脸部的肌肉是向上拉伸的，就像露齿笑时的样子；而当嘴里含着笔，嘴巴嘟长，脸部肌肉往下拉，眉毛会皱起，正像人在伤感烦躁时的样子，也就是我们常说的哭丧脸。**人在笑的时候大脑神经会产生能促进全身愉悦的多巴胺，多巴胺是一种神经传导物质，能传递兴奋和开心的信息，因此眼前任何事物都会显得更和谐美好；而人在哭丧着脸的时候，大脑中多巴胺**

的含量会迅速减少，大脑自动启动防御和自我保护的警惕程序，导致人对眼前的事物充满敌意。

这就是为什么当我们情绪好的时候，会觉得生活非常美好，孩子不管做错了什么都是天使；而当我们情绪不好的时候，孩子的一丁点儿错误就会让我们崩溃抓狂。

要避免对孩子充满敌意的情绪，我们可以刻意练习笑容。我们可以常常让自己保持微笑，练习使自己的脸部肌肉往上伸展，便可以让自己的大脑产生更多的多巴胺，让自己感觉愉悦与美好。

幸福不由获得多少外来物质决定，而取决于我们有没有刻意练习让自己幸福。经常与孩子翻看相册，吃一些温馨的晚餐，甚至什么都不做，只是在看孩子的时候拉伸脸部肌肉保持微笑，孩子便会像镜像反射般绽放他们的笑容。

我儿子 8 岁以后，开始喜欢研读食品外包装上的成分表。一天吃早餐时他往牛奶里加燕麦，忽然读到燕麦盒子上的成分表，上面写着含铁量 25%。于是他倒了一碗燕麦在碗里，从冰箱上取下一块磁铁，在燕麦里滚来滚去。

"你在做什么？"我好奇地问。

"这个麦片骗人，根本就没有铁！"儿子愤愤地说。

我意识到他是在用磁铁来吸燕麦里的铁。

我哈哈大笑，笑得眼泪都快止不住了。儿子和女儿都愣在一边看着我。

我稍稍平息了笑声，孩子们你看看我我看看你，也哈哈大笑起来。他们也不知道我为什么笑，但他们觉得我笑得实在太滑稽了，于是他们笑得比我更卖力。

都笑完以后，我才向他们解释了食物中的铁离子和金属铁的区别。儿子听后，嘟着嘴说："妈妈原来你是在笑我。"

我赶紧搂他入怀，说："我为你的好奇心感到高兴，我笑是因为我小时候也做过一样的事。我小时候瘦小，医生说要吃点有铁的东西，我还尝试过拿一块铁放嘴里舔，怎么都想不明白医生为什么让我妈妈给我吃有铁的东西。哈哈……"

孩子们蹦蹦跳跳地笑我吃铁，我假装生气要去抓他们，于是我们又开始了一场欢快的打闹游戏，直至最后都累倒在沙发上。

有研究人员称，多巴胺有助于提高记忆力，我相信经历了一场大笑以后，儿子对铁离子和金属铁的差异会记忆深刻，这比我们从化学的角度来解释更有效。

笑就是这样一面带有疗效且可助长记忆的镜子，这是很多父母都没有意识到的技巧。很多父母以为刻意练习才能加强记忆，于是板着脸监督孩子做作业，甚至用打骂的方式逼迫孩子服从。只是如果孩子感觉受到压迫，大脑便无法产生多巴胺，许多记忆通道都会自行关闭，即便勉强做完作业，其实也记不住知识点。如果父母能以轻松愉悦的心情跟孩子探讨作业的问题，甚至在一些知识点上跟孩子开开玩笑，孩子会在做作业期间与父母有非常好的情感联结和知识互动，大脑会产生更多的多巴胺，帮助他记忆。大笑其实是人类的一种专利，尽管很多动物也有快乐的情绪，却无法像人类那样做出哈哈大笑的表情。原始人类学会玩耍并在玩耍中大笑，大笑对于推动人类大脑的进化起了十分重要的作用。人类超越其他动物成为地球的主宰者，主要原因是人类大脑的复杂性造就了人类的超强记忆力和创造力。

当我跟孩子们分享大笑的作用后，我们家的风气开始变得诡异起来，经常会有人忽然爆发出一阵大笑，且笑起来的模样是嘴巴张大，牙齿全露出来，很疯狂的那种状态。两个孩子也从过去打闹不休的状态，变成了常常同时大笑的状态。有一个周末，由于天气寒冷我们无法外出活动，就在家里玩枕头大战。两个孩子一起用各种枕头作为武器对抗我这个"坏人"，而我作为"坏人"的绝招就是挠痒痒，经常把冲上来用枕头袭击我的孩子们挠得笑趴在地上。孩子们非常害怕被挠痒痒，但却对这个游戏十分着迷，不断地要求："还要玩，还要玩！"于是周末两天会玩七八次，好几次从床上笑翻到地上，不小心弄疼了手臂，也仍然乐此不疲地要求反复玩。

战胜黑夜

大笑过后，孩子们会更愿意跟父母合作。学钢琴的女儿平时不愿意弹钢琴，我会说我们可以先玩两局枕头大战，结束后我们就开始弹琴。在愉悦的笑声中结束枕头大战后，我牵着女儿的手走到钢琴面前，打开琴谱，装模作样地与她一起做两次深呼吸，大喊一声"Go!"女儿便嘻嘻哈哈进入练琴状态，并持续保持愉悦的心情。有时孩子做作业做得不耐烦了，我会允许他休息几分钟，而在这休息的几分钟内，如果孩子愿意，我会跟孩子玩一局力量抗衡游戏，让他大笑一下释放掉负能量。这样孩子重新回到写字台时，他体内产生的多巴胺已经帮助他驱赶走了负面情绪，能重新进入专注状态。

凯伦一直为每天家里满地的玩具发怒，常常呵斥女儿收拾玩具。但她越生气，孩子越不肯合作。当她听了我关于大笑可以促进孩子合作的讲解后，回到家，面对满地的玩具，她压住了心中的怒火，忽然扬天大笑三声："哈——哈——哈——"女儿一看妈妈今天有点不对劲，赶紧跑过来把地上的玩具都收拾干净了。凯伦一看这招灵验，真诚地拥抱和感谢女儿，并露出会心的笑容。女儿被妈妈的心流击中，从此以后便养成了收拾玩具的习惯。

读到这里，请不要犹豫，跟孩子每天增加一些大笑的体验吧。每天都跟孩子玩一两个可以一起大笑的游戏，可以收获到意想不到的效果。

儿子自从能自己读书以来，猎奇的心理让他逐渐迷上一些带点恐怖色彩的小说和电影。自从看完了两集《哈利·波特》，8岁的儿子开始怕黑，不敢自己一个人上楼，也不敢自己睡觉。5岁的女儿也一直嚷嚷着要跟妈妈睡，好几次半夜醒来跑到我的房间，说她害怕。

一个周六的下午，外面大雨滂沱，雷电交加，尽管是白天，却十分阴暗。一家人无聊地打着扑克牌，为了帮助孩子们战胜对黑暗的恐惧，我建议大家换换游戏，玩捉迷藏。捉迷藏是孩子们最爱玩的游戏，美国的房子比较大，有许多隐秘的杂物柜，还有挂满衣服的大衣柜，厚重的窗帘，镂空的沙发底和床底……是一个躲猫猫的理想场所。

孩子们欢呼着要玩捉迷藏，找人的重任自然落到了爸爸身上。因为捉迷藏总是带着点冒险与刺激的感觉，孩子们更需要妈妈成为他们的盟友，给予他们安全感。而较为严格的爸爸则带着入侵者的气味，成为孩子们假想中的敌人。

二话没说，我带着孩子们狂奔到楼上，爸爸在楼下数数。一、二、三……数到二十时爸爸就会上楼来找人了。孩子们已经忘记了前天晚上还纠结着不敢上楼，不敢进房间之类的问题。因为要争取时间，他们以最快的速度跑到楼上，冲进自己的房间。后来觉得躲在自己房间不够好，又跑了出来。

"妈妈，躲哪里好？"儿子着急地问。

"你看看哪里最隐蔽不好找。"我不给儿子建议，引导他思考。

他看了看客厅，目光落在镂空的沙发底下。沙发因为有一块大布盖着，外面看不见镂空的沙发底下的情况。

"太好了！你们去吧。"我说。

"但是我想跟妈妈一起。"5岁的女儿说。

"沙发底太小我钻不进去，没关系，有哥哥跟你一起。我就躲在旁边的那块大窗帘后面，陪着你们。"我蹲下来跟女儿说，顺势拥抱亲了她一下。她高高兴兴地跟哥哥一起钻进沙发底下了。我便在旁边的窗帘后躲了起来，小声告诉他们我在窗帘后面，以解除他们的担忧。

那时我们关了灯，客厅很黑，窗外还伴着轰隆隆的雷声与噼里啪啦打在窗户上的雨声。这真有点类似恐怖片的场景，我担心那两个趴在沙发底下的孩子会害怕。但孩子们没有作声，我知道他们正在享受这种刺激的体验。

爸爸装作找遍了整个屋子都找不到他俩的样子，找到我后假装说："哎呀！他们俩该不会被巫婆抓走了吧！""是不是被怪兽吃掉了？"

孩子们忍不住在沙发底下笑，爸爸听见了笑声，掀开盖在沙发上的布，孩子们嘻嘻哈哈钻出来，蹦蹦跳跳地喊着："还要玩！还要玩！"

第二局重新开始，还是爸爸来找人。我和孩子们躲进了主卧的大衣柜。衣柜里挂满了各种各样的衣物，孩子们常常因感觉害怕而不敢独自进衣柜取衣服。我们在衣柜里转悠了一圈，孩子们决定躲进柜子里。但一个柜子只能挤一个孩子，哥哥挤进去后，妹妹也想挤进去，哥哥说没地方了，让妹妹躲进旁边的另一个柜子。妹妹看了我一眼，我正用衣物包裹自己，对她说：

"没事，你躲进去吧，妈妈就在旁边。"

爸爸又一番装腔作势后，最终找到了孩子们，又是一顿狂欢。

……

当天晚上我给孩子们讲完了故事，然后亲吻了孩子们让他们躺下睡觉。女儿问："妈妈你能在外面沙发上坐着陪我一会儿吗？就像我们玩躲猫猫时那样。"我爽快地答应了，让她躺下睡觉，然后坐在客厅的沙发上读书。有两次儿子喊害怕，我便放下书走进他的房间，亲亲他说："不用怕，妈妈就在旁边。"儿子便翻身入睡了。

自那以后我们还玩过很多次捉迷藏，儿子从此不再怕黑，也敢自己走进衣柜换衣服了，女儿也没有再在睡梦中醒来找妈妈。

捉迷藏的游戏看似简单，却是孩子心理世界的一个延伸。他们一方面享受这种惊险刺激带来的愉悦感，另一方面也为自己战胜恐惧而自豪。如果有条件，家长们还可以像绘本《汤姆躲猫猫》中所描述的一样，晚上在一些安全的区域跟孩子玩捉迷藏，让孩子们每人拿一个手电筒去躲藏，藏好了就关掉手电筒。因为有手电筒握在手中，一旦感到害怕，他们随时可以打开手电筒，孩子会感觉自己有力量，自己可以战胜恐惧。

任何人内心的恐惧和焦虑，都是因为不可控的无力感所产生的，如孩子害怕黑夜，是因为他们觉得他们无法掌控黑夜。我们只有与孩子一起体会过黑暗，让他们知道黑暗中其实还有很多乐趣，他们完全可以控制自己身处黑暗时的情绪，他们内心的力量感才会油然而生，焦虑和恐惧也才会自动消失。

这就是捉迷藏游戏的好处。父母每周花点时间陪孩子玩玩捉迷藏的游戏吧，这样可以让孩子的内心更有力量。

笑看人生

艾瑞卡家的被子

艾瑞卡是 5 个孩子的妈妈，她的 5 个孩子都是那种典型的 "别人家的孩子"：独立自主，彬彬有礼，且都考上了好的大学。我一直很好奇美国的这些超人妈妈是如何做到自己带 5 个娃，仍然有大量时间去做义工或者代课教师的。见到艾瑞卡后，我找到了答案。

艾瑞卡不算漂亮，但她那一直挂在嘴边的灿烂笑容却让人印象深刻。她的笑容几乎时刻挂在脸上，眼角的一道道皱纹如同两把朝上弯的钩子，妥妥地挂起了她的笑容。爱笑的人嘴角两边容易上翘，时间久了显得嘴巴比较大，且眼角容易长出皱褶。但正是这样一张爱笑的脸，让人瞬间受到感染，变得放松愉悦。美国的审美观更注重张扬的美，以大嘴为美。对于一直接受东方含蓄委婉审美观熏陶的我来说，刚到美国时无法理解他们的审美。但慢慢接触了一张张嘴角似乎要咧到眼角的灿烂笑容后，我逐渐喜欢上了这种张扬的美。

艾瑞卡就是那种你从她脸上看不到焦虑的人，完全是一副阳光的状态。她的 5 个孩子，也都是一副阳光灿烂的模样。

与艾瑞卡见面我总是忍不住要笑，因为她会一直笑。我是她认识的唯一一位中国朋友，因此她对中国文化十分好奇。有一次我邀请她到我家来吃中国火锅，坐下后，她把我摆放在她面前的漏网勺子、筷子等看了个遍。每拿起一样东西，她就笑着问我那是什么东西，怎么使用，连连夸赞并开始使用。聊到她排行第四的儿子安卓鲁要去上大学了，她说她用儿子中小学时参加球队的所有队服为他手工缝制了一张被子，希望安卓鲁带到学校去用，但安卓鲁并不领情，并没有带着妈妈缝的这张被子。她说每一个孩子去上大学时，她都会用他们从小到大的衣服或队服等缝成一张被子送给他们做礼物，这是他们家的传统。孩子们收到被子时都非常高兴，但是没有一个孩子会把被子带到学校去。

说到这里时，艾瑞卡刹住了笑容。

"你知道这是为什么吗？"我问。

"我也不知道。不过我也知道其实那被子已经不是他们需要的了，因为被子里的每一件衣服，都属于过去。"艾瑞卡说完，嘴角又开始往上伸展，呈现了她最经典的上弯月牙型微笑，她说，"我想，那些被子是我缝给自己的。我比他们更需要它们。"

我会心地笑了。艾瑞卡做了一辈子的家庭主妇，养育了 5 个孩子，她的教养理念就是平等、尊重和爱。

孩子小时候犯了错误，她笑着跟孩子商讨如何解决问题；孩子踢球受伤，她把孩子背到医院，还不忘回头上扬嘴角微笑安慰孩子说："没事的，你看妈妈跑得多快！"女儿青春期谈恋爱，她微笑着对女儿说："我想听听你的想法。"小女儿开始穿超短裙，她微笑着与女儿促膝长谈，告诉女儿真正的美来自心灵的富足与脸上灿烂的笑容；她与孩子们一起在院子里打篮球，一起剪草，一起做烘焙，一起打猎……孩子们在她的欢声笑语中快乐地成长着。

艾瑞卡每年给我寄来的圣诞卡，都是他们一家 7 口灿烂的笑容，被我贴在冰箱上，成为我家欢笑文化的镜子。

艾瑞卡认为，孩子成长的路上充满了各种各样的意外，如果用焦虑的心看待，那5个孩子一定会让她崩溃掉。她用享受的心态去对待跟孩子待在一起的每一天，不管孩子是躺在医院里还是奔跑在球场上，她都默默地微笑注视着。她相信微笑有一种力量，让她和孩子都感应到坚毅的力量，并在每一个人生关口从容走过。

艾瑞卡家有一个牧场，他们一家喜欢到牧场里打猎。在老大老二9岁左右时，爸爸就开始带他们去打猎。每次为了打到一头鹿他们会提前商量战略，经常是清晨五点就开始蹲点伏击。待天亮鹿群或者野猪出现时，爸爸便以特别的暗号让孩子们到不同的地方站位。成功打到一头梅花鹿后，父子三人会扛着鹿回到牧场的小屋里，一起把鹿清理掉，割下鹿肉带回家让妈妈做成香肠。

儿子16岁的时候，爸爸会让他单独去打猎，算是成年礼的一部分。老四安卓鲁16岁那年，刚取得驾照便邀请一个好友陪他一起去牧场打猎。男孩们早上五点伏击在树林里，结果鹿群走过时，他们慌慌张张没来得及把子弹上膛，惊动了鹿群，一只鹿都没打到。最后男孩们打了两只兔子扛回家。艾瑞卡看到后，笑着大呼："哇，野兔，真的太好了！我这辈子都没吃过野兔肉，亲爱的谢谢你们！"

艾瑞卡一家就是在这样的氛围下生活的。

"孩子离开家了，有时候我会到他们的房间里去，抚摸着我为孩子们做的被子，心里虽然不舍但也很欣慰。那张被子的确是我给自己做的，孩子们也知道，这或许也是他们不带走的原因。被子里的每一件衣服，都藏着我们在一起时的快乐时光，藏着我和孩子们的灿烂笑容。"艾瑞卡动情地说。

在孩子还小的时候，艾瑞卡爱跟孩子们玩被子游戏。艾瑞卡把小被子扬起来盖到孩子头上，假装说："下雨啦，下雨啦，我们躲进被子里。"于是两人在被子里相互搂抱着，嘻嘻哈哈地笑，说"我们的被子真好，雨水不能进来"。过了一会儿，妈妈伸出手到被子外试探一下，然后说不下雨了，便忽然掀开被子，孩子们高兴地大喊大叫追逐着跑一圈，然后又捂住头跑回被子旁，再次喊"下雨啦！下雨啦"钻进被子里。乐此不疲！

尽管成长充满温情，但生活仍然会有很多残酷的现实。艾瑞卡的大儿子约翰结婚三年了，他一直想要一个孩子，却得知自己患有不育症，这让约翰很痛苦。艾瑞卡为约翰担心，但也知道他需要独自承担痛苦。约翰的妻子来自欧洲，约翰在婚后三年的圣诞节里都跟妻子去欧洲，艾瑞卡虽然为此感到伤感，但也知道生活本该如此。她把她为约翰缝的被子寄到约翰的住处，并在上面写了一个字条："亲爱的约翰，我为你祷告，你会拥有你的孩子，然后与他一起玩被子游戏。"

或许是艾瑞卡的字条激发了约翰，也或许是艾瑞卡对人生的态度感染了他，不久后约翰与他的妻子回家来看望父母，并笑着告诉艾瑞卡他们通过人工授精技术怀上了一个孩子。灿烂的笑容再次绽放在约翰的脸上，从小到大在母亲的笑容中长大，约翰知道他不能失去追逐梦想的勇气。

养育的最终目的就是分离，尽管孩子们长大后渐行渐远，但在孩子的脑海里，如果常常想起的是笑容灿烂的父母，那孩子就会更加勇敢地面对人生，并笑着回到父母身边。

让家里充满"正气"

我在美国奥斯汀地区组织家长讲堂，常邀请一些儿童教育专家给华人家长们讲课，因此认识了性格豪爽风趣的琳达。琳达是一位定居美国的中国女企业家，在中国拥有连锁英文培训学校。她在美国定居，有两个孩子，她每次送女儿去中文学校学习中文时，都会笑着对见到的每一个小朋友适时地表扬一句"你好棒哦"。女儿感觉很奇怪，问她："妈妈，你是不是觉得我不够棒？你总是无缘无故说别人棒。"

琳达这才意识到这是自己十几年前从事教育以来养成的职业习惯，只要见到孩子就笑，她总得找一些孩子的优点夸一下。也正是这个笑与夸的企业文化，使那些从琳达所创办的学校走出来的孩子们总能笑着用流利的英语走向世界，而她的学校也日渐发展壮大。

琳达相信"气"的传递作用。中国文化中所讲的"气"，是人的精神与生命状态的传承。比如"生气""运气""上气不接下气"等词，便形容了人的一种精神和意志状态。而"气"的传递作用，会成就或摧毁一个家庭的精神面貌。这就是"踢猫效应"理论。爸爸在公司受了气，回家后如果他体内的"气"没有得到有效发泄，可能就会因小事而挑剔妻子，把他的气传递到妻子身上；而妻子受了气，可能会对孩子发火，把气传递到孩子身上；孩子受了气，可能会一脚踢向家里的猫，以求把气传递出去；而猫受了气，可能会用爪子抓伤爸爸的脸……

"气"有如此强烈的传递性，因此一个家庭需要凝聚一股正向的气息，以传承良好的家风。中国文化讲究阴阳平衡，在琳达的理解中，家庭的阴阳两极便是父母双方。结成夫妻的两人必定是没有血缘关系的人，他们构成了这种两极间的平衡。很多家长会打破这种阴阳平衡，于是给家庭教育带来很多麻烦。比如说，不少家长跟孩子睡觉却不跟配偶睡觉，这就违背了一张床上不应该是有血缘关系的双方的原则。**阴阳之间无法调和，家庭教育便会涌现出各种问题。**

在琳达眼里，教育最重要的意义就是"上所施，下所效"，如果一个家庭有一股正向的气息，便能养育出有正气的孩子。很多父母不明白为什么孩子在家不爱跟父母说话，但在外面却喜欢跟其他人说话。这是因为孩子跟父母说话时总是会得到父母否定的回答。举个简单的例子，孩子放学后说："妈妈我饿了！"妈妈可能会先入为主地说："中午没吃饭吗？"妈妈会以为自己的这句话是在关心孩子，而对于孩子来说这句问话就是质疑与否定，意思是孩子不应该在这时候感觉肚子饿。孩子告诉妈妈自己的感受后遭到了否定，那下次即便饿得肚子咕咕叫他也不愿意再告诉妈妈了。而当妈妈听孩子说肚子饿得咕咕叫时，着急地责备说："怎么肚子饿了不早说啊！"尽管妈妈想表达的是心疼，但在孩子的眼里，又是另一种否定，肚子饿这件事，告诉妈妈不对，不告诉妈妈也不对。

每个人都不喜欢被否定的感觉，被否定多了，孩子便不愿意跟父母说话，因为说什么都是错。因此家长在接孩子放学时问孩子今天怎么样，孩子大多只会简单地回答一句"挺好的"，就没有其他话了。

而如果换一个有趣的爸爸，接孩子放学时先绽放一个大大的笑脸，搂着儿子先玩两次拳击，互相勾着脖子称兄道弟，这时候爸爸如果问："嘿！小子，今天学校里发生什么有趣的事了吗？"孩子就会把学校里的事跟爸爸分享一番。爸爸一边听一边笑，时不时还要发出一些惊讶的"喔——""哦——"等赞叹声，孩子便会更来劲，恨不得把整天的事都跟爸爸分享。

这就是只倾听不评判的力量。父母的语言时刻影响着孩子的自信，能够与孩子畅通无阻地轻松交谈的时间越多，孩子的自信程度就越高。由此可见做一个有趣的、会笑、会倾听的家长是多么重要。

家长扮演什么角色？琳达认为家长是教练，是陪练，是演员，也是医生。刘翔的父母并不会跑步，但他们会在旁边鼓励说："儿子，再跑快一点，还有 10 米就到了，再跑快一秒，你可以的！"这就是教练和陪练的角色。我们不需要跳进跑道里去跟孩子一起跑，不需要向孩子展示我们能跑得比他们快，做得比他们好，我们只需要在旁边呐喊："再跑快一点点，你很快就到了！"

对于这四个角色，琳达更推崇的是演员的角色。古人说"相由心生"，人的面相会决定这个人的个人命运。琳达画了一个嘴巴朝上弯的笑脸和一个嘴巴朝下弯的哭脸，打趣地说因为笑脸嘴巴是向上的，天上掉钱下来都能接得住；而哭脸嘴巴是朝下的，天上掉钱的话就会滑掉接不住。因此一个好的家长，先得学会当演员，去演一张笑脸，让自己的家里有一种含笑的气场，这种力量便会传递到孩子身上，让孩子身心健康。

琳达认为人的成功有四大决定性要素，包括家人支持、朋友鼓励、同行监督，以及小人的刺激。尽管各种教育理论都在支持正面教育的力量，但人的成长不可能不受任何委屈，有时候我们需要接纳委屈，学会忍受委屈。她以学校教育为例，一位老师在看到一个孩子没有完成作业时，便单独把孩子留下补做作业，其中可能说了一些语气比较重的话。孩子觉得很委屈，回家后向妈妈哭诉。妈妈认为老师的做法不对，于是到学校投诉，要求老师向孩子道歉。校方安排了老师向孩子道歉，但同时也告诉那位妈妈，孩子需要有接受委屈的能力，只有这样才能成为内心坚强的人。内心坚强的人拥有强大的抗压能力，只有这样才能成为快乐的人并迈向成功。

中国流传一种说法叫"别人家的孩子"，很多家长不理解"别人家的孩子"为什么更优秀。**实际上孩子的智商差距并不大，并不是别人的孩子从小就优秀或者从小就有上进心，而是别人家的父母更懂得去激发孩子学习的兴**

趣，并引导孩子把看起来枯燥的学习坚持下来。兴趣其实是一种很短暂的体验，它的生命周期很短，有其产生及结束的明显分界线。很少有孩子会对一件事情长期保有兴趣，开始时的兴趣很容易被枯燥的学习抹杀，因此兴趣需要成就感来作为依托。那些能够把兴趣坚持下来的孩子，背后都有源源不断的来自家长、老师，以及他人所给予的成就感体验。

正如一款成功的电子游戏的设计，背后是许多工程师不断地研究如何通过反馈让玩家持续获得虚拟成就感，从而保有兴趣不断闯关并获取更多的奖赏。不管玩家的水平怎样，电子游戏是绝不会用惩罚的方式对待玩家的。同样的道理，孩子的成就感需要经过从互动到反馈的过程，如果用惩罚作为反馈，孩子会立刻对此失去兴趣。

父母想要孩子保持对一件事物持续的兴趣，需要为孩子提供合适的舞台，给予孩子成就感的体验，这就需要父母不吝啬肯定孩子。对孩子的童年来说，父母的肯定就是最大的反馈，能给孩子带来最大的成就感。

与家人一起生活的时间越久，我们便越吝啬给予家人反馈，认为一切都理所当然。比如，你做了一桌好吃的饭菜，另一半如果认为理所当然吃了就算，那对方的付出是没有得到反馈的，生活也就变得平淡无趣。但如果另一半发出真心的赞叹，说："亲爱的，你做的这些菜实在是太好吃了！感觉我在吃满汉全席！你真的太棒了！"你在得到如此热烈的反馈时，成就感骤然上升，第二天可能就会去研究满汉全席的做法，甚至真的做出了满汉全席。

做有"正气"的家长，使好学上进的家风得到传承，扮演一个积极乐观的角色，给予孩子积极的反馈，做到了这几点，你便会拥有优秀的孩子。

圣诞老人跑掉了

来美国以前，关于圣诞老人的传说我一直以为只是大人给孩子讲的故事，不相信世界上会有人让孩子相信圣诞老人的存在。来美国后才知道，美国的孩子们，是真心相信圣诞老人存在已经很多年了。美国的父母，极力维护这个"集体谎言"，小心地呵护着孩子们心里那个每年实现一次的梦想。

11 月底的感恩节结束以后，美国家庭就开始进入圣诞节的倒计时状态了。家家户户会开始在客厅壁炉旁边腾出位置，装饰好圣诞树。有的家庭还在房子外面挂上华丽的彩灯，准备迎接圣诞节的到来。

很多家长开始给孩子们讲关于圣诞老人的故事，安排孩子们给位于北极的圣诞老人写信。信的内容主要是：自己做了很多很棒的事，自己是一个很棒的孩子，今年自己想要哪些圣诞礼物，等等。如果孩子还不会写字，父母则会帮孩子代笔。信写好后，孩子会郑重地在信封上写上寄往北极的地址，贴上邮票，并跟随父母到邮局去，把信件投进邮筒或者交给邮局的工作人员。

接下来父母会为孩子购买圣诞倒计时挂历，这种传统挂历里每一天的位置上都会有一颗巧克力，画掉一天就可以吃掉一颗巧克力，父母会提醒孩子数数还有几天就到圣诞节了。

有意思的是，美国的邮局收到这些孩子们寄给圣诞老人的信后，会给孩子寄一封回信。回信大概写的是："我已经收到你的信了，我知道今年你是一个很棒的孩子，我会送给你你想要的礼物。"等等。这些回信会让孩子们保持一个月的好心情，他们通常会把圣诞老人的回信压在枕头底下，每天睡觉前都掏出来让爸爸妈妈给他读读。

圣诞前是考验家长玩藏宝游戏的最重要时刻，爸爸妈妈们事先买好的礼物，要偷偷地包装好藏起来，在圣诞前夜待孩子睡着后放到烟囱旁边的圣诞树下。

一位妈妈读完 5 岁的儿子盖斯写给圣诞老人的信后，便在网上下单为儿子买好了盖斯想要的圣诞礼物，那是一个最新款的超人乐高。几天后快递员送来一个包裹，妈妈在洗手间里听见盖斯兴冲冲地跑上楼敲门喊道："妈妈，圣诞老人把礼物提前寄给我了。"

妈妈从洗手间出来，看见儿子抱着那个超人乐高，笑得眼睛都眯成了缝。妈妈心想，完了，居然让盖斯拆开了包裹，这下藏不住了。她灵机一动说："可能是包裹寄错了，我们下楼去看看。"然后她带盖斯一起读箱子上寄信人的文字信息，对盖斯说："这包裹寄错了，是寄给这个叫安德森的人的，不小心送到我们家了。妈妈一会儿就退回去。你的礼物圣诞老人收到信后会在平安夜送给你的。"

盖斯还不认识字，他相信妈妈说的都是对的，于是没说什么，眼巴巴地看着礼物被妈妈拿走了。

圣诞前夜，孩子们会做一些饼干放在圣诞树旁边，并倒上一杯牛奶，这是给辛苦从烟囱爬进来的圣诞老人准备的夜宵。孩子们还会在家门口放几根麋鹿可以吃的胡萝卜。做完这些事后，盖斯躺在床上辗转反侧睡不着，过一会儿就跑到阳台上向外张望，害怕圣诞老人因为上次寄错礼物而不再来了。

他把他的担心告诉了妈妈，妈妈安慰他说，圣诞老人一定不会忘记给他送礼物的。看他仍然趴在窗户上张望，妈妈悄悄地下了楼。

盖斯看着窗外路灯下飘扬的雪花，忽然发现一个人正在打开他家前院的小门往外走。这个人穿着红色的衣服，背着一个橙色的大袋子，还长了白色的大胡子。

盖斯马上认出了他是谁，他使劲擦着窗户上的雪想看清楚一些，但那人却消失在拐弯处。

盖斯尖叫着跑到妈妈的房间找妈妈。

"妈妈，我看见了，我看见圣诞老人了！他刚来我们家了——真的，我看见他了，就在我们家前院！"

说完，盖斯奔跑下楼，冲到前院去。天太黑，只有暖黄的路灯和夹着雪的飕飕寒风。圣诞老人已经不见了踪影。盖斯想起了什么，冲回屋里，跑到圣诞树下，树下放着两个包着礼物纸的大盒子，他瞬间热血沸腾。他迫不及待地打开，大喊："妈妈！妈妈！我收到圣诞老人的礼物了！耶——"

妈妈靠在墙上微笑着看着疯狂拆礼物的盖斯，说："今年圣诞老人来得真早啊！"

"对！妈妈！你看圣诞老人太饿了！他吃了四块饼干！对！我放了五块饼干，现在只剩一块了。啊！啊！我的乐高！"终于拆开了包装纸，盖斯高兴地举着他的礼物，往书房跑去，一边跑一边喊："爸爸！爸爸——快来看！"

爸爸并不在书房里。盖斯问妈妈："爸爸在哪里？"

"哦——"妈妈想了想说，"爸爸去邻居家坐一会儿。"

盖斯仍然为他的礼物兴奋着，爸爸从后院回来了。他拍了拍身上的雪花，说："嘿！盖斯！什么事那么高兴！"

"爸爸！你看！圣诞老人没有忘记给我礼物，我已经收到他送给我的乐高了！好酷啊——"盖斯拉着爸爸去看他的礼物。

"哇！太酷了！这圣诞老人实在太好了！"爸爸边笑边跟妈妈使了个眼色。

"哦！我还看见圣诞老人了！就在他离开我们家的时候。不过他不是飞走的，他是自己走路离开的。我明天要告诉我所有的朋友，我看见圣诞老人了！"盖斯认真地说。

"那真是太酷了！你太幸运了！"爸爸说。

"这是我过的最最最幸运的一个圣诞节了！耶——耶——耶——"盖斯高兴得手舞足蹈。妈妈过来要带他上楼，说："好了，该睡觉了！"

每年圣诞节的早上，在美国的每一个有孩子的家庭，都上演着这样的情景：孩子醒来后第一件事就是跑到客厅去，看到圣诞树下已经堆满了礼物，看到他们为圣诞老人准备的饼干被咬了一口，看到他们为圣诞老人准备的牛奶已经被喝了一半，看到他们在门口给麋鹿准备的胡萝卜也有牙齿的痕迹。然后孩子们会欢呼雀跃地撕开礼物的包装纸，为他们收到的礼物欢呼和奔跑。

像盖斯的爸爸这样假扮圣诞老人故意让孩子看见，然后又兜回院子脱下圣诞老人衣服，藏在院子的工具房里再回家的故事，很多美国家庭都会上演。直到孩子上小学时开始认字，八九岁时开始对圣诞老人产生怀疑，甚至哪天翻到了爸爸的圣诞老人服饰，他们才会知道这个被隐瞒将近 10 年的真相。很多孩子知道真相后会相当震惊，但很快就会接受这个充满爱与温情，贯穿他们整个童年梦想的游戏，并开始协助爸爸妈妈对弟弟妹妹们隐瞒。而等到他们长大并为人父母后，会继续跟自己的孩子玩圣诞老人的游戏，希望这份十分美好的童年神秘感能得到延续。

牙仙子请给我钱

除了圣诞老人的故事外，在美国儿童文化中还有一个有趣的牙仙子的故事。孩子五六岁开始进入换牙阶段，爸爸妈妈们发现孩子的牙齿开始松动，就会给孩子们讲关于牙仙子的故事。故事大概表达的是：小朋友的牙齿脱落后，要用一个小盒子装好，放到枕头底下。孩子可以给牙仙子写一封信，告诉牙仙子自己已经长大了，也一直很棒，愿意把这个牙齿给牙仙子使用。然后问牙仙子要一块钱作为补偿。

于是孩子掉牙齿这件事，便变得神秘而欢乐。

"妈妈，你看我这个牙齿松动了！……妈妈你快来摇摇……"

"妈妈！我掉牙啦！掉牙啦！快来看我的牙齿！……"

"妈妈，我需要一个盒了装我的牙齿！"

6 岁的爱丽丝有一只牙齿开始松动了，她心里藏着一个小秘密，希望牙仙子拿到她的牙齿时多给她一块钱，这样她就可以买一个她心爱的小玩具。她每天都不停地摇她的牙齿，并听妈妈的话喝很多牛奶。因为妈妈说多喝牛奶会让小牙长得更快，把旧牙顶出来。

有一天晚上，爱丽丝与哥哥和爸爸一起玩枕头大战，爱丽丝总是和哥哥一起对抗爸爸。爱丽丝和哥哥一起站在床上拼命往爸爸身上扔枕头，她从床上跳到爸爸身上，爸爸把她接住了。她忽然在爸爸的手臂上咬了一口，就在她咬爸爸的那一刻，她的牙齿掉下来了。爱丽丝把牙齿吐出来看了看，激动地跑向妈妈。妈妈蹲下来，微笑着观察着那颗小小的牙齿，赞叹道："好漂亮的牙齿啊！"

妈妈把早就准备好的小盒子递给爱丽丝，爱丽丝小心翼翼地把她的牙齿装进盒子里。

"妈妈，我要给牙仙子写信。你帮我好吗？"爱丽丝还不太会写字，需要妈妈帮忙。妈妈一个字母一个字母地念着，爱丽丝写下了她给牙仙子的信：

"牙仙子你好！我是爱丽丝。我是一个好孩子，这一年都非常棒。这里有我的一个牙齿，希望你喜欢。——爱丽丝"

信写好后，爱丽丝把信折叠好放进信封里，隆重地写上收件人和寄信人的名字，然后把信和那个装有牙齿的小盒子放到枕头底下，听妈妈再讲一次牙仙子的故事。

爱丽丝睡着后，妈妈从枕头底下取走了牙齿和信，并给爱丽丝写了一封回信说："亲爱的爱丽丝，非常感谢你给我的漂亮的牙齿，我非常喜欢。这里有两块钱赠送给你，很高兴你长大了。——牙仙子"

第二天起床后，爱丽丝迫不及待地翻开枕头，找到了牙仙子的回信和两块钱。她非常激动地跑去找妈妈说："妈妈！妈妈！牙仙子给了我两块钱！"

"哇！牙仙子真是太好了！那你现在可以买你想要的橡皮泥了！"妈妈说。

"耶——牙仙子太好了！我还要长大掉牙齿——"爱丽丝疯狂地跑起来。

牙仙子的故事很温暖，有着孩子们盼望长大又害怕长大的那种忐忑感。掉牙齿本来是一件不太愉快的事情，孩子需要经历很长时间的煎熬。牙齿松动的时候孩子会感觉不舒服，没有办法咬东西，甚至有时会因为不小心咬到了松动的牙齿而感到疼痛。如果牙齿没法自己掉下来，可能还得去看牙医，牙医会用钳子把牙齿拔掉。这些经历对于孩子来说都是痛苦的。但因为有着"牙仙子给一块钱"的这种"峰值体验"，所有因为掉牙齿而带来的难受感都会消失，随之而来的是对掉牙齿的期待。

孩子的童年并不像成人想象地那么美好和充满童趣，孩子会因为对很多事物的"未知感"与"无法掌控感"而产生焦虑。孩子需要经历打预防针、与父母分离、掉牙齿、生病等，但他们的认知无法让他们了解到这些经历的必要性，他们会产生恐惧，害怕看医生，害怕坏人，害怕死亡，等等，并产生强烈的无力感。而**真正能帮助孩子从这些恐惧中走出来的，是父母为他们讲述的那些美好的故事，这些故事能给予他们一种"生活很美好"的心理疗愈。**

很多家长会反对孩子阅读童话故事，他们认为童话世界并不真实，只是给予孩子一些幻想的泡影，让孩子失去自我。但我却非常鼓励家长给孩子讲童话故事，甚至跟孩子一起沉浸在童话故事中，成为故事里的角色。在童话故事中，死去的白雪公主可以因为一个吻而重新活过来，被大灰狼吃进肚子里的小红帽和外婆被救出来后还能活着……这些故事给予孩子的，是一种对抗无力感的工具，甚至连死亡本身都变得不再可怕。孩子在真实世界里无法改变他们难以接受的很多事实，如病痛和死亡，孩子因此而产生的无力感便无法消除，那种无力感会累积体内，成为攻击他们自己的武器。这就是为什么那些看着十分成熟懂事又十分理性的孩子，却更容易得抑郁症。童话正好给予了孩子对抗无力感的能力，孩子可以在自己幻想的世界中抛弃一切常理，用自我构筑力量。孩子逐渐积累了这种内在的力量后，就会在现实世界中得到勇气，从而勇敢地面对现实。

正如劳伦斯·科恩在《游戏力》一书中所提到的，打预防针给孩子带来了痛苦和恐惧，孩子回家后，父母可以跟孩子玩打预防针的游戏，让孩子来当护士，给父母或者娃娃打针。在孩子假装给父母打针时，父母可以假装疼痛而哇哇大哭，孩子会因此而大笑。这种大笑不是因为孩子不懂得体恤他人的痛，而是因为孩子开始获得了力量感和掌控感，于是孩子对打预防针的恐惧便消失了。

演绎童心

会演戏的妈妈

群友们，刚我叫 5 岁的儿子自己穿袜子，平时我为了赶时间，很多时候都帮他穿了。有时候我也教他怎么穿，他有时候也会自己穿，有时候也会不愿意，有时候穿得很好。可今天他就是赖在沙发上不肯穿，非要我给他穿。我一直给他压力，说他不穿我就要带弟弟睡觉去了，他就哭了。我在旁边说自己的事情要自己做，妈妈不能一直帮你。他哭得更厉害了，而且还咳嗽呕吐起来，脸也很红。这样僵持了十几分钟，我想我不能放弃，要不他就一直以为哭有用。又过了几分钟，我把他的袜子拿走了，说要不就不穿袜子了。他继续哭，我想着别着凉咳嗽严重了，就大声说："妈妈这次给你穿，下次要自己穿了。"然后我大声吼："把袜子拿过来！"我真的对他挺失望，也很无奈。请教大家一下，我是不是做得不对，我应该坚持要他自己穿吗？

　　以上是我的《积极教养》读者群里一位妈妈提出的问题，这个问题让我觉得不好受，因为妈妈活在一个过于真实的世界，关注的是过于真实的事情，用吼叫的方式去面对孩子的爱的诉求。我们一起来分析一下这个案例里孩子的情绪反应，如图 2-1 所示。

图 2-1　孩子的情绪反应

　　从图 2-1 可以看出，这位妈妈一直陷在自己的心理压力中。她一直焦虑的问题是，孩子要妈妈帮忙穿袜子，孩子不够独立。妈妈对孩子的期待是孩子能独立，自己穿袜子，担心一旦妈妈妥协了，孩子以后会以哭来要挟她，因此她不肯妥协。最后看见孩子哭到咳嗽不止，妈妈虽然心疼孩子，但意识上觉得自己输给了孩子，于是恼羞成怒。这种过于理性的想法控制着妈妈的行为，让妈妈在一件小事上与孩子发生了僵持与对抗，以致到最后妈妈虽然非常心疼孩子，但行为上表现出来的却是对孩子的否定和厌恶。

孩子则认为妈妈不肯为他穿袜子就是不爱他。他希望得到的其实并不只是妈妈为他穿袜子，而是希望妈妈向他表达爱与亲近。因此当他发现妈妈非常愤怒时，便得出了妈妈不爱他的结论，于是他的情绪开始崩溃。

这个话题在群里引发了非常热烈的讨论。作为旁观者，我们都看到了这位妈妈的情感匮乏，或许是因为独自照顾两个孩子过于劳累造成的；也表现出她对养育孩子的无力感，这种无力感会让她想方设法去控制孩子，却陷入与孩子的权力之争。

父母或多或少都会遇到同样的情况，一旦发现自己陷入与孩子的权力之争，父母首先得退出战场，然后再思考下一步。只要退出战场，人便容易冷静下来，才能思考孩子究竟需要什么，思考自己怎样才能更好地教会孩子独立。

我们一起来头脑风暴一下，有什么方法可以把孩子从情绪中解救出来，并保持着对穿袜子这件事的兴趣。首先我们得知道，孩子是活在幻想的世界里的，那我们不妨在处理方法中加入一些幻想元素。

演戏。看孩子哭，妈妈先把一切焦虑扔到一边，走过来蹲在孩子身边。拿起他的袜子假装说："咦，我的袜子怎么变得这么小？"然后假装往自己的脚上穿，却怎么也穿不进去。妈妈假装哭道："呜呜呜！我的袜子被谁用魔法变小了，我穿不进去了。"孩子一般喜欢演戏，他看妈妈的样子可笑，可能会把袜子抢过来，穿到自己的脚上。妈妈假装生气，去抢孩子的袜子，大声嚷嚷说："把袜子还给我！"孩子逃跑的时候妈妈去追，追到孩子后抱着他亲一下，假装说："咦？我的袜子穿在你脚上怎么会那么合适？好吧，那就把这双袜子送给你吧。你刚才穿袜子的速度怎么能这么快！你是怎么做到的？我太佩服你了！"孩子受到夸奖，就会滔滔不绝地讲自己是如何做到的，甚至示范几次给妈妈看。如此以后孩子便会很喜欢自己穿袜子了，甚至要表演给妈妈看自己穿袜子的速度有多快。

假装。孩子哭着不肯自己穿袜子时，妈妈可以走过来蹲下，拿起孩子的袜子说："咦？这是谁的帽子？是你的帽子吗？"然后把袜子套到孩子头上，但怎么也套不下去。孩子看此情景一般会笑。只要孩子能笑出来，就表示合作即将实现。这时妈妈继续说："看来这不是帽子，那应该穿到哪里呢？"孩子会嘲笑妈妈的"笨"，有的孩子会抢过袜子穿到自己脚上。妈妈可以假装惊呼原来是袜子啊！有的孩子会把脚伸过来，妈妈可以继续假装怎么都穿不进去，让孩子来示范一下。待孩子穿进去后，妈妈继续惊呼："穿上了！你好厉害啊！"

竞赛。妈妈走过来蹲下，对还在哭的孩子说："咱们来玩穿袜子的比赛游戏吧。你一只袜子我一只袜子，我们比比看谁穿得快。你穿左脚还是右脚？"孩子一听要玩游戏，兴致大增。在比赛过程中，妈妈不妨假装输给孩子，最后感叹说："看来妈妈帮你穿还是没有你自己穿得快啊！我们来算算你花多长时间穿好一双袜子的。"然后妈妈给孩子计时，记下时间。下次孩子再不肯自己穿袜子时，妈妈就说："你上次穿袜子花的时间是 30 秒，我们看看这次你能不能比上一次更快。"孩子会因此爱上穿袜子。

诱惑。告诉孩子他穿好袜子后就可以玩一个他喜欢的有趣的游戏。如妈妈说："亲爱的，你穿好袜子后，我们来玩一局枕头大战好吗？"孩子一听可以玩枕头大战，就会迅速穿好袜子过来找妈妈。需要注意的是，这种诱惑得是父母希望孩子去做的事情，不要用那种孩子喜欢但父母却不愿意的事情来作为诱惑。如不能说你穿好袜子就可以玩一局电子游戏这类的，这样就会陷入一个奖赏带来的矛盾，孩子可能会为了电子游戏而穿袜子，一旦没有了奖赏他就变得不合作了。

每一个人做某件事的动力，往往来源于做这件事他能否获得"成就感""价值感"或"趣味性"。因此用游戏的方式激励孩子合作，可以同时满足孩子的成就感和价值感。会玩游戏的孩子往往有更强的自我价值感，具备幽默力，容易成为一个受欢迎的人。

我十分理解，很多父母都希望能成为一个幽默的，且能常常陪孩子以游戏的方式解决问题的家长。但生活却总是有太多的突发性与无奈性，人总是有各种情绪与困扰，因此在面对孩子穿袜子这样一件小事时，如果同时加上了父母赶着出门、弟弟又哭闹等外在因素，确实难以有耐心用以上的游戏方法来解决孩子穿袜子的问题。为此，当我们意识到自己陷入了一个混乱的局面急需处理某些事情时，不妨先把"解决问题"的想法放开，让自己暂时"屈服"。要知道，多给孩子穿这一次袜子，并不代表孩子就没法形成独立的人格。等到下一次没有混乱局面出现时，再来跟孩子好好玩玩穿袜子的游戏。

遇到问题时我们可以常常问自己："那又会怎样？"只是多给孩子穿一次袜子而已，那又会怎样？孩子不会因此成为坏人。父母如能具备这种心态，孩子必定也能变得宽容乐观，遇到挫折时，他们不会攻击自己，而是先调整心态，用"那又会怎样"的态度去面对眼前的混乱。这种心态所带来的镇定，足以支撑我们恢复理智，并找到解决问题的办法。

妈妈是机器人

在教养孩子的过程中，有很多让人抓狂的小问题。比如说孩子不肯洗澡，好不容易劝他进去洗澡了，他却玩得太高兴又不想出来；上学的日子孩子早上不肯起床，但周末父母想多睡一会儿时孩子却天还没亮就来拍门说他饿了；孩子晚上不肯上床睡觉，或者上床了又要求妈妈再讲一个又一个的故事……

这些都是曾经在我家出现过的问题，我相信很多家庭也都曾经出现过。很多家长曾威逼利诱，正面的、负面的各种招数都用上了，但仍然会有那么几个令你抓狂的问题出现，为了这些小问题你狂躁不已。

相信很多父母都曾遇到过孩子不肯刷牙的问题。刷牙对于孩子来说实在是太无趣的一件事了，他们无法理解牙齿健康的理念。有的父母会用威逼利诱的方法强迫孩子刷牙，结果与孩子陷入权力争斗，以致孩子更痛恨刷牙。也有的父母对孩子听之任之，不刷牙就算了，导致孩子三四岁就满口黑牙或蛀牙。这两种处理方法都是不可取的。牙齿健康关系着人一生的健康，父母必须帮助孩子从小养成每天至少刷牙两次的良好习惯，并定期养护牙齿。

在美国，孩子每半年要到牙医处做牙齿养护和检查，确保孩子没有蛀牙等问题。许多幼儿园还会定期邀请牙医到幼儿园来给孩子们讲解刷牙与使用牙线的重要性，给孩子们赠送漂亮的牙刷、牙膏、牙线等物品，并教给孩子正确的刷牙方法。

我小时候父母对我牙齿的养护并不重视，我能理解那个年代父母能让我吃饱穿暖就已经是最大的关爱了。但对牙齿的忽略却给我带来了非常严重的后果，在中学阶段我的两颗大牙便已经严重蛀坏，我在大学期间便不得不用上了假牙，而假牙也将伴随我一生，每过几年我需要重新装上一副假牙。假牙的咬合能力不如真牙，因此我一直偏爱软食，对稍硬的食物望而生畏。因此我非常重视孩子的刷牙问题，当孩子们还在吃奶的婴儿期时，我便会在他们喝奶后给他们喂水漱口；他们还没开始长牙的时候，我也坚持用婴儿专用的套指软牙刷或牙胶让孩子咬着玩，以帮助他们清洁牙齿。

我女儿在她5岁多时，睡觉前不肯刷牙，甚至为了逃避刷牙而躲起来，不管我说什么、做什么，她就是不刷牙。这让我一度伤透了脑筋。

有一天，女儿听说要刷牙便躲到沙发后面去了，正在我十分沮丧不知该怎样解决这个问题的时候，忽然想起女儿很迷恋机器人，或许我可以假扮成机器人来帮她刷牙。于是我开始模仿机器人走路，嘴里还发出嘀嘀嘀的响声。躲在沙发后面的女儿探出头来，看见我这个走路怪异的"机器人"，钻了出来打量着我。

"主……人……我……要……帮……你……刷……牙……"我模拟机器人带着电流般的声音断断续续地说，同时头像机器人般一停一顿地转向她，我的手也一停一顿地伸向她，嘴里还发出嘀嘀声，然后牵着她的手慢吞吞地去洗手间。

女儿看我完全是一副机器人的模样，嘻嘻哈哈地跟我到洗手间去了。她很配合地站到垫脚凳上，我用极度缓慢又笨拙的机器人的方式帮她挤牙膏刷牙。帮她刷牙时我还把牙刷夸张地一上一下一停一顿。女儿一边享受着我这笨拙机器人的服务，一边盯着我的眼睛笑。我强忍着不笑出声来，仍然保持脸部肌肉僵硬以扮演真实的机器人。

刷完牙后，我带女儿到床上让她睡觉，她说："我不要睡觉。"我仍然以一副滑稽的机器人扮相对她说，如果你还不睡觉，我就会自动关机。我还模拟一种警报的声音，假装焦急地对她说我快没电了，她再不睡觉我就关机了。

女儿觉得很好玩，就是不躺下睡觉。我便长"嘀——"一声，接着用快速的声音说："请充电，请充电……"然后就假装没电"哐当"一下倒在女儿的身上。女儿被我压住，笑得喘不过气来，让我快走开。我继续扮演机器人说："我……没……电……了，不……能……动，你……按……我……头……上……的……按……钮……我……就……变……回……妈……妈。"女儿迅速地在我头顶按了一下，我便站起来，假装成一个复活的妈妈说道："啊！我怎么压在你身上了？发生了什么事？哦！原来是要道晚安了！我们抱抱晚安！"然后亲吻女儿给她盖上被子让她睡觉。

女儿嘻嘻哈哈地笑着说："妈妈，明天我还要玩机器人的游戏。"

后来又玩了几次机器人游戏，只要女儿不肯刷牙，我便提出玩机器人游戏，然后她就会飞奔而去。在坚持了一段时间后，睡前刷牙已经成为女儿的一个习惯了，即便不玩机器人游戏，她也不再抗拒刷牙了。

在孩子不肯配合的问题上，机器人游戏都可以使用。孩子有时并不接受现实的世界，是因为我们给了他们太多规矩和太多要求。孩子永远是孩子，他们希望事情会变得好玩有趣，甚至科幻。因此当无聊的刷牙、睡觉等问题变成了妈妈的机器人表演，孩子就会因觉得非常有趣而愿意配合妈妈演完，并会因为这种与妈妈欢快的互动而身心愉悦，最终得到极大的情感满足，带着满满的多巴胺入睡，这是孩子一生的心理健康财富。

这种有趣的游戏可以教会孩子在遇到难题的时候用游戏的方式解决，从而获得他人的合作与支持。

搭便车的小蜜蜂

　　有一段时间，女儿在洗完澡后不肯用吹风机吹干头发，她说吹风机在她耳边会发出嗡嗡的响声，感觉很不舒服，而且她不喜欢热风吹在头上，为此常常跟我抗争。女儿留着长发，洗完澡后如果不把头发吹干就没法睡觉，而且如果不用热风，吹风机旋转的时间就会更长，她会更加抗拒。最让我为难的是，不管我怎样努力，我都不可能解决吹风机有嗡嗡响声的问题，相信全世界的吹风机旋转时都会伴随着嗡嗡的声音。

　　从解决吹风机问题的角度思考的话，我一定会疲惫不堪，一无所获。

　　很快我就放弃了跟着女儿思路走的想法，想出一个办法让女儿跟着我的思路走。我在要给女儿吹头发之前对她说，我们现在要玩一个"龙卷风"的游戏。然后我打开吹风机，让她听吹风机那嗡嗡嗡的响声，问她这是不是很像龙卷风，她裂开嘴笑着说是。我看到她的神情已经自动进入了游戏状态，兴奋地盼望着被卷进这场龙卷风里。

　　我对女儿说："一会儿龙卷风会往你身上吹，头发多的地方就是森林，龙卷风最喜欢把森林里的叶子吹起来。当我喊'一'的时候，说明龙卷风要来吹森林了，这时龙卷风力气很大，可以吹到最高的树梢，你就得像一棵大树一样站起来迎接龙卷风；当我喊'二'的时候，说明龙卷风有点累了，吹不了那么高了，只能吹到一些小灌木，你就坐到床上让龙卷风吹到森林里的灌木；当我喊'三'的时候，说明龙卷风已经很累很累了，只剩一点点力气了，你就趴到床上，让龙卷风吹最矮的小草；当我喊'四'的时候，说明龙卷风又开始有了力气，它要重新把叶子吹得高高的，吹到树梢上去，这时你就从床上跳起来。好吗？"

女儿为这个充满幻想又神秘莫测的游戏兴奋不已，于是她迫不及待地要我打开吹风机跟她玩。我打开吹风机，装模作样地演示了一下龙卷风怎样肆虐横行，然后忽然大喊一声"一"，女儿听到信号后赶紧一动不动地笔直站好，我便用吹风机在她的头发上吹起来，一边吹一边说："龙卷风太厉害了，它用最大的力气，把森林里的大树全部都吹得笔直笔直的。"女儿偷偷地笑，仍然笔直站着，不动。就这样吹了一两分钟，我便又大喊一声"二"，女儿接到指示，迅速坐了下来，吹风机一直不停地在她的头上咆哮着，她不但不抗拒，反而还很开心地大笑……就这样吹风机吹到"四"的时候，女儿的头发基本上已经吹干了。如果还没吹干，我会继续重复回到"一"去，直至全部吹干为止。在全部吹干的时候，我会装作龙卷风太生气了，要开始吹她的屁股。她一听来了劲，赶紧跑了，我便去追她，抓住她后亲了她一下才结束这场游戏。有时候我也会故意把数字的顺序打乱，比如在"一"吹完时就喊"三"。她想起"三"是趴下的指令，于是迅速趴下，并咯咯咯地笑，为自己反应迅速而感到很骄傲，也觉得这种根据数字做动作的游戏很好玩。

这个年龄的孩子一刻都不愿意停下来，要让她坐定吹 5 分钟的头发，那对她们的确是一种煎熬。但一旦在这种容易让孩子烦躁厌倦的事情中加入一点游戏，孩子的脑神经就会变得异常活跃，并会享受这种挑战。最后妈妈亲亲的体验也给了孩子"高峰体验"，因此也就爱上吹头发的游戏。从此以后，只要洗完澡后看妈妈拿起吹风机，女儿就会兴奋地大喊："龙卷风！龙卷风！"然后非常配合地让我帮她吹头发。

我跟孩子玩这些游戏的灵感，来自于美国很多儿科医院的装备。很多儿科医院会把一些孩子们感到害怕的机器重新装饰一番，让它们变成卡通人物或孩子们喜爱的动物，等等。比如有的医院的 CT 机，很多孩子看见这个机器就会感到害怕而大哭，家长费尽口舌孩子都不愿意躺到上面去拍张片子。一些医院就把 CT 机装扮成很酷的海盗船，孩子看见了就上去玩。护士会对孩子说，要在海盗船里躺好一分钟才能避免船撞到礁石，于是孩子就会乖乖地在上面躺好不动。出来时护士给一个贴纸奖励，孩子也为自己拯救了海盗船而感到特别骄傲。也有一些牙科医院把给孩子牙齿拍 X 光片的机器弄成大鲨鱼嘴的形状，他们利用孩子爱挑战的特点，问孩子敢不敢把头放进大鲨鱼的嘴里，像大鲨鱼一样张开大嘴一动不动坚持一分钟。孩子们一般都非常乐意去做，并且觉得自己把头伸进大鲨鱼的嘴里是非常酷的事。

孩子们也喜欢把其他事物拟人化，他们会认为小动物和植物都是有情感的，像人一样会有各种各样的需求和想法。有一次我带两个孩子外出，不料路上堵车严重，我们在车上耗了半小时都没有开动车子。孩子们感到十分无聊，准备以抱怨和发脾气的方式表达不满时，儿子忽然发现车头玻璃窗上有一只小蜜蜂在爬。他们一下子来了劲，要求我不能打开雨刷把蜜蜂刮走，然后两人开始你一言我一语地编了一个小蜜蜂内心独白的故事。妹妹说："我是一只小蜜蜂，我刚才在花丛中采蜜走丢了。"哥哥就会接着说："我飞啊飞啊飞，飞得很累了还是找不到妈妈，于是我找了一块玻璃停下来休息一会儿。"妹妹继续说："咦，这玻璃里面好像有人啊！他们也没有动，我便赶紧爬啊爬！"……"太好了！车子动起来了！他们在送我回家！""我到家了！谢谢你们载我一程！"……小蜜蜂飞走后，孩子们为自己编的故事欢呼，全然忘记了堵车的枯燥。

孩子就是这么喜欢幻想，我相信孩子的幽默力是天生的，只是有不少孩子的这种能力被严肃古板的父母扼杀了。一切事情只要赋予了幻想和故事性，孩子就会变得合作。有的家长可能不喜欢爱幻想的孩子，总是希望孩子成熟懂事，成为"小大人"。但实际上，纵观世界各国，拥有巨大创造力的商界或科学界牛人，大多都是那些从爱幻想的童年走出来的人。**因为爱幻想的人相信有些力量可以超越现实，于是他们会不断地尝试，不断地跨越**。比如制造"火星移民计划"的埃隆·马斯克，facebook（脸书）的创始人扎克伯格等，可以说是爱幻想这个品格成就了他们的强大内心，并让他们缔造出一个又一个神奇的故事。

猫粮好吃吗

我喜欢在家里开派对，邀请各种各样的朋友到家里来玩，这样既拓宽了自己的社交面，也给孩子们制造了提升社交能力的机会。父母交往的圈子对孩子的影响非常大，孩子从小接触父母的社交圈子，听说着这些圈子的人和事，他们也会给自己找到模范，希望长大后成为这些人。

我们每年都参加古迪纳夫教授的生日宴，宴会荧幕上播放着来自世界各地的同行科学家们对教授的祝福视频；还有很多教授曾经的学生，如今也是尖端科学家的各种祝福；现场也会有锂电界的学者们。孩子们每年都喜欢参加这样的聚会，因为这时他们容易受到特别的关注，还可以坐在教授身旁与他聊天吃蛋糕，听他谈自己小时候的糗事。孩子们在这种特殊的社交场合会表现得十分淡定得体，也从中找到了自己敬佩和希望模仿的人物。

有一次我们家里举办一个派对，宴请不同行业的朋友，来了一位叫迈克的教授和他的两个孩子。迈克稍大的女儿跟我的孩子们一起跑到二楼去玩了，只有两岁多的儿子阿里斯穿梭于宴会的人群中。两岁多的孩子稍不留神就会给大人制造一点儿"惊喜"。正当我们大人端着酒杯谈笑风生时，阿里斯发现了我们家的猫碗里有一大块肉，那是一块猫吃剩的猫罐头吞拿鱼。阿里斯毫不犹豫地把这块吞拿鱼抓起来塞进嘴里。当我们发现阿里斯时，他已经吃掉了这块吞拿鱼，脸上留着残渣和十分满足的微笑。

迈克赶过来时，我为自己没有放好猫碗而感到十分愧疚。迈克哈哈大笑，问阿里斯说："嘿，阿里斯，猫粮好不好吃？"阿里斯本来被我的紧张神色弄得有点儿害怕，看见爸爸哈哈大笑时，他便裂开嘴大笑着扑到爸爸怀里，跟爸爸说："还要吃，还要吃！"

迈克抱起儿子，转身对围观的人群笑着说："看来猫粮味道不错，回家我也尝尝！"大家都哈哈大笑。

我本来为自己的失误感到尴尬，但看着迈克一点儿也不在意，还能如此幽默回应，于是松了一口气，也幽默地说："那么大一块吞拿鱼，我家猫咪要伤心好几天了。"

众人哈哈大笑。也有人接着说："下次派对时记得把猫咪的罐头藏好，我们都太爱吞拿鱼了。哈哈哈！"

……

一件本来比较尴尬的事，在一个不焦虑的爸爸的幽默处理下，变成了派对的一个亮点，给大家带来了欢乐。孩子也没有因为吃了不该吃的东西而产生任何压力，他的自尊心与好奇心都被睿智的爸爸很好地保护了。

而迈克在派对上的这个小幽默，也让他一下子成了派对的中心人物，让聚会变得生动有趣。本来互相并不认识的人，都过来跟迈克聊几句，讨个联系方式。幽默的人似乎自带磁场，具备非常强的号召力，他们似乎天生就是领导者，可以轻松地组织人事，并且能更高效地完成任务。世界各国众多的成功人物，大多都具备幽默力，他们可以在演讲中自嘲，或者让众人欢笑。这种能力并非先天具备的，而是对人生的一种洞察与领悟，只有内心充满力量，才能洋溢幽默本色。可以说，幽默力是领导力的一个重要组成部分。

阿里斯是如此幸运，他拥有一个具备幽默力的爸爸，这种幽默的力量会给予孩子面对错误和挫折的勇气，他不会为小事感到烦恼或焦虑，而会勇敢地往前走。爸爸的这种幽默感会潜移默化地传给孩子，阿里斯也必将成为一个具备幽默力的人。

芝士味的狗饼干

幽默力在人的社会关系中非常重要，幽默力不但能提升人的演讲水平、领导能力和社交能力，还能让人更好地处理同事、婚姻、朋友及亲子等各种关系。上一节中迈克的案例就是一个非常好的例子，他用他的幽默很好地处理了孩子的问题，成为了派对的焦点，并进一步拓展了社交能力。他的这种幽默力的主要来源，是他的不焦虑心态。孩子吃了猫粮已经是事实，继续担忧孩子可能会得什么病是没有用的，不如坦然面对。很多家长对孩子的未来普遍存在焦虑，他们会认为，如果不批评孩子，不告诉孩子什么事是不能做的，那孩子下次还是会犯同样的错误。这就是家长用自己的担忧来衡量孩子的一种方式。像阿里斯这样的 3 岁以下的幼儿阶段的孩子，无论怎样批评教育都是没有用的，最重要的还是家长的监护，如危险物品不能放在孩子能接触到的地方，等等。当然，如果下一次阿里斯看见猫粮还是兴冲冲要去吃时，家长最好把孩子抱开，告诉他猫粮是给猫吃的不是给人吃的，然后再给他一些小零食，孩子便不会再对猫粮感兴趣了。

我们家养了一只小狗，我常常会给小狗买一些用于训练的狗饼干。这些狗饼干造型很漂亮，包装上还写着芝士口味或者牛肉口味，等等。我 9 岁的儿子和 6 岁的女儿对这些包装精美的狗粮非常眼馋，趁我没留意时偷偷拿了一包狗饼干，躺在院子里的躺椅上边聊边吃。当我发现他们在吃狗饼干时，心里掠过一丝焦虑，但马上想起迈克对儿子吃猫粮事件的处理方法，于是我也十分轻松地说："嘿！狗饼干好吃吗？"俩孩子裂开嘴露出塞满嘴的狗饼干，哈哈大笑着对我说："太好吃了！妈妈你也来尝一下。"我故意做出害怕的表情，说："我才不要吃，肯定不好吃！"俩孩子拿出饼干往我嘴里塞，说："好吃好吃！有芝士味。"我见状赶紧逃跑，他俩追着我要给我喂饼干，我们就这样嘻嘻哈哈地跑了一通，吃狗饼干这事变成了一个愉快的回忆。

从此以后，他们便不再吃狗饼干了，只是每次提起吃狗饼干一事，就哈哈大笑。

幽默力源于心态，当我慢慢放下焦虑，我们家便多了很多欢声笑语。我们常在餐桌上以诙谐的方式讨论一些科学问题和科学家，比如我们聊到爱因斯坦时，我们会谈爱因斯坦那狂野的发型，穿女鞋学女人走路，以及他面对记者拍照时吐舌头等搞怪行为。在孩子们哈哈大笑的时候，让他们感受到，一个伟大的科学家居然还有十分有趣的一面。科学并不只是枯燥的公式和严肃的面孔，也可以充满欢乐。孩子们学着爱因斯坦的样子，穿着我的高跟鞋搞怪走路，女儿还把她的长发揉成爆炸头对我吐舌头扮鬼脸。但同时，他们也开始对这些科学家的理论充满兴趣，刨根问底，希望了解他们的研究内容。

聊到霍金时，我们也向孩子们展现了霍金的坚毅人生，如何通过坚强意志创造了奇迹。但我们更多地讨论了关于宇宙大爆炸理论的争议；宇宙如何像一个气球般从一个点爆炸成为如此大的宇宙；黑洞是如何产生的；如果有外星人的信号发射到地球上，我们应该回应还是不回应；机器人会不会最终摧毁人类……霍金曾经研究或提出过的理论，我们都像谈论科幻片般与孩子们展开生动的讨论。讨论过程中我们会有争议，比如说在是否该回应外星人的话题上，我们分为回应的好处与可能的结局，以及不回应的好处与可能的结局等，我都展现出来。孩子们通过这种细分化的讨论，用他们自己的思维方式理解了各种物理知识，并越来越觉得科学非常有趣。

父母要想把知识转化为有趣的话题跟孩子探讨，首先需要对知识有一个开放的认识，不能一味地给孩子灌输知识，而应该引导孩子去思考。正如霍金的理论，大多都是推理而并非真理，我们如果能接受这世界存在各种我们尚不可知的可能性，这个世界上没有绝对的对错，那即便孩子们的思维方式在家长看来很幼稚，也能做到接纳他们，并鼓励孩子表达自己的想法。

性与隐私

要脱裤子的托马斯

心理学上有个观点，5岁的孩子会进入婚姻敏感期，他会问一些跟婚姻和异性有关的问题。在我的"积极教养"群中有一位妈妈为此就十分焦虑，因为5岁的女儿常常见到幼儿园的男老师就会问对方有没有生殖器，喜欢熊抱男同学，说要跟爸爸结婚，等等。

我对该妈妈的留言哈哈一笑，脑补了一下这个可爱的小女孩儿的率真性情。心想这是一个幸运的女孩儿，尽管妈妈有些焦虑，但却没有对她的行为进行指责。所以她能随心所欲地发问，表明她的内心保留着真实，不会对成人产生畏惧。

但小女孩儿问成年男性此类问题，难免会让对方尴尬，也让家长尴尬。

尽管我们知道孩子处于婚姻敏感期是正常现象，但还是需要一些方法正确引导孩子，避免引起他人尴尬。与孩子坦诚地谈论结婚生育、性与隐私，是父母能给孩子最好的性教育。下面我用自己生活中的真实对话，展示一些我们需要与孩子一起讨论的性教育问题。

对话一：

进入 5 岁的孩子，他们常常会和幼儿园的同学聊一些长大后要跟谁结婚的话题。好友博的女儿吉尔在幼儿园大班时，与男孩儿莱安是好朋友，两人相约长大后要结婚，不要分开。有一天，博接女儿放学，女儿大大方方地与莱安拥抱告别。当女儿牵着爸爸的手一蹦一跳走向停车场时，她忽然想到了什么，停下来问："爸爸，如果我以后跟莱安结婚了，你怎么办啊？"随即陷入忧郁状态。

博哈哈一笑说："你结了婚我也爱你啊！再说我还有妈妈陪着呢。"

吉尔转瞬露出笑容，继续蹦蹦跳跳地爬到车上。

对话二：

"妈妈，为什么我们的身体不能让别人看见？今天我们班上的托马斯要脱裤子给我们看他的屁股，被老师批评了。"女儿问。

"我们穿泳衣时包住的地方是我们身体的私密部位，不能随便让别人看，也不能让别人碰。我们也不去看或者打听别人的私密部位，要不然别人会感觉不舒服的。私密部位就是只有我们自己能看的地方，我们需要保护它不被别人看见。"我说。

"为什么私密部位不能让别人看？"女儿继续问。

"因为那是属于你自己的地方，就好像你的房间里的东西是属于你的，客人来了也不能随便进入你房间翻看你的东西一样。当然，我们也不能去翻看别人房间里的东西，也不能去说别人的身体，也不能强迫别人去看自己的私密部位。这就是为什么托马斯会被老师批评的原因。你下次如果遇到别人要给你看他的私密部位，你就要赶紧跑掉。"我说。

"只有爸爸妈妈和医生可以看。上次看医生时医生说的。"女儿说。

"对的！医生要看那也必须得爸爸妈妈在场。有人跟你说他是医生要帮你检查身体，但如果爸爸妈妈不在的话你也得大声拒绝。保护你的私密部位不让别人看到很重要。"我说。

我要跟猫结婚

女儿进入 5 岁这个年龄段后，有一天，她在吃早餐时对我说："妈妈，我们班的艾娃和约瑟夫说他们以后要一起结婚。"

我惊讶地说："哦！真的吗？"

"真的，他们俩说好了。"女儿说。

我微微一笑问："那你有没有跟谁说好要一起结婚啊？"

"我长大后要跟猫猫结婚！"女儿脸上绽开了花，摸了摸躺在她怀里的小猫。

已经开始有一点儿逻辑思维能力的 8 岁的哥哥忽然插话说："人跟猫是不能结婚的，你不能跟猫结婚。"

妹妹说："我不管，我就要跟猫结婚。我要跟猫生活在一起，要跟猫一起睡觉。"

哥哥继续运用他的逻辑思维说："等你长大后，猫已经死了。"

妹妹想了想，有点儿伤感，随后转向我说："妈妈，等这只猫死后，你能买一只新的猫跟我结婚吗？"

我忍住不笑出来，说："没问题！"

"妈妈，你为什么要跟爸爸结婚？"女儿继续问。

"因为妈妈爱爸爸，爸爸也爱妈妈。我们长大后找到相爱的人，就可以结婚啊。"我说。

"你为什么爱爸爸？"儿子问。

"因为爸爸很优秀，他很有爱心，做什么都很努力。更重要的是，他很爱我。那时候他还是学生，只有很少的钱，但他愿意把钱都花在买车票上，到另一个城市来看妈妈。我就爱上他了。"我说。

"还要听爸爸和妈妈的故事！"女儿嚷嚷。

"后来我们当了几年朋友，心里都很爱对方，但还没有结婚。因为结婚是一件很大的事，不能随随便便就结婚，要真的等到你想跟他一辈子都在一起的时候，才能结婚的。以后你们长大了也不要着急结婚，你可能会喜欢很多人，也可能有很多人喜欢你，但你真正想结婚的对象只有一个，你们要找到那个真正爱的人，才能结婚哦。"我忍不住说教了几句。

儿子若有所思地说："妈妈，我们班上有很多女孩儿都对我说她们爱上我了。为什么那么多人喜欢我？"

我笑笑说："嗯。那证明你人缘还不错。"

"什么是人缘？"儿子不解地问。

"就是你对别人很友善，也很活跃，喜欢帮助别人，等等，这样的人会有很多人喜欢。那你有喜欢的女孩子吗？"我问。

儿子想了想说："有一个，在隔壁班，金色头发的，但我不知道她叫什么。下次你接我放学时我指给你看，好吗？"

"好啊。你喜欢的女孩子一定是很棒的孩子。"我说。

谁生的我

"妈妈，你是怎么生的我和哥哥？"女儿问。

"哦！这个问题问得好！"我说，"我跟爸爸结婚后，很想要个小宝宝，于是就生了哥哥，然后又生了你。你们还记得妈妈给你们看的你们还在妈妈肚子里时的照片吗？你们在妈妈肚子里长大了，医生就把你们抱出来了，爸爸帮你们剪断了脐带，放到妈妈怀里。"我动情地说。

"医生怎么把我们抱出来的呢？"女儿不解地问。

"从妈妈的屁股里把我们抱出来的。我们学过。"哥哥抢着回答。美国二年级的孩子已经有生理课了，所以对生育问题毫不陌生。

"是的。那是一个专门让宝宝出来的产道。不过也有一些小宝宝生不出来，医生就会把妈妈的肚子剪开一个小口，把宝宝抱出来，然后再把肚子缝上。这叫剖腹产。"我说。

两个孩子惊讶地看着我，张大嘴巴，摸了摸肚子，仿佛很痛的样子。

"那我们是你生的，为什么爸爸说是他生的？"女儿问。

"哦！你们都是爸爸妈妈的孩子，虽然你们是妈妈生的，但也是爸爸的孩子。"我说。

"可是爸爸没有生我们啊！"女儿还是不理解。

我思考了一下，说："你记不记得你把种子种到花盆里，你给种子浇水，种子就会发芽，长了一棵小树，还开了花？妈妈肚子里有一个花盆，它的名字叫子宫；爸爸的肚子里有一些种子，爸爸跟妈妈结婚后，爸爸把他的种子种到妈妈的花盆里去了，妈妈吃饭喝水，种子有了营养就会长大。只是爸爸的这棵种子长出来的不是小树，而是你们这样的小人儿。"

"哦！……"孩子们恍然大悟。

"我长大了不要结婚！"哥哥说，"还要给宝宝换尿布，臭死了！"

"我也是！"妹妹附和道。

我笑笑说："生孩子虽然很辛苦，不过，有个小宝宝却是很开心的事。妈妈就很开心有两个宝贝，我很爱很爱你们！"

说完，我走过去把他们逐一搂入怀中。他们扯着我的衣角，要我给他们讲他们小时候的故事。

那些成长中的糗事乐事，还有爸爸妈妈的爱情故事，百听不厌！

第三章

财商教育：
你欠孩子一堂财商课

2019 年暑假，我带孩子回中国探亲，顺便带儿子去广州的一所中学，给一班初中生讲了一节关于世界各国的中学生是如何学习的课，阐述了不同的文化、不同的价值观给人带来的不同的学习方法。课程内容是根据《不一样的学习》一书的观点展开的，运用游戏与情景模拟的方式，带领孩子们进入不同国家的不同角色。如犹太人的"没有观世界，哪来世界观"的观点，鼓励学生们在进入大学之前先环游世界，开阔视野，找到自己真心热爱的事业方向；日本人的"匠人"精神，创造出精雕细琢之作；瑞典人的"做个幸福的普通人"的人生智慧……我让两个学生先表演某个国家的妈妈与孩子的对话，然后让在座的学生根据对话来猜这段对话发生在哪个国家。

一个班级 50 多个孩子，在我邀请孩子们上台参与各种角色扮演、情景模拟及问答期间，有的孩子正襟危坐，双手平放在桌面，紧紧盯着我的一举一动；有的孩子不断埋头记笔记，生怕漏掉一点点信息；有的孩子嘻嘻哈哈起哄，引得所有人哈哈大笑；有的孩子沉思；有的孩子举手；有的孩子迫不及待要发表他们的观点和想法；有的孩子即便被我邀请也不敢到台上来朗读情景模拟中的内容……

两小时的课非常快乐地结束了，课后我与儿子被这群中学生围在中间索要签名，儿子在他们的笔记本上粗略地画着笑脸。有两个男生嘻嘻哈哈地与我儿子打闹起来，并在走廊上玩赛跑游戏。在我要与他们班主任合影时，这两个男生看到他们班主任的 4 岁的儿子粘着妈妈不放，于是他们牵着班主任的儿子开始单脚跳跃，与这个比他们整整小了 10 岁的小男孩儿比赛单脚跳。小男孩儿一看来劲了，追着两个大哥哥跑开了。在我们顺利合影以后，两个大男孩儿才带着小男孩儿单脚跳回来，并与我们一起做鬼脸合照，问我要了我的微信号码。

课堂上的很多同学在我离开教室那刻就已经开始淡忘了，但这两个"贪玩"的小男生却让我印象深刻，在课堂上他们猜对了大部分国家的名称，说明阅读量很大，"杂书"读得很多。且他们还"捣乱"般提出很多新颖的观点，如当我推崇法国人重视哲学教育时，他们却认为正是法国人的哲学思维给他们带来很多傲慢与偏见……他们懂得以玩的方式来解决老师被孩子缠住不放的难题，用幽默的方式解决问题，这是当今社会最可贵的品格。他们在课后提问阶段向我提出了一个尖锐的问题，说："美国的数学教育是不是很差？"尽管被我巧妙地回答"美国学生的数学总体水平我没法统计，但我儿子的数学很棒"转移了注意力，但我心里佩服这两个孩子，小小年纪已经开始对比不同国家的教育体系了。

从很多成功人士的人生经历来看，童年时天马行空的思考方式，是他们日后成功的一颗重要的种子，为他们埋下了破土而出的理想与希望。

开放式提问

聊聊学校的事

孩子上学以后，大多数父母都希望了解孩子在学校的情况，但孩子通常都会敷衍地说"很好""挺好""没什么"等。父母究竟要怎样提问才能与孩子畅快地交流，了解孩子的日常想法和做法呢？

如果提问的方式不对，父母便难以达到预期的沟通效果。一般父母容易犯的错误是提问方式过于狭窄或过于宽泛，没有针对性，让孩子难以回应。比如说孩子放学时，大多数父母都会问："今天过得怎样？"孩子就会例行公事地说"好！"就没有了下文。而如果父母继续要求说："跟我讲讲学校的事情吧。"孩子就会懒洋洋地说"没什么"，或者说"我不记得了"。

我曾经在孩子睡前道晚安时让孩子讲讲学校的事情，5 岁的女儿眨巴眨巴眼睛说："学校的事情啊！好吧！我们发现了一个魔法洞……"然后编了一通想象中的童话故事。尽管我很享受听她编故事，但她在学校里的情况我仍然没有了解到，因此也算是一次没有达到目的的沟通。

怎样提问才能达到父母与孩子沟通的目的呢？**这就需要父母改变提问方式，不要提只能用"是"或"否"来回答的问题，不要提太空乏、孩子难以理解主旨的问题，而应该选择开放式提问：一方面可引导孩子回答和描述更多细节，另一方面也能带动孩子思考。**

以放学后的沟通为例，有的孩子属于无话不谈类型，父母没有问就已经说个不停了；但有的孩子则需要引导他们来回忆发生过的事。有的孩子不喜欢一放学就被父母追着问，但却喜欢在餐桌上一起吃饭时聊聊学校的事；或者喜欢在睡前跟父母讲。父母需要在不断的尝试中了解自己的孩子属于哪种类型，喜欢在什么时候谈话。充分了解了自己的孩子后，父母便可以选择适当的时机用开放式提问的方法跟孩子交谈。

人与人之间沟通的关键点在切入方式，当我们要跟陌生人见面时，如何能在短时间内拉近彼此之间的距离？首先就是微笑、赞美或请求帮助。如我们去见一个新客户，微笑握手并自我介绍后，衷心地赞美对方，即便是赞美一下对方的耳环首饰，或者对方的声音特质，对方的热情周到，等等，都会跟对方瞬间拉近距离。

微笑是促进亲子关系的一个非常重要的技巧，我曾经对比过我在接孩子放学时微笑或者没有微笑所得到的不同沟通效果。每天下午放学后，我都会在孩子的学校门口等着孩子出来。看到孩子时，如果我从眼睛到嘴巴，再到脸上的肌肉，都处于非常放松与欣喜的微笑状态，孩子看见我时就会非常高兴地跟我挥手大喊"妈妈——"，且会很高兴地告诉老师"我妈妈在那里"，得到老师的允许后她会飞奔跑向我，与我拥抱，并从书包里掏出她的手工作品，滔滔不绝地讲她在学校里的事。而如果哪天我心里有事，接孩子放学时没有对孩子微笑，孩子一定会感到沮丧，没有了平日见到妈妈时的那股兴奋劲儿。

请求帮助则是一个非常有用的沟通技巧，很多高明的销售人员都会请求客户帮他做一些小事，如帮忙拿一下东西，帮忙倒杯水，等等，然后因此而发出真诚的感恩和赞美。这会让客户感觉良好，并对销售人员印象深刻。而恋爱中的男女，如果适当地向对方请求帮助，也会促进爱慕之情。如一个女子倾慕一个男子，也希望男子对自己产生好感，那她只要适当地请求帮助，让男子帮她提点儿东西，扣上手腕上的扣子，等等，便很容易收获男子的心。

我与我先生刚认识不久时，我因为衬衣袖子上一个扣子扣不上，便请他帮我扣上。当他帮我扣上扣子以后，他就发现爱上我了，并开始对我发动追求攻势。夫妻之间要促进感情，不能彼此过于独立，常常需请求帮助，这样才能恩爱有加。这是因为人们心理上非常重视自己"被需要"的感觉，当感到自己被他人需要时，人们会产生强烈的价值感。人一生都在追求成就感与价值感，当我们"请求帮助"时，就是满足了对方的自我价值感，给予了对方美好的体验。

心流联结

有一个有趣的现象，人对于"自己帮助过的人"和"帮助过自己的人"，会更记得"自己帮助过的人"。因为人希望自己更有"价值"，更重视自己"被需要"的感觉。

亲子沟通也是人际沟通的一部分，也符合沟通的基本原则。**当我们想跟孩子谈话时，我们首先得对孩子微笑，赞美孩子，或者请求孩子帮助。我们可以在接孩子放学时对着孩子微笑并拥抱孩子，赞美孩子做的手工作品，赞美孩子跟别人道别时有礼貌，等等。**我们也可以让孩子帮你做点儿小事，比如拿着你的钥匙，帮你调出 GPS 地址，等等，然后感谢孩子。这些步骤都完成了，再用开放式提问与孩子说笑沟通，就能让孩子愿意跟你聊学校的事了。

很多妈妈都表示，当她们邀请孩子帮她一起做饭或洗碗时，孩子就会边做边跟妈妈聊学校里的琐事，甚至包括暗恋的对象。爸爸如果邀请孩子一起做点儿敲敲打打的手工活儿，孩子就会愿意跟爸爸讲自己在学校遇到的情况，甚至包括打架或被霸凌之类的经历。

任何沟通，直奔主题都不会有太好的效果。如一个销售人员在服装店里看见一个顾客，直接冲上去提建议说："你可以购买我们的羊毛大衣，今天有折扣，很超值。"这样唐突的建议可能会让顾客反感，觉得自己被冒犯。而如果销售人员先跟顾客建立一系列情感联结，比如看见顾客带着孩子，不妨先逗孩子玩玩，夸奖一下孩子，跟顾客探讨一下孩子养育问题；或者看见顾客对一条项链感兴趣，就跟顾客谈谈项链的搭配，等等。这些都是沟通前人与人之间的有效联结。

与孩子沟通时，应该先跟孩子建立有效的联结，如你看到孩子的胸前贴了一个贴纸，就可以问问孩子贴纸是怎样得来的。如果孩子说是老师奖励他的，那家长就可以充满骄傲地拥抱一下孩子，说自己为此感到非常自豪。这就是沟通前的预热。

沟通前有效的预热，可以从聊一些轻松愉快的话题入手。比如问问孩子午饭吃了什么食物，课间跟哪些朋友玩，玩了什么游戏，等等，孩子通常愿意谈这种轻松的话题。等孩子为谈话做足了预热，就可以进入更深层次话题的探讨了。

与孩子有了情感和行为的有效联结后，家长就可以进入与孩子的开放式对话了，用开放式提问引导孩子与父母沟通。

同样以孩子放学后家长想了解孩子在学校的情况为例，我们不但希望了解孩子在学校发生了什么事，更希望通过谈话引导孩子关注自我的成长，形成一种自我认同和肯定，让孩子更自信。因此我们可以这样提问：

1. 你有做什么项目吗？（美国的中小学学习都以主题项目研究为主）

2. 你哪些方面做得比较好？

3. 你觉得哪里可以做得更好？

4. 你觉得还有不一样的方法吗？

5. 你从中获得了什么经验？

6. 你从中学到了什么？

7. 你觉得你可以把你学到的知识用在解决什么问题上？

以上问题都用来询问孩子过去发生的事实，是引导孩子从中总结的开放式提问方法。采用这个方法要小心的是，不要把这些问题发展为父母的说教，而是真诚地跟孩子去探讨。孩子普遍比较敏感，一旦觉察到父母借聊天之机说教，便会终止跟父母的谈话。因此父母不但要通过开放式提问引导孩子思考，还需要时不时夸奖一下，比如用"你这想法不错""你真的很善于思考""我很欣赏你的分析"等类似的肯定赞赏语句，鼓励孩子不断说出自己的想法。

拓展潜能

如果需要拓展孩子的潜能，让孩子发掘出自己内在的力量，或者鼓励孩子尝试新的机会或挑战，家长不妨使用以下开放式问题对孩子进行提问：

1. 想想看你会从中获得什么？

2. 这个对你有多重要？

3. 你还有哪些方法没有去尝试？

4. 你觉得你身上有哪些潜能可以帮助你实现它？

5. 有什么问题可能会影响到这件事的结果？

6. 如果没有限制，你会怎样做？

7. 还有什么方法可以帮你解决这个问题？

8. 你需要我帮你做些什么吗？

9. 其他人有什么看法？

一旦引导孩子找出解决问题的办法，家长就可以鼓励孩子向未来的目标看，通过行动来实现自己的目标。鼓励孩子去行动时，我们可以问以下开放式问题：

1. 你将要怎样做？

2. 你想听听妈妈的建议吗？还是你想先按自己的方法去做？

3. 刚才你列举了那么多的方法，你觉得哪一个方法最好？

4. 第一步你需要做什么？然后呢？那之后呢？

5. 在这种情况下，你觉得一个有胆识的领导者会怎样做？

提出了所有的引导性问题后，不管孩子最终的决定是什么，不管孩子有没有找到解决问题的方法，我们都要让孩子自己去选择和尝试。引导式提问并非牵着孩子按照父母的想法走，而是引导和锻炼孩子独立思考与解决问题的能力。

重新回到孩子放学时讨论的例子，在我们与孩子建立联结后，孩子可能会告诉妈妈说："今天 Johnny 在厕所里打了我一拳。我没有惹他。"

妈妈：那你今天一定过得很糟糕。（共情）能告诉我你是怎样解决这个问题的吗？

孩子：我什么都没做，我觉得很生气！他是我最好的朋友。

妈妈：是挺让人生气的！听起来你也不愿意失去他这个朋友。你觉得怎样做才可以让他学会尊重你，你们又可以继续做朋友？

孩子：我觉得我最好也打他一拳。

妈妈：想想还有没有其他更好的方法。毕竟你不想失去这个朋友。有什么方法你没有尝试过？

孩子：或许我应该告诉老师。

妈妈：这个主意不错。再想想还有没有其他方法。或者你需要我帮你做些什么吗？

孩子：我想我最好先尝试跟他谈谈。

妈妈：不错，如果你需要我的帮助可以随时来找我。

……

孩子在与父母的日常交谈中如果能进行以上开放性讨论，那不管孩子日后遇到什么问题，他们的思维方式首先会导入开放式提问，引导自己思考并最终找到解决问题的办法。

❧ 理财有道 ❧

把 1 美元变成 500 美元

有一天晚上，女儿把玩着手上一块从公园捡回来的漂亮石头，忽然问我："妈妈，这块石头值钱吗？"

我看了看她手中的石头，是一块很漂亮的水晶石，分为两层，上面一层为白色，下面一层为深黄色。这种石头在我们所居住的美国德州有很多，在公园里就可以捡到，并不是那种名贵的石头。不过这种石头在中国被称为"水晶"，晶莹剔透，价格也不便宜。

我不想直接回答女儿的问题，如果我只是回答值钱或不值钱，那女儿并不能从我们的对话中获得交流的机会。我习惯性地把问题抛回给女儿："你想用什么方法卖它？"

"我可以拿到 Garage sale 去卖。"女儿说。Garage sale 是美国一种常见的二手交易方式，称为"车库甩卖"。每年春秋季很多家庭在清理杂物时，会把一些没用的物品摆放在车库门口，以极低的价格处理掉。

"不错，你想到了一个办法。"我说，"可是我们在车库卖过很多次，一般甩卖的物品也只能卖 50 美分或者 1 美元。如果在车库卖的话，你这块石头估计只能卖 1 美元。。"

"那太便宜了。我觉得我这块石头是世界上最漂亮的石头，应该卖 500 美元。"6 岁的女儿不服气。

"我也觉得是。这么漂亮的石头 1 美元卖掉太可惜了。"我笑着说，"不过，大家在买一件东西时通常需要考虑这个东西能不能派上用场，如果能则可卖贵一点点。你看看你这块石头还有没有什么用途，我们一起来看看怎样才能把这块石头 500 美元卖出去。"我继续用引导式提问激发女儿思考。

女儿想了想说："这是宝石啊！宝石就应该卖得贵。"

"对的！不过宝石通常都是什么样的？"我问。

"我们看见商店里的宝石都是镶在戒指上的，就像钻石那样的。"女儿说。

"太好了！除了钻石，还会有其他有颜色的各种石头，都是镶嵌在戒指或者项链、耳环上的，对吧？很少有人会直接卖一块这么大的石头，是吧？"我问。

"是的。我知道了，要把宝石做成戒指或者项链，那样才能卖得出去。"女儿兴奋地说。

"太棒了，因为那样宝石就有用了，对吗？"我问。

"是的，那样可以卖给别人戴在身上了。妈妈，一般宝石项链卖多少钱？"女儿问。

"如果是名贵的宝石，那应该一根项链就可以卖 500 美元。但如果不是名贵的宝石，而是普通的水晶项链，即便打磨得非常漂亮，一根大概也只能卖 30 美元吧。"我说。

"那我这块水晶可以做成水晶项链吗？"女儿问。

"当然可以。而且你这块石头应该可以做成 20 条水晶项链了。那样就可以卖到 600 美元了。"我说。

"哇！那我可以赚 600 美元了？"女儿两眼放光地看着我，忽然又晴转多云道："可是，我怎样才能把这块石头做成项链呢？"

"这是一个非常好的问题。想想看有什么办法可以把石头做成项链？"
我说。

"拿锯子锯？用锤子砸？……"女儿抓耳挠腮，不确定地说了几个方法。

我哈哈大笑说："只有专业做宝石切割的人才能切割得了，自己锯或者
砸都只能把宝石砸坏。"

"对！上次哥哥用锤子砸我的宝石，就把我的宝石砸坏了。"女儿想起失
去的宝石，忽然很难过地说："那怎么办？难道要等我长大了学会怎样割宝
石才能做项链吗？"

我摸摸女儿的头说："不是的！你现在就可以做项链。记不记得妈妈说
过，不要停止思考。当你没有办法的时候，找别人帮忙也是一个好办法。"

"我该找谁帮忙呢？我不认识会割宝石的人。"女儿说。

"不需要认识，只要你有钱就行。你找到一个会切割宝石的人，付给他
钱，他就会按你的要求帮你切割。比方说如果你找到一个做切割宝石工作
的人，他只需要200美元的人工费就可以帮你切割宝石，你就可以找他做。"
我在纸上画了一个人，在他的旁边画上一个箭头和"200"字样。

"但是我没有200美元。"女儿说。

"你可以找有200美元的人借，比如说你可以找妈妈借，答应妈妈等你
卖掉项链后会还给妈妈220美元。那样妈妈会很乐意借给你。"我说，"然后
你把从妈妈这里借来的200美元付给切割宝石的人，让他帮你把你的宝石切
割成20粒不同形状的漂亮的项链坠子。对了，你可能还得向妈妈多借50美
元，因为你要买一些做项链用的链子。你把项链做好以后，拿到学校去卖，
或者在网上卖掉。以后我们可以研究一下怎样在网上卖东西。"我在纸上画
了一个项链图形和一个向外的箭头，箭头后面写上"600"，我说："这600

美元就是你卖掉项链得到的钱，然后你还给妈妈 220 美元和 50 美元，也就是 600-220-50=330，最终你一分钱不用花却能赚回来 330 美元。"

"真的吗？可是我还是想赚 500 美元，330 美元太少了。"女儿似懂非懂地说。

"哦！如果你设计的项链非常漂亮，那漂亮的可以卖得贵一些。一些碎掉的小水晶，还可以做成耳环之类的小东西，也可以卖钱。那样，说不准你就能赚 500 美元了。"我说。

"太好了！我现在就去设计。"说完女儿就在纸上画起了各种形状的项链坠子。"妈妈，你上次买戒指的那个地方有个人在磨钻石。他应该就是那个割宝石的人，我们去找他帮我们切这块水晶，好吗？"

本来只想通过借题发挥的数字给她传授一些生意经，结果却掉进去出不来了。只好答应等我有空就带她去那家店问问。

我会成为有钱人吗

傍晚做饭时，正在把玩着手中化石的 8 岁的儿子忽然问我："妈妈，我长大后会成为有钱人吗？"

我问儿子："你是怎样想的？"

儿子说："爸爸说只要我想就可以。"

我关掉了炉灶上的火，坐到儿子的身边，问："那你想吗？"

"我想，但我不知道怎样才能成为有钱人。我周六卖柠檬汁也只能赚几元钱。"儿子沮丧地说。

"你还记得前几天来我们家帮我们剪树、修剪草坪和清洗石板的那几个墨西哥人吗？"我问。

儿子点点头。

"这5个墨西哥人中只有一个穿绿色衣服的跟妈妈谈话，另外4个墨西哥人一直不说话，你知道为什么吗？"我问。

"因为只有那个穿绿色衣服的会说英文。"儿子说。

"对的。但干活儿的却是另外4个人。绿衣服的人跟妈妈谈好价格后就离开了，直到最后完工了才回来收钱。他是老板，另外4个都是给他打工的。"我说。

儿子有点儿愤愤不平道："老师说很多老板都对工人不好，他们应该给工人涨工资。这个绿色衣服的人太懒了，只让别人干活儿他却不做。"

我笑笑说："他不是不干活儿，也许他最开始也是做剪草工作的，但后来他发现很多人找他剪草，他一个人忙不过来。如果他推掉一些剪草的邀请就会少赚钱，但如果全部靠自己剪草他会累死。很多人在面对这样的问题时，可能只会想到该推掉一些客户还是该加班加点多赚一点儿钱。但这个穿绿色衣服的人非常聪明，他想到了第三种方法，可以让他赚更多的钱，却不用干活儿。那就是他请了4个员工，让他们去剪草。比如说那天他们帮我们家修剪树枝、剪草和清洗石板，妈妈给了穿绿色衣服的老板300美元。4个工人一小时完成了所有工作，这个老板可能会给他们每小时20美元的工资，4个人就是80美元。那剩下的220美元就是这个老板自己赚的。"

儿子开始嚷嚷道："不公平！他不干活儿赚的钱却比其他4个人加起来的都多！"

我笑笑说："乍一看你可能会觉得不公平，辛苦干活的是4个工人，但他们4个加起来赚的都没有老板一人赚的一半多。但我们换一个角度想想，这4个工人不会讲英文，他们很难找到好的工作。即便找到工作，按照最低工资水平他们可能也只能赚取一小时12美元左右的收入。而这个穿绿衣服的老板给他们每小时 20 美元，对于他们来说已经很高了。而且包括汽车和所有剪草的工具，都是这个老板掏钱买的，也就是促成剪草这件事的所有成本都是老板来出。我们乍看以为老板偷懒不干活儿，但在工人们剪草的时候，你知道这个老板去干什么了吗？"

"不知道！他应该是回家喝咖啡了。"儿子说。

我始终微笑着说："不是的。他开着车在我们小区及周边小区转悠，看哪家的树或草坪该修剪了，他就去敲门问人家是否需要修剪，或者给这些人家塞一张广告纸。如果他找到了下一个客户并约好了时间，他会让 4 个工人在剪完我们家的草后到下一家去剪。他的这个工作叫作'开发客户'。开发客户是非常重要的工作，他开发的客户越多，赚的钱就会越多。而他的 4 个工人会非常感激他且愿意为他卖命干活儿。因为客户越多，工人赚的钱也越多。慢慢地他找的新客户越来越多，像妈妈一样都是用过他们的老客户，如果我觉得他们剪草剪得很好，树枝也修剪得好，石板也洗得很干净，那在我下次还需要请人做这些工作的时候，我就会打电话给那位穿绿衣服的老板，让他们来做。我有朋友需要请人剪草坪时，我也会把他们推荐给朋友。草坪是要经常剪的，他们的客户就会越来越多，他们 5 个人也会忙不过来。假如他们一天只能工作 10 小时，但有 20 个客户需要他们来修剪，他们做不过来，那又该怎么办？"

儿子脸上开始露出兴奋的神色说："那就再请一些墨西哥人来剪。"

"对的，你说得非常好，这就叫'扩大经营'。"我高兴地说，"但再请 4 个甚至更多的墨西哥人组成一个队伍来剪草，这个绿衣服的老板可能自己难以兼顾开发客户和管理那么多的工人。而绿衣服老板这时可能已经赚了第一笔比较多的钱，我们称为'原始积累'，于是他会花一些钱去做宣传，让更多人知道他们，比如建一个网站，做一些广告，等等。如果他们的名声越来越大，整个城市甚至隔壁城市的居民也都希望请他们来清理花园的话，那他就会请一些会讲英文的人担任管理者，每个管理者负责一个区域的管理和客户开发。如果再做大点儿，可能就需要在每个城市都拥有办公室和不同级别的管理者。穿绿衣服的老板那时候需要做的事，就是组建一个管理队伍，每天讨论如何能把他的园林公司的牌子做得更大，给客户提供更多的产品和服务，让更多人知道和选择他们，在更多的地方开拓客户、新建办公室等。他们可能会从银行借钱，用以请更多的人，做更多的事，赚更多的钱，他们也可能会请其他公司或个人投钱进来把他们的公司做大，这些投钱的公司或个人就会成为这家园林公司的股东。而等到他们的办公室遍布美国各地，成为家喻户晓的园林公司时，他们可能就会上市。上市就是允许所有人投钱到他们公司来，公司用大家买他们股票的钱来发展壮大，公司赚钱的时候买他们股票的人也会赚钱。但买股票的人赚的是小钱，而那个穿绿衣服的老板，却可以因此就像滚雪球一样，赚几十亿或者几百亿。"

钱怎样生钱

"我有点儿不明白。"儿子对上市和股票等没有概念，挠挠头说。

我解释说："这就好比说，今天妈妈需要花 20 美元去买一块非常漂亮的化石，这块化石我很有信心以 40 美元卖出去。但我手头上没有 20 美元，于是我建议你和妹妹每人给我 10 美元，等我卖掉化石后我还给你们每人 12 美元，那样我自己就赚了 16 美元。我在没有任何钱的情况下借你们的钱来赚了 16 美元，这就是赚钱的最高境界，叫'钱生钱'。你们投入 10 美元什么事都不用做就可以赚 2 美元，而你们刚好手上有 10 美元没什么用，你们愿不愿意给我投 10 美元？"

"我愿意！"旁边的妹妹终于搭了腔。哥哥瞪了妹妹一眼，对我说："可是，你赚了 20 美元，怎么能只分给我 2 美元呢？"

"你这个想法非常好。但在你还没有能力赚 20 美元的时候，你可以先赚 2 美元。那个穿绿衣服的老板最开始也并不能每小时赚几十万美元，而是每小时赚 220 美元。但只要他不是一个甘心于每小时只赚 220 美元的人，他就会不断地学习来提高自己赚钱的能力，不断思考怎样才能赚更多的钱，不断地尝试新的方法，不断地聘请有才能的人为他做事。你觉得最重要的是什么？"我问。

"我知道了！只要我想，我以后就能成为有钱人！我的老师每天都夸我善于思考，我一定会成为有钱人的。"儿子忽然明白，"我要告诉爸爸！爸爸在哪里？我能跟他视频吗？"

"爸爸回中国去找投资人了。等爸爸回来，他会好好跟你讲讲他都做了些什么，或许你可以给他一些建议。"我说。

"太好了！妈妈，我决定把我们挖回来的化石摆摊卖掉，每件卖 2 美元。那我就可以赚到一笔钱，然后我再想办法让我的钱生点儿钱。"哥哥转向妹妹兴奋地说："妹妹，明天你能不能帮我在家门口摆摊？如果化石卖出去了，我就给你两美元。"

"耶——"妹妹欢天喜地大喊，恨不得马上帮哥哥卖化石去。

我抱了抱这两个仍然沉浸在赚钱美梦中的孩子，打开炉灶继续做饭，心里很高兴。学校教育常常只教育孩子好好学习，上好的大学找更好的工作，谁能知道社会这个食物链，拼的往往不是知识或技能，而是财商。

对于很多孩子问及自己长大后能否成为有钱人，或者能否成为科学家或者宇航员等问题，大多数家长会用固定的鼓励模式回答："只要你努力学习就会的。"但这句回答对于孩子来说就如同贴在伤口上的止血贴，它看似解决了问题，但实际上无法解除疼痛。问这种问题的孩子，需要的不是一个遥不可及的虚无的梦想指引。对于孩子来说，他无法理解"努力学习"的含义，更无法体会到"努力学习"与他的想法之间能有怎样的关系。孩子问及的，其实不是梦想与行动之间的联系，而是"我应该怎样做才能成为有钱人，第一步是什么？第二步是什么？……"每一步都需要看见一些对于他来说切实可行的步骤。

懂得每一步该怎样走，孩子便初步具备了财商。

为什么要学习

环境导致贫穷

2019 年的诺贝尔经济学奖颁发给了三位经济学家——班纳吉、迪弗洛和克雷默，这三位经济学家通过走访全球贫困区域，以实验性的方法致力于减轻全球贫困，提高抗击全球贫困的能力。

这个消息一出，我便开始思考我应该如何去跟孩子们讨论贫穷这个比较敏感的话题。作为父母，我们都希望孩子长大后能过上富足的生活，也希望孩子能拥有善良的品格，感知世界上的疾病与痛苦、贫困与灾难，成为对社会有担当的人。而如果想让孩子成为一个对宏观的贫穷经济学有所感知的人，我们需要让孩子理解这世界为什么会有贫富差距。

尽管很多人都认为贫穷是因为懒惰所致，但实际上，这世界上有很多贫

穷地区，当地人即便再努力，也没法战胜环境对他们的束缚。比如说我们过惯了打开开关就有电，拧开水龙头就有水的生活，我们便难以想象非洲或印度的一些地方，为了能喝上干净的水，人们会不惜花整天的时间去远程徒步运载水；又或者对于一些有重病患者的家庭，巨额的医疗费用以及对生命的绝望会吞噬掉他们所有的梦想。

我们身处优越的环境中，难以想象这世界会有那么多的绝望与无助。这三位经济学家花了大量的时间走访全球的贫困区域，不但让世人了解到了这世界上的贫困现状，还提出了很多导致贫困的原因以及解决的方法。

美国是一个贫富差距较大的国家，极少数人掌握了大多数的财富，有非常多的人处于贫困状态，靠政府救济度日。如果你去美国的纽约、旧金山、洛杉矶等大城市，穿过城区高楼耸立、极度繁华的金融中心后，另一番景象就会出现在隔壁的那条街道上。我们搬到洛杉矶时，在市区刚穿越过一条极度繁华的街道，忽然就像电影镜头切换般转入了另一番景象：成群结队、衣衫褴褛的无家可归者，有的甚至穿着露出屁股的沙基裤在扭动着身子；有的向马路上的车辆伸出指头，眼露凶光；有的唱着那些我永远听不懂却能感受到恶意的歌曲；有的目光呆滞茫然行走，背上斜跨着发黑的油包，里面或许装着全部家当；有的用超市的推车推着帐篷杂物四处游荡，以物色另一处可供扎营的天桥底；有的披着长可覆盖屁股的脏辫，嘴里叼着烟卷……

刚刚还处于好奇与兴奋状态的我们，似乎闯进了《巴黎圣母院》里描述的行乞者的世界，我们赶紧锁紧门窗，匆忙逃离。

孩子们很不解地问我们为什么显得那么害怕，并说他们可能只是普通的无家可归者。

我不能把穷人与犯罪联系起来，但在美国，贫困地区的犯罪率的确更高。孩子们有时候会不理解我为什么不给路边的无家可归者施舍，他们手里举着的牌子上写着他们的惨状，如失业、灾难、服役后无法找到工作等。但在我的认知中，在美国这样的社会，有大量的义工组织为穷人提供食物、住宿、就业等接济和帮助。那些为了几个硬币而站在路边，宁愿忍受风吹日晒都不愿意去接受救济的无家可归者，主要是因为他们被毒品或酒精等控制，他们需要的不是正常的饮食起居生活，而是零星的美元给他们带来半刻的醉生梦死。

对于很多居住在美国大中城市贫民区的人来说，尽管他们不需要像非洲或印度的穷人那样担忧饮水或疾病问题，但毒品与犯罪却是美国穷人挥之不去的阴影。我曾经看过一部好莱坞的电影，一个居住在大城市贫民区的孩子，从小对当地的各种贩毒及抢劫等行为深恶痛绝，因为这一切毁掉了他的家庭。但当这个孩子没法从这个环境逃出来，而最终迫于生存压力他不得不走上贩毒的道路，重复着这个环境所带来的他曾经极度厌恶的命运时，他便陷入了一个由特殊环境造成的可怕的贫穷生物链。

因此，走出恶劣的环境会是很多穷人改变命运的方法。在美国，很多人像前总统奥巴马的夫人米歇尔那样，他们通过努力学习最终走出贫民区。

从教育的角度来看，教育资源的不均也会导致教育上的贫瘠，因此便有了"孟母三迁"故事的流传。有时候父母主动走出自我舒适区以拓宽自己的视野，努力去为孩子改变环境，也是帮助孩子走上不同道路的方法。

开放的思维方式

我家请了一个墨西哥裔的叫费安娜的钟点工帮忙搞卫生，我常在她来搞卫生时邀请她一起吃午饭。费安娜聊到她的生活，说她中学时未婚先孕，连续生下两个"没有父亲"的孩子。养育这两个孩子给了她巨大的压力，因此她二十几岁的年龄，靠搞卫生赚取生活费，如果没法接到活儿，生活就很艰难。她身边的大多数朋友，都过着差不多的生活。她想不明白同样作为"移民"，华人的生活为什么能更好，因为她的雇主大多是华人。而她却越来越难找到工作，一直担心没法把两个孩子养大。

我问她当她每周赚到一笔钱的时候，周末会用来做什么。费安娜说他们族裔的习惯是周末举行各种各样的聚会，赚到的钱通常都花在聚会中购买啤酒和薯片上。他们是我们在美国看到的一个非常容易快乐的少数族裔，周末在公园里，他们常常聚集在一起载歌载舞、吃烤肉、喝啤酒，热闹非凡。偶尔我们有朋友在生活中有了强烈焦虑的时候，我们会用他们作为例子，鼓励朋友这世界上没有什么好焦虑的。

但现实是，他们中的很多人靠政府接济，或靠做一些如剪草、搞卫生之类的短工度日。我本以为他们真的很快乐，直至那天跟费安娜聊完，我才意识到其实他们内心深处是很渴望改变的，只是不知道应该怎样做。于是我送给了她很多我的孩子们已经不读的书，告诉她不要每天让孩子看电视，而应该让孩子读书。我也告诉她，要把她的钱分为三份处理，钱即便再少，都得留下三分之一作为教育储蓄或投资，而不是拿到钱就去享乐。另外我建议她可以去做其他工作，不一定搞卫生。比如说可以去教西班牙语，或者去做儿童看护，等等。有的地方的人贫困是因为受到了环境的局限，不管人多努力都改变不了命运。比如非洲或印度的一些贫困地区，他们没有水、电，连生活都难以保障，就更无法谈及就业或教育了。但美国拥有一个极度优越的社会环境，人只要肯努力，肯学习，肯改变思路，就能走出贫困。

费安娜听了我的话后非常感慨，回家后立志做出改变。三周后我再见她时，她说她已经开始为孩子读书了，她给孩子领养了一条狗，而且，她正在跑步减肥，希望自己能以更好的状态面对生活。那天她来我家搞卫生时化了妆，戴了耳环，也的确比之前瘦了一些，精神状态极佳，还给我看她孩子与狗的照片。我赞美她有坚定的意志，必定能够实现梦想，并承诺我会帮她留意有没有朋友的孩子想学西班牙语，如果有就为她推荐教职。

可怕的思维惯性

很多人没法摆脱贫困，主要是因为"习得性无助"在作怪。"习得性无助"是一种心理状态，指当人长期处于某个无法摆脱的困境时，他们便会认命，不会去思考如何摆脱困境，即便机会从他们眼前飞过，他们也不会抓住。心理学上对"习得性无助"的研究，是通过两条狗的命运来解释的。两条狗长期被关在笼子里，工作人员每天会用低电流电击它们半小时，其中一条狗的笼子有一个按钮，只要一按按钮笼门就会打开，狗就可以跳出来免受电击；而另一条狗的笼子里没有任何开关，这只可怜的狗只能每天忍受着电击的苦痛。一段时间以后，工作人员把两个笼门都打开并开始电击。住在有按钮的笼子里的狗很快就逃出了笼子，但那只长期忍受着电击的狗却只能趴在那里呜呜叫着忍受电击，甚至没有想到从敞开的笼门逃走。这个不懂得逃跑的狗的心理症状便是"习得性无助"，它认为被电击是每天必需的功课，它没有任何办法可以改变，因此即便机会就在眼前，它也视而不见，只会屈从于"命运"。

让"习得性无助"的狗摆脱困境的最好办法，就是让它看到其他狗是怎样跳出笼子的，把它的逃生本能重新激发起来。

　　费安娜曾经沉浸在"习得性无助"的怪圈中，认为自己逃脱不出她所在环境中跟他人一样的命运。但当她看到了另一个环境下不同的人的生活方式，并了解到不同的对待生活和命运的态度，求生的本能便让她开始思考改变，并且因为一点一滴的改变而快乐，从而进入一个良性循环。

　　我把费安娜励志上进的故事告诉孩子们，并跟孩子们探讨她们脱离贫困有哪些具体方法，分析了贫困人口的外在与内在原因。孩子们弄不明白为什么穷人不努力生活，反而去购买奢侈的享乐。这的确是我们难以理解的，很多穷人不会想着存钱购买生活必需品，而是宁愿吃着廉价的垃圾食品，却要把钱用于酒精或其他享乐中。也有不少族裔存一辈子的钱，就是为了给孩子举办一次盛大的奢华婚礼；或者一辈子省吃俭用，却把钱花在隆重奢侈的葬礼上。我在当记者的时候走南闯北，发现越是贫困的地区，人的"面子观念"越重，宁愿吃咸菜度日，也非得戴一条极粗的金项链，或者借钱请客。

　　这种宁愿饿死也要享乐或者炫耀的人生态度，便是三位诺贝尔经济学奖得主所揭示的贫穷的本质之一。很多非洲的穷人，他们在拿到救济金时，第一时间想到的不是购买食物或者注射预防疾病的疫苗，而是购买昂贵的电视机。从心理学的角度分析，享乐的人生态度，其实是贫穷者的一种补偿心理。他们在贫困的生活中积累了太多的苦，非常渴望通过快速吸收生活中的"甜"来解决这种心理上的苦痛。因此周末把钱都花在啤酒上，痛痛快快地冲淡一周劳作带来的苦累，问题似乎就解决了。穷人没法意识到，这其实只解决了心理上的苦，却没有真正地解决现实问题。这就如同儿童即便在很饿的情况下，很少的糖果与很多的面包两者只能选其一的话，孩子常常会选择糖果，这是人类大脑趋向于选择享受的惯性所致。想要真正地解决贫困问题，首先必须得能接受和忍耐心理上的苦，然后才能把思维投入到解决真正的问题——脱贫上。

因此，最好的扶贫不是为贫困地区送去多少金钱或物资，而是送去解决问题的办法。樊登读书会中曾提到这样一个案例：

曾有一位联合国的官员被派驻越南，他的任务是提高越南儿童的营养健康水平。下飞机后，他发现自己既没有办公室也没有经费，甚至连当地的语言都不懂，没有任何资源可以帮助他解决问题。

苦思冥想后，这位官员想到了一个办法。他从越南各地各阶层中通过测量身高挑选出了一批高个儿的孩子，然后排除其中家庭条件优越的，仅留下了家庭条件一般、身高却比同龄儿童高的孩子。

他的逻辑很简单：身高也是体现营养水平的一个重要标志，除了特殊情况，一般个子高的孩子营养水平都会比个子矮的要好一些。因此被留下的这些孩子的营养健康水平相对来说一定不错。

在家庭环境相当的情况下，他们的家庭是怎样做到营养健康的呢？为了找出其中的原因，这位官员让这些孩子带他去观察他们各自家庭的饮食情况。

经过大量走访，这位官员发现，这些孩子每天都吃四顿饭，他们的家人经常会抓一些小虾米做菜，还会在米饭里加入一些用紫薯叶熬出的汁液。这些都是当地可以利用的自然资源，并不会提高家庭的日常开支，且容易推广复制。

于是，该官员便将其他家庭的妈妈们召集起来，教授她们这种饮食方式，并将之推广到越南全境。就这样，他在没有任何资源的情况下，将越南儿童的营养水平整体提升了 20 年。

这就是最好的扶贫，是帮助贫困地区打开思路，寻找到解决问题的方法，而不是帮助他们去解决问题。

人都很懒吗

当我在餐桌上与孩子们探讨世界上为什么有穷人的话题时，我让孩子们思考在什么情况下人会贫穷。我们讨论了外部环境与内在力量等各种原因。7岁的女儿问我："妈妈，人是不是都很懒？"对于她提出的这个问题我感到十分惊讶也万分惊喜，我告诉她这是一个极好的问题，我说："是的，亲爱的！人类的大脑运作方式的确决定了人类是懒惰的。这是因为在人类还过着原始的狩猎生活时，为了更好地生存下去需要最大限度地保存能量，因此当人能不动的时候他们就不愿意消耗掉任何能量。就好比一只老虎如果吃饱了以后，它就不会消耗任何能量再去追赶其他猎物，此时即便有一群美味的山羊路过，老虎也会无动于衷。这就是老虎的动物脑，它只管吃饱了、满足了，不会去思考是不是可以再捕捉一些猎物储存到以后使用。"

孩子们瞪大眼睛看着我，忘记了他们眼前的美味。

我继续说："据科学家研究，最早期的人类也分为几种，除了我们现在这个样子的人——智人外，还有其他种类的人类。这就跟猫也分很多种一样，有波斯猫、有短毛与长毛，等等。据说当时的人类还有比我们高大得多的'巨人类'和比我们矮小得多的'矮人类'，这或许就是为什么人类流传的故事中总是有巨人和小矮人的影子，或许他们的确曾经在地球上出现过，只是没有故事里说的那么夸张而已。"

我看到了孩子们眼里的光，闪烁着一种难以言喻的饥渴。儿子问："那他们为什么灭绝了？是因为他们很懒吗？"

我回答道："或许可以认为他们很懒，但这种懒并不是指他们不努力，而是他们懒于思考。这不是他们能控制的，而是由他们大脑的活动规律来决定的。就如同那只吃饱了就对其他猎物没有任何兴趣的老虎一样，它其实并不是一只不努力的老虎，但它没有进化出思考的能力，它就永远只能停留在打猎一次吃饱一顿的状态。而智人之所以能统治世界，是因为具有思考的能力，我们会思考如何使用工具，如何储蓄食物，如何蓄养家禽，如何实现农耕……直到变成现在的人类。不过尽管人类是因为'不懒'而统治世界的，但人类的大脑的利用率其实还不足十分之一，大多数人类仍然处于原始的'懒'的思维模式中。比如说你面前有两道题目，一道很难一道很容易，让你挑选一道来做的话，大多数人都会选择做那道容易的题目，这就是我们大脑的'懒惰'指令控制着我们的选择。如果人类离开了我们现有的生活系统，把我们放到一个没有水、没有电、没有房子的荒岛上去，人类的大脑首先想到的是寻求救助，回到原来的生活中，而不是重新去开拓一个新的世界，这就是人类大脑的自然懒惰。当回归到原来系统（也称为舒适区）无望的时候，有人开始绝望或抑郁，对未来失去信心，这也是因为大脑的自然懒惰，选择用更舒适的方式安慰自己，绝望或抑郁的情绪就是他们感到舒适的方式。但只有那些不把思想停留在舒适区，能勇敢地去开拓新世界的人，才能战胜自己大脑的懒惰，从而成功活下去。"

"那些主动去选择更难的题目来挑战自己的人，才是主动控制了自己的大脑，而不是被自己大脑控制的人，他们会通过各种学习与挑战，让自己的大脑利用率变得更高，也让自己拥有更强大的学习能力和思考能力。只有我们控制了自己的大脑，我们才能称为不懒惰的人类，成为可以改变世界的强者。"我继续说。

孩子们似懂非懂地继续问："妈妈，你的意思是我们控制了自己的大脑，我们就会更聪明？"

　　我回答道："是的。大脑会向你发出'懒惰'的指令，让你害怕让你伤心，让你不敢去做一些做了以后可能会让你更好的事。比如说妈妈去参加演讲俱乐部，有时候妈妈很想上台去演讲，如果我能上去讲，我的演讲能力就会得到提高；但有时妈妈会很害怕，害怕自己讲得不好，于是我就不上去了。很多人都知道有一些事情对自己是好的，可以让自己变得更成功，但就是不敢去做。这是因为他们没有战胜大脑的'懒惰'指令，仍然被大脑的恐惧神经支配着。比如说你的国际象棋下得很好，你的老师说你可以去参加一些比赛，但你说你不想去参加比赛，因为你害怕赢不了。这也是你的大脑在作怪。而只要你战胜了你的大脑的'懒惰'，勇敢地去参加比赛，不去理会是输是赢，那你就会越来越厉害。"

成功才是成功之母

　　在家庭教育中，我们也常会讨论是否该让孩子"先苦后甜"的话题。中国的孩子真的非常能吃苦，因为我们从小就需要在学习上付出很多努力，以获取大学毕业后人生的"甜"。但有时这种理论也会背道而驰，比如说因为童年时过度的"苦"，导致不少孩子上了大学以后，在无人监管的情况下，为了满足心理上对曾经的苦的补偿，他们往往以享乐的方式度过大学时光。在我们那个年代，很多大学生以电子游戏和韩剧来打发时间，勉强考试合格以混得毕业，然后就走向社会就业。这样的循环带来的恶果便是学术能力的不足，大学成了一个享乐之地。我们总认为"失败乃成功之母"，推崇屡败屡战的精神。但实际上，常常在某个领域里持续失败，不但不能把我们引领至成功，甚至会击溃我们的自信心，让我们觉得自己一无是处。在美国生活的很多穷人，如果你深入调查他们的原生家庭，便能发现他们大多出生在以羞辱、冷漠、虐待等负面能量占主体的家庭中，他们会认为自己一无是处，他们的意志没法战胜大脑的"懒惰"指令，这使他们持续地守在贫困线上。

一个人在某个领域的成功，常常是因为他们在该领域获得了持续的成功。正如我在中学阶段偶尔的一次投稿被刊登后，我的成就感就战胜了大脑的"懒惰"神经，让我持续不断地学习并坚持写作。这种成就感会给我们带来更多战胜大脑"懒惰"指令的神经元，帮助我们在"做"和"不做"、"简单"和"带挑战性的难题"之间做出选择。

在我把这种对贫困的认识告诉给孩子们时，正值我儿子因为贪玩不做功课而被老师在作业的周报中打了个零分。我想借此告诉孩子们读书的重要性。当我们开始学习新的知识时，也就是我们在不断地对抗大脑的"懒惰"基因的时刻。我们学到的知识越多，我们大脑的利用率就越高，"懒惰"指令也就会越弱。我举了科学家霍金的例子，为什么霍金在被渐冻症折磨，医生已经判定他只剩几年生命的时候，他仍然能奇迹般地活了几十年，并且把他大脑的利用率发挥至极致？如果霍金没法战胜他大脑的"懒惰"指令，他可能就会在被医生判定只剩几年生命的时候失去信心，并从此一蹶不振，等着死神降临。

孩子们听了我的分析很受启发，他们从来没有想过，人居然能战胜自己的大脑。在谈话后的那一周，儿子放学后常常在玩得正酣的时候忽然想起还有作业没做，于是自觉跑去把作业完成了，然后跑到我身边，说："妈妈，我战胜了我的大脑，我大脑的利用率又多了一点点。"

观世界才能有世界观

如何重建巴黎圣母院

我在写作本书的时候，法国发生了一件震惊世界的大事：著名的代表着法国文化与精神力量的巴黎圣母院起火了。全世界的人们都通过各种媒体目睹了那场熊熊燃烧的大火，伴随着现场的尖叫与哭泣声，巴黎圣母院的尖塔轰然倒下。这个曾经在无数次革命与战争中屹立不倒的教堂，却在和平年代被一场意外的大火吞噬。

所有媒体都在报道这一事件，大家都从不同的角度追思巴黎圣母院的历史与未来，缅怀其在政治与宗教方面的影响以及其给人们带来的精神力量，等等，却鲜有教育界探讨此事件对于教育孩子的意义。

我正在思考如何跟孩子讨论此事，刚放学的儿子向我提到说："妈妈，约书亚今天跟我说欧洲有一个教堂着火了。"

儿子挑开了话题，我赶紧接招道："哦！是的！我也看到视频了，那是一座非常珍贵、非常古老的教堂，有八百多年的历史。"随后我给孩子们看了巴黎圣母院的火灾现场视频，并让他们看了一些有关巴黎圣母院的各种文物和历史照片。

"这个窗户好漂亮啊！幸好窗户没有被烧掉。"女儿说。

"是啊！我也觉得幸好只是烧了屋顶，教堂里面的东西都没有被烧掉。里面的东西比较值钱。"我说。

"屋顶应该比较容易修。妈妈，如果要修这个教堂的屋顶，大概要多少钱？"9 岁的儿子开始对钱感兴趣。

我忽然觉得这是一个很好的训练孩子财商的机会，于是想迅速切入一个角度引导孩子去思考整件事情背后涉及的经济问题。

"你觉得修这个屋顶大概要多少钱？"我问。

"100 万美元？"儿子挠挠头不确定地回答。

"嗯。你的想法很好！如果是一座普通的教堂，100 万美元绝对够了。但因为这座教堂非常特殊，它的屋顶上有很多艺术品，如各种艺术雕像等，都需要人花很长时间雕琢。光那些艺术品，每一件可能都要 100 万美元。"我说。

"喔——"孩子们瞪大眼睛看着我。儿子随后说："一个亿？"

"很棒！你大概可以估算百万或者千万都不够多。具体我也不知道需要多少亿，但现在已经有人开始估算，大概就是几亿。不过不是美元，欧洲用的是欧元，欧元要比美元更多。"我简单解释说。

我进而抛出一个引导他们思考怎样筹款的问题，我问："如果你们是法国总统，你们会怎样重建巴黎圣母院？"

"我不想重建，要花太多钱了。"女儿说。

"你说得对。如果你是法国总统，你不能拿国家的钱去修巴黎圣母院。因为国家的钱是人们交的税，需要用来为人们服务的，比如修公路、建图书馆等。但有没有办法不用国家的钱来修巴黎圣母院？"我问。

"我觉得要修巴黎圣母院，它一个屋顶就值几亿，那整个教堂就更贵了。"儿子抢过话说。

"你说得对！整个巴黎圣母院的价值，可能有几百亿或者几千亿，不能因为烧坏了屋顶就放弃它。问题是，你作为法国总统，你手上也没钱，你有什么办法找到这笔修屋顶的钱？"我继续追问。

"可以让大家都给点儿钱，就像妈妈你说过的那个什么基金啊？就是每人给一美元，就会有很多钱。"我曾给女儿讲过"壹基金"的概念，这些平时偶尔提到的认知已经牢牢保存在孩子的大脑里，遇到类似的事件时，女儿的大脑就自动调出了这个或许早已忘记的概念。

"像'壹基金'那样，对的。你说得非常对！中国有 14 亿人，每人捐一元就是 14 亿元；美国有 3 亿人，每人捐一美元就是 3 亿美元；法国有 6700 万人，每人捐一欧元就有 6700 万欧元。所以如果你是法国总统，你就会让大家每人为巴黎圣母院捐一欧元，对吗？"我问女儿。

"嗯，那样就有钱了。"女儿点点头说。

"这真是非常棒的主意。你愿意为巴黎圣母院捐一美元吗？"我问女儿。

女儿想了想后说："我不要。"

我哈哈一笑说："嗯。有的人的确不愿意捐这一美元，那我们钱还是不够，怎么办呢？"

"我知道了，找一些有钱的人多捐一点儿，然后弄一块石碑，在石碑上写上捐了钱的人的名字，就像我们后面那个公园一样。这样捐钱的人就有名了。"儿子抢着回答。

"这真是好主意啊。那你们觉得找怎样的人可以多捐一点儿钱？"我继续问。

"一般大公司比较有钱，所以应该去找这些大公司捐钱。就好像谷歌或者亚马逊之类的，爸爸说他们有很多钱。"儿子说。

"对的。这些大公司不但有钱，而且他们也很喜欢捐钱，这样大家就会越来越喜欢他们，从而购买他们的东西或者股票，他们便越来越有钱。所以捐钱看着是把钱付出去，其实他们也因此赚到了更多的钱。"我说，"不过，你说的都是美国的公司，他们可能不会愿意捐钱给法国的巴黎圣母院，因为他们主要是赚美国人的钱。那你作为法国总统，应该怎么办？"

"找法国的大公司捐钱。"两个孩子异口同声地说，说完又吵了起来！

"我先说的。"哥哥说。

"明明是我先说的。"妹妹也当仁不让。

"你们不要吵。你们都想到了，非常好。妈妈告诉你们，法国总统在电视上讲了话，呼吁大家捐款重建巴黎圣母院，现在已经有两家大公司说要捐款，一家说捐 1 亿欧元，一家说捐 2 亿欧元。"我赶紧制止他们的争吵。

"耶——"孩子们跳起来，高兴得手舞足蹈，仿佛真的是他们拉来了 3 亿欧元的捐款。

"那你们再想想，重新修建后的巴黎圣母院，会比以前更有名还是没有以前有名？"我又问。

"应该是没有以前有名了，已经不是以前的那个了，没有 800 年那么久了。"女儿伤心地说。

"我觉得肯定比以前更有名了。修好了会变得更新，肯定更漂亮了，那大家都会想去看它，所以就更有名了。"儿子反驳说。

"都有道理。的确，如果没有这次大火，可能很多人根本不知道巴黎圣母院，就像你们俩从来都不知道一样，但这次大火后你们都知道了，你们的同学也知道了，所以知道巴黎圣母院的人就越来越多了。那样只要去法国，大家都会想去看看巴黎圣母院修好了没有，那样它就越来越有名了。"我说。

"妈妈你总是说哥哥说得对。"女儿哭丧着脸说。

我知道女儿只是在寻求关注，赶紧抱起她转移话题，开启救火妈妈模式。

想去日本怎么办

阅读《穷爸爸，富爸爸》后我曾得到过一个启示，就是不要让孩子对超越自己能力范围的钱产生畏惧心理。我常常在他们认为一个物品非常昂贵无法承担时，不轻易劝他们放弃，而是引导他们思考该怎样获得。如我儿子告诉我他想要一个智能手表，他研究过买一个智能手表需要90美元。我不会对他说我付不起，或者用不值得浪费钱等借口打消他的念头，因为他知道我们家并不穷。我希望他以后遇到想拥有的东西时，不要轻易用"我做不到"等借口就放弃掉。有追求并知道如何努力赢取，才是一个具备财商的人应有的特质。

我按照两个步骤的模式来问他：第一，他得列举一些理由说明他为什么需要一个智能手表；第二，如果理由充分，我会赞赏他的分析能力，但我会告诉他智能手表属于奢侈品，并不在我的消费计划里，我们只有赚到额外的钱的时候，才可以去买奢侈品。然后我让他和我一起想想怎样才能赚到这90美元。

经过这样的思考与分析，孩子对自己的需求有了非常清晰的认识，他知道这块手表对于他来说很重要；同时，为了得到这块手表，他开始思考怎样才能得到它，有哪些方法可以帮助他赚到这笔钱。孩子开始了存钱计划，把原计划吃零食的钱省下来，另外会开拓赚钱途径，周末在家门口卖柠檬汁赚钱。儿子为自己算了一笔账，每个周末在家门口卖柠檬汁大概能赚10美元，9个星期之后，他就有足够的钱可以购买智能手表了。拿到智能手表的那一刻，他将之视若珍宝。

有一年，儿子迷上了日本动漫，他非常渴望能有机会去日本看看，问我是不是可以带他去日本。对我们而言，在每年暑假回中国探亲时，拐一个弯顺便去日本玩几天并非难事。但我希望这个计划能由儿子自己完成。

在餐桌上，我让儿子大概列出了所有去日本需要开销的数目，包括机票、酒店、饮食、门票、购物、小费等，对日本之行做一个预算。我与儿子一起推算了每笔费用的大概数额，最后让儿子把所有费用相加，得出了整个旅程的预算为 7500 美元。这个数目对于孩子来说太大，他们几乎在计算完后就准备打退堂鼓了。我十分爽快地答应其中的 5000 美元，我将会通过花一年时间写一本书来承担，而剩下的 2500 美元，则由他俩在一年内赚取。2500 美元对孩子来说也太难，即便他们每天都卖柠檬汁都难以赚取。那时他们每人手里都有 500 美元左右的零花钱，都是在过年过节或生日时亲人给的红包。

我知道不能再按传统思维去鼓励他们卖柠檬汁了，得开拓一些他们未涉及的领域。当时先生手上有两个比较大的项目，想引进一些投资，正忙于为投资商们做报告。我便以爸爸的创业公司需要资金为例，给孩子们解释了怎样利用自己手里的资金赚钱。因为我曾经跟孩子们探讨过"怎样成为有钱人"的话题，孩子们已经对投资有所理解。于是我对他们说："你们可以拿着你们手中的 500 美元，去做爸爸的投资人。如果爸爸的项目成功了，那他就要分给你们一定的股份，比如你们的股份是 5%，那爸爸的项目只要赚了100 美元，就得分给你们 5 美元；如果爸爸的项目赚了 1000 美元，那就得分给你们 50 美元；如果爸爸的项目赚了 10 万美元，那就得分给你们 5000美元。那样你们就不但赚够了去日本的钱，还可以去中国旅行。当然，如果你们拿出一半的钱去日本，另一半的钱继续投资到爸爸的公司里去，那你们的钱就会持续为你们生出更多的钱。"

走进资本市场

在孩子理解了钱生钱的理念后，我就可以带领孩子走进资本市场了。

麦克 12 岁的儿子开始对赚钱产生了兴趣，有一天他去找麦克，希望爸爸能教他一些赚钱的方法。麦克此时正在研究股票，他肯定了儿子想赚钱的愿望，并告诉儿子他正准备投入一定的资金购买股票。解释完股票的原理后，麦克问儿子是否愿意把他的零花钱拿出来跟爸爸一起买股票。看儿子犹豫的态度，麦克知道儿子害怕股票跌价。为了鼓励儿子勇敢尝试，麦克承诺，赢了钱归儿子；输了钱，他会自掏腰包把零花钱还给儿子。

如此一份零风险的美事，儿子自然乐于接受了。接下来，麦克每天跟儿子一起看股市行情，分析各种报告，教儿子各种炒股的技巧和方法，如何规避风险，等等。儿子因为看着自己的几百块钱慢慢地上涨甚至翻倍，十分兴奋，即便爸爸不说，他也自己学会了研究股票，研究各个公司的运作和运营方式，知道了像谷歌、亚马逊等大公司的发展史，甚至开始学习从事件中分析这些公司未来的发展。

美国的小学从学前班就开始教孩子们认识金钱，他们常常需要孩子们带各种各样的硬币回校，学习每种硬币的面值，或用硬币进行加减法的运算。孩子们从上三年级开始，便开设了关于市场经济的经济模式课程。有一年暑假，我让 8 岁的儿子参加一个学习如何赚钱的夏令营。在夏令营里老师们除了教导经济规律外，还让孩子们动手做一个钱包，然后在饭店里向顾客推销他们做的钱包。因为这是夏令营与饭店的一个合作项目，饭店已经在顾客的餐牌上写明，因此孩子们在餐厅里推销自己的产品并没有违反规定。

　　孩子们做的钱包并不好看，几片塑料纸钉在一起，露出一个大口子，中间折叠一下，就是一个钱包了。绝妙之处是老师们教给孩子们的推销手法。他们通过小组头脑风暴的方式，让孩子们写下他们做的这个钱包的优点，比如说纯手工制作、有独创性、有手绘花纹、有艺术气息等。老师会教给孩子们推销钱包的方法：如何挑选单个顾客进行推销；如何辨识顾客的表情以知道他是不是有兴趣购买；如何引导顾客的需求推销钱包……

　　团队里的丽莎拿起她的钱包走向一个餐桌，餐桌边坐着一男一女两个吃饭的顾客。

　　丽莎说："先生你好！我们今天在这个饭店里参加夏令营活动，我们小组做了一些钱包。这是我们小组的约翰、薇薇安和安迪，我叫丽莎。我们几个人讨论决定做了这些钱包，它们并不像商店里的钱包那么漂亮，但它们是纯手工制作的，每一件都很特别，在外面是买不到的。马上就国庆节了，我们在每个钱包上画了一朵国旗条纹的花，你如果把它作为国庆节礼物送给这位漂亮的女士，她一定会非常高兴的。"

　　另一个队友安迪插嘴说："对啊！只卖 5 美元一个，你买不到这么便宜的钱包了。"

　　那位先生听后哈哈一笑，大方地掏出钱来买了一个，递给了他的女伴。女伴会心一笑，欣赏起钱包上孩子们画的那些稚气的画。

　　孩子们一小时内卖完了他们做的 5 个钱包。也会有顾客拒绝购买他们的钱包，但被拒绝也是孩子们人生的必修课，只有那些不断地被拒绝，不断地失败，但仍然能坚持的孩子，才能最终成为可以驾驭金钱、事业和生活的赢家。

帮艾瑞卡摆脱经济危机

好友艾瑞卡与丈夫艾伦生养了 5 个孩子，目前还有两个孩子在上大学，最小的孩子在高中 12 年级，即将跨进大学校门。艾伦是一个普通的工程师，艾瑞卡一直在家当主妇。有一年，艾伦患了比较严重的肺炎，做了两次手术仍然不见好转，他的病影响了他的工作，而他的家庭也因此陷入了经济危机。

艾伦家有一个面积达 1500 英亩的牧场，是祖上传下来的产业。牧场内有一套非常漂亮的房子，艾伦一家喜欢在节假日到牧场去打猎。在艾伦经济十分窘迫时，他曾经想把牧场卖掉，但当他们把牧场内的房子修葺一新后，又舍不得把这个祖业卖掉了，于是咬咬牙坚持了下来。

偶尔的一次机会，艾瑞卡邀请我与孩子们到他们的牧场去玩。进入牧场后，我被眼前的景象惊呆了：这里是 1500 英亩的森林，有天然的湖泊与草地，草地上有牛群栖息，成群结队的梅花鹿穿梭而过，野兔蹦蹦跳跳地躲开车辆钻进草丛……牧场内有各种可供徒步的小道。最让人惊叹的是牧场中央的那座美丽的房子，400 多平方米的豪华别墅，里面的生活设施一应俱全，打猎的用具与夜观星象的望远镜塞满了一个房间。

这是艾伦和艾瑞卡一家的度假地，是他们的私有财产。但拥有这样豪华的牧场，艾伦一家竟然陷入了经济危机，我感到十分不解。与艾瑞卡聊起后，我才知道，这片土地除了供艾伦一家度假狩猎使用外，没有产生过任何其他价值。艾瑞卡甚至认为这牧场就是一块鸡肋，卖掉舍不得，不卖掉又没什么用。

晚上，我们住在美丽的牧场里，孩子们对着望远镜瞭望夜空。在美国，很多人一辈子穷困，主要是因为他们欠缺财商。他们经常用固定型思维模式去思考，从来不想改变与突破。艾瑞卡夫妻俩看到，即便卖掉牧场，他们也难以凑够退休的钱以确保他们晚年的幸福，同时他们也失去了一个祖业，因此他们的思维只停留在卖与不卖之间，却没有看到牧场本身能够产生巨大的财富。他们其实可以毫不费力地让牧场来为他们生钱。

第二天，我带孩子们在牧场里徒步，聊到了牧场以及艾伦遇到的难题。我引导孩子们讨论，怎样用这个牧场来帮助艾瑞卡一家摆脱经济困境。

我说："艾伦生了比较严重的病，你们看见他带着呼吸机了吧？他们现在非常需要钱，他们拥有这么大的牧场，但他们不想卖掉。我们来帮他们想想，有没有什么其他办法可以帮他们赚到钱。"

才6岁的女儿非常善于观察，她说："刚才我们路过那里看到有一个湖，湖里有很多鱼，他们把鱼捞起来卖掉就会有钱了啊。"

我说："非常棒的主意，能观察到湖里有鱼可以卖掉变成钱，这个想法非常好。卖掉那些鱼艾伦就有钱做手术了。"

儿子看女儿得意的眼神，抢着说："把那一群吃草的牛也卖掉就有更多钱了。"

我说："对！牛也可以卖掉，牛肉还很贵。"

儿子嘻嘻一笑，说："还可以挤牛奶来卖。"

我说："养奶牛？这个主意不错！养奶牛就只需要卖牛奶而不需要卖牛了，只要奶牛不卖掉，就会一直有牛奶。"

女儿忽然插话说："还可以砍树来卖！"

我瞪大眼睛看着女儿，做了个鬼脸说："树都砍光的时候这牧场就会变得像猴子屁股那样光秃秃了。"说完我们三人都哈哈大笑起来。

笑完了，我继续问："把东西卖掉虽然能赚钱，但是只是一次性赚一笔钱，不能保证持续不断地赚钱。一次性赚一笔钱可能很快就会花完，如果不想一个办法让牧场能为艾伦他们家持续不断地生钱，那不管卖什么东西都只能赚一次钱就没有了。你们觉得他们家的牧场好玩吗？"

孩子们说："好玩！太好玩了！"

我说："下次还要来玩吗？"

孩子们说："要！"

我说："那我们下次来玩可以给艾瑞卡付点儿钱，住在她这房子里可比住酒店舒服多了。"

9岁的儿子被我一语惊醒道："哦！妈妈，艾瑞卡他们平时又不住在这里，他们这房子这么好，可以租出去给来玩的人住啊，那样他们就有钱了。"

我说："喔！这是个非常好的主意啊！如果一直有人来玩，这样他们就会一直有钱了。不过光租住房子并不能赚太多钱，他这房子有四个房间，一个晚上大概可以赚500～800美元吧。平时便宜一些，节假日会贵一些。但如果别人来了没有什么好玩的话，那别人也不会到这里来住。再想想看，还有没有其他好玩的、可以赚钱又能吸引别人来住的方法？"

儿子说："艾瑞卡可以开车带人去看牛啊、鹿啊、兔子啊之类的动物，就好像昨天她带我们去看一样。坐一次车可以收两美元。我们去坐那种小火车也是收两美元。"

我说："真的是非常棒的主意。尤其是小朋友都喜欢小动物，那些家里有孩子的就愿意周末来这里住两晚了。"

儿子说："还有昨晚我们用来看星星的天文望远镜，他们可以弄成要放硬币才能看的那种，就像一些公园里要放硬币才能看的那样。"

我说："这么细微的机会你都发现了，真的非常棒。还有什么好玩的吗？"

"我也有一个好主意。"女儿迫不及待地举起了手。这是孩子们在学校养成的习惯，发表看法之前得先举手，老师点名了才能说。

"你说吧。"我微笑着看着女儿，鼓励她把想法说出来。

女儿抓了抓衣领，说："妈妈，艾瑞卡可以养一些小动物，比如像鸡、羊和兔子之类，可以让学校的老师带孩子来摸和喂。我们学校今年春游就是去农场里喂小动物，可好玩了。"

"这真的是非常好的主意。你们去春游妈妈是要给你们交钱的，每个孩子要交 10 美元。你们学校有三百多个孩子，大家都去的话会有多少钱？"我转向已经三年级的儿子问道。

儿子迎着我的目光想了想说，"那就会有三千多美元啊。那如果让所有的学校都去，艾瑞卡就会成为非常有钱的人了。"儿子激动得站起来，蹦起了他们流行的 Hip Hop（嘻哈舞曲）舞蹈姿势，手脚同时抖甩一番，嘴里喊着"欧耶——"。

竞争的秘密

在讨论如何帮艾瑞卡家度过经济危机时，我与女儿被儿子滑稽的舞蹈逗得哈哈大笑，原来一起讨论别人应该如何赚钱的事也很开心。为了使孩子能更理智地思考和分析问题，保留一些风险意识，我还是要戳穿一些竞争的秘密。我说："不过，亲爱的，我不得不告诉你，不是所有学校都会选择到艾瑞卡的农场去的，除了他们需要有足够多的活动可以让孩子们玩得很开心外，还要知道，农场有很多，如果每一个农场都想跟学校合作，让学校带孩子去他们农场春游，那学校为什么会选择艾瑞卡家的农场？艾瑞卡要怎样做才能让那些学校选择他们的农场？"

"……"孩子们有点儿懵了。这个问题不好回答。

我引导说："比如说，你想去两个好朋友家玩，但你只能去一个人的家，你会怎样选择？"

"我要看看谁家更好玩，谁家有游戏玩我就去谁家。"儿子说。

"如果两个好朋友家都有游戏呢？"我又问。

"那我要看看我更喜欢跟哪个朋友玩。比如说里欧是一个很有趣的朋友，我喜欢去他家玩。"儿子继续说。

"很好！那就是说在同样的条件下，你会选择你更熟悉、更喜欢的人或者地方玩。那如果你希望你的朋友来你家玩，你会怎样吸引他选择来你家而不是别人家？"我问。

"我会告诉他我家有游戏，我还可以跟他一起玩镭射枪战斗，玩大富翁或者骑自行车。"儿子说。

"非常好！那现在想想如果你是艾瑞卡，你希望那些校长们让他们学校的孩子们到你的农场来春游，那你该怎样吸引他们过来？"我继续提问。

"我知道。做一个广告，上面有农场的图片，是关于好玩的东西的。"女儿抢着说。我赞许地点点头。儿子继续说："可以让校长们过来看一看，他们熟悉了就会喜欢来了。"

"对的。如果你去朋友家，朋友的妈妈送给你一个小玩具作为礼物，你们是不是就更愿意去他家了？如果你能跟校长们成为朋友，在孩子们来农场玩了以后，你把收到的钱捐一些给学校，那以后他们就更愿意来你们这个农场了。"我说。

"不过钱捐了不就没什么钱赚了吗？"儿子担忧地问。

"从赚到的钱里捐出来一小部分，那只是少赚一点点而已，但却能保证他们以后都选择带孩子到你们的农场春游，实际上是赚得更多了。另外，捐给学校的钱能帮学校的孩子们买更多学习用品，那是一件非常棒的事。"我说，"除了上面我们说的这些，艾瑞卡的农场还有很多东西可以开发来赚钱的，比如说他们可以收门票允许别人来农场打猎，别人打猎所得的猎物需要付钱才能拿走；他们可以开发钓鱼、露营、野外生存、射箭、攀岩等极限运动项目，让客户住在农场里游玩；他们还可以做一些探索自然的项目，比如昆虫收集展览、露天电影等。总之，有很多东西都可以尝试去做。因为农场是自家的，所以不需要成本，他们可以尝试各种项目，看看哪个项目比较赚钱，项目赚钱就继续做，项目不赚钱就放弃。在项目越来越多忙不过来的时候，就可以花钱请人来做。到那时艾瑞卡与艾伦就只需要做老板了，每天听取各个项目负责人的报告就可以了。"

孩子们或许并不能深刻地理解我每次与他们讨论赚钱的各种路径和方法，但所有引导式的提问，都打开了孩子们的思路，让他们发现每一个看似没有办法的事件背后，都存在着各种各样可以起死回生的机会。**这个社会充满了各种各样的挑战和机遇，有的人墨守成规一辈子找不到机会，就是受到了眼光与思维方式的局限。**我们作为父母，最重要的责任是教会孩子开拓与思考，思考如何为自己寻找出路，思考遇到问题时应该如何解决，然后勇敢地走出舒适区，去开拓属于自己的人生。这种拆分式的提问方式会把孩子看到的问题细化，并让孩子形成发散式、树枝状的思维方式。这种拆分提问能训练孩子在遇到问题时不恐慌，而是自动地拆分思考并解决。训练得多了，孩子的领导能力就会凸显出来，在团队遇到问题时就会成为引领者与开拓者。

很多家长只愿意跟孩子谈论学习而不愿意跟孩子讨论金钱，他们往往认为孩子还小不应该去想赚钱的事，只要学习好了，长大后就能赚钱了。但也有一些已经上了高中的华人孩子的家长找我，说他们的孩子对于金钱完全没有概念，为此家长们非常苦恼。眼看孩子的很多同学都已经开始打工为上大学做准备了，而自己的孩子却完全不在乎钱，这些家长就十分着急。

金钱是一个神秘而充满力量的东西，大多数孩子都会在八九岁时开始对金钱产生兴趣。只是很多家长认为孩子小不应该对赚钱着迷，而应该花更多时间去学习，于是他们包揽了孩子的一切财务问题，因此孩子才会产生习得性无助，认为自己不管怎样努力，如何赚钱与如何花钱都只是父母的问题。孩子没有参与的机会，便不会对钱产生兴趣。

为此，我们应该在孩子开始对钱感兴趣的年龄，适当引导孩子思考和解决各种有关金钱的问题。

思考致富

当牙医的老板

我带孩子们去做牙科检查，女儿有两颗蛀牙，医生帮她补好了。在结账时，我给牙医诊所支付了补牙所需的 150 美元。儿子看到我签账，回程时便问我说："妈妈，牙医可以赚多少钱？"

我笑笑说："这是非常棒的问题。我们一起来计算一下。我们在诊所半小时，妹妹补了两颗牙齿，一共付了 150 美元。你们想想，这 150 美元都是牙医赚的吗？"

"不是的。其中一些是牙医赚的，另一些是需要付出去的，像护士的工资之类。"儿子说。

"非常好！你说的需要付出去的那些叫作'成本'，就是你赚回来一笔钱，有一部分是需要用来买东西或者请人的。你们想想，牙医诊所还有哪些成本？刚才你说的工资是其中一项。"儿子虽然已经有了"成本"的概念，但还是模糊不清的，我希望让他自己去理解成本是什么东西。

儿子想了想说："成本还有那些洗牙的东西和我们躺的那个床。"

"这些叫作'设备成本'，给你们的牙齿拍片子的那些机器、椅子、凳子等都是设备。你说得对，设备是非常重要的成本。还有什么吗？"我继续问。

"还有刚才我们走的时候护士给我们的这袋礼物，有牙刷、牙膏和牙线。还有一个小玩具。"女儿高兴地抖着她手里护士给她的礼物袋，让我看里面的东西。

我略带夸张地说："对啊！这些礼物都要用钱买，都是成本。这个诊所真好，帮你补好了牙齿还给你送礼物。还有什么吗？"

孩子们再也想不出来还有什么了。我就解释说："还有我们在等待室时喝的咖啡和热可可，也是需要用钱买的。当然，还有一些我们看不见的，比如说他们需要请人搞卫生、刷马桶等，也是需要钱的。不过我们现在没有办法详细算清楚在半小时的成本中每天需要多少钱，我们就大概估计是 100 美元吧。那牙医半小时收了 150 美元，成本需要 100 美元，那他赚的钱是多少？"

"50 美元！"儿子脱口而出，十分得意。

"速度很快啊！好吧，医生半小时赚 50 美元，他一天工作 8 小时，那医生一天赚多少钱？"我继续问。

儿子在心里默算了一会儿，没算出来。我提示道："8 小时是 16 个半小时，也就是用 16 乘以 50。你可以把 16 拆分为 10 加 6，分别乘以 50 再相加。"

"10 乘 50 是 500，6 乘 50 是 300。300 加 500 是 800 美元，他一天可以赚 800 美元。"儿子忽然觉得自己发现了一个天大的秘密，牙医一天竟然可以赚 800 美元。

"很棒啊。一个月有 30 天，但他不可能每天都工作，扣除周末休息和节日，我们就算他每个月工作 20 天吧。一天赚 800 美元，那牙医一个月能赚多少钱？"我不让儿子的大脑松懈下来，继续追问。

"16 000 美元。"儿子抢着回答。

"非常棒。一个月是 16 000 美元，一年有 12 个月，那牙医每年能赚多少钱？"我对儿子继续追问，"你可以用同样的方法把 12 拆分为 10 加 2。"

"192 000 美元。"儿子激动地说，"当牙医好赚钱啊！"

"我们只是粗略计算了最便宜的补牙，还有保险公司帮我们支付的检查费用没算进来。补牙是比较便宜的项目，而像做牙套、假牙等这些都是非常赚钱的项目，我们还没有算进来。当一名牙医，每年至少应该能赚 20 万美元。你们长大后想不想当牙医啊？"最后，我不能免俗地做了一个引导性的问。

"不要当牙医，我要当画家！"女儿的梦想并没有因为牙医的收入高而被冲击。

"我也不要当牙医，我要当牙医的老板。"儿子咬咬牙说。

"你是怎样想的？"我兴奋地问儿子，没有想到他的想法能更深刻，超越了一个儿童的认知。

"既然牙医这么能赚钱，那我就盖一栋房子，让牙医都到我这里来工作，那样我就可以赚到更多的钱。"我有点儿不敢相信这是 9 岁的儿子说出来的话。

"你是对的！你盖的那个房子就是医院，你可以聘用一些牙医为你的医院工作，你就是医院的老板。牙医每天要不停地工作 8 小时才能赚到我们刚才计算的那些钱，但如果你当老板而不是当牙医，那你就不用每天给人看牙，而且还能赚到更多的钱。你说的这种方法，就是用钱生钱的方法，是世界上最富有的人都在用的方法。"我感叹道。

儿子的回答让我又惊又喜，我想起《富爸爸财务自由之路》一书中所提及的现金流四象限，包括雇员、自由职业者、公司所有者和投资人。如果我拥有牙科医科学历，想着到医院谋一份牙医的工作，自此靠薪水度日，那我只属于雇员象限；如果我看到牙医的无限可能性，觉得自己也不应该受限于医院，于是我可能会开一个小型诊所，聘请两三个员工，开始接收自己的病人，那样我就可以保证每年至少有 20 万美元的收入，这时我属于自由职业者象限；而如果我的业务变得非常繁忙，我不得不聘请几个或更多的牙科医生帮忙，而我开始不再给病人看牙，而是作为公司法人承担管理公司的工作，我就属于公司所有者象限；当我开始拥有资本，我用钱来进行投资，把钱投入更多的小公司并占有股份，或者投资建造更多的医院，创造知名的牙科品牌，并在全国甚至世界各地售卖品牌许可权，实现钱生钱的目的，这时我就属于投资人象限。不同的思维方式会让人从属于不同的象限，大多数家长和学校常常以"好好学习就能找到一份好工作"的方式教育孩子，这其实就是把孩子局限在"雇员"象限中，孩子即便成年后也难以跨越"雇员"象限，不懂得以更高象限的思维方式思考，所以只能不停地被工作、失业、找工作等问题困扰，没法实现梦想的生活。如果我们从小引导孩子用更高层次的象限思维去思考问题，那孩子便能轻易走出雇员象限的舒适区，从而实现自己的财务价值。

很多人认为孩子不懂得这种财务知识，实际上，孩子虽然无法像成年人般对这些象限分析透彻，但孩子却有着天生的对知识的敏锐度，只要被允许，他们就能看到问题背后更深层次的意义。**而如果父母在孩子的财商成长路上不断地对孩子就各种象限进行指导与启发，孩子便会形成系统的财商思维，将来在遇到财务问题时会自动开启他的思维系统，找出适当的解决问题的办法。**

提交报表的富二代

陈先生是广东一家大型科技企业的老板，通过二十多年的拼搏，成为亿万富商。陈先生把他唯一的儿子杰西送到美国留学，儿子也十分争气，考上了芝加哥大学的硕士。

有一年，陈先生带杰西与我见面，探讨孩子在美国的学业、就业，以及生活等问题。杰西是一个高大帅气的大男孩儿，更可贵的是，他待人接物成熟有礼，独立而有主见。

父子俩聊着聊着便起了争执，原因是自从杰西到美国上大学以来，陈先生要求杰西每周给他提交财务报表，记录他在美国的开销情况。他俩为杰西一周的打车费用为二百多美元而起了争议。陈先生认为一周二百多美元的打车费实在太多了，而杰西则感到很委屈，认为父亲不了解美国的消费情况，对他强加干涉。

"你根本就不知道在美国打车需要多少钱。你不允许我买车，我每天都需要打车从宿舍到学校，二百多块已经是非常省的开销了。你每年只给我一丁点儿钱，我不得不到各种各样的餐馆去打工赚零花钱……"杰西没说完，因为我在旁边，他控制住了内心的委屈。他看了我一眼，把要说的话噎了回去，不好意思地说："对不起，邝老师。你说我可以借助我爸爸的帮助在美国开创事业，但我并不是你想象中的富二代，我也不想靠我爸爸，我希望我能靠自己的努力走出一条路来。"

我觉得非常惊讶，陈先生是一个拥有过亿资产的富商，却在金钱上对儿子如此苛刻。认识陈先生十多年，我知道他对待家人和朋友都十分慷慨。而这次他带儿子来与我会面的原因，也是他希望能帮助儿子在美国开创一番事业，想更多地了解美国的投资状况。作为一个局外人，我能明显地感受到陈先生对他儿子的爱，他希望能偷偷地帮助儿子铺设一些能在美国成功打拼的道路，但在表面上，他却对儿子如此苛刻，要求儿子每一分都得靠自己努力去获取。

见面之前，陈先生与我谈过关于他儿子的教育问题。尽管他儿子已经成年，但陈先生与大多数父母一样，担心着孩子的将来。看着身边很多朋友的下一代们都在攀比与享乐中度过，陈先生对自己的孩子十分担心。他说自己考上大学跳出农门，又通过自己努力创立了一番事业，深知没有经历过挫折，人很难真正地成长与成功。而管理企业那么多年，他也知道哪些人能真正创造价值。他深知儿子的人生必定会犯很多错误，遭遇很多挫折，但他希望儿子在年轻的时候，就能早一点儿把该犯的错误犯了，把该经历的挫折都早早经历了。于是他变得十分狠心，他儿子在美国上大学每年需要 6 万美元的学费，他便定下每年给儿子包括学费在内总共 8 万美元费用的计划。他深知在芝加哥这样的大都市，一年只有两万美元的生活费用，儿子将会十分艰难，这会迫使他走出舒适区，通过打工等方式，为自己谋出一条生路来。

在杰西的整个大学时代，他没有豪车和豪宅，只能与同学一起挤在狭窄的宿舍，只能奔走于学校与兼职的餐馆之间，甚至常常过着与方便面为伴的生活。陈太太心疼儿子的留学生活过于艰苦，常因为儿子半夜发个吃方便面的朋友圈而心疼不已，夜不能眠，并与陈先生争吵，觉得他对儿子太狠心。为此，陈先生给儿子每年增加了两万美元的费用，但要求儿子每周向他提交一张报表，汇报财务状况。

渐渐地，在杰西的财务报表中，不再是单纯的消费了，而是慢慢地增添了收入。

他四处打工，做小额投资，并开始对金融产生了兴趣。修完本科课程后，他考取了芝加哥大学的金融硕士。他不想回中国接手父亲的企业，想先通过打工获取身份留在美国，然后创立投资公司，实现从打工者到投资人的三级跳。聊到他的梦想，杰西眉飞色舞。

"你靠什么来创立投资公司？你什么资本都没有！"陈先生一脸严肃地说。

父亲当着外人的面直接否定了杰西的梦想，让杰西感到很尴尬。他强作镇定地说："我先打几年工，等我有点儿资本了就可以创业。"

为了圆场，我哈哈大笑说："让你爸爸投资做你的股东你就可以有资本啦！"我知道陈先生有意帮助杰西，但他始终改变不了父辈的这种"教育"认知，总是认为杰西仍然是没有长大的孩子。

"我不要他的钱，我会自己想办法。"杰西满脸委屈，忽然像个受伤的孩子。

"当然，我不是不能给你投资，但你得把你的创业计划书写出来，给我做个汇报。如果我觉得你的想法有价值，我会考虑给你投资。"陈先生往椅背靠了靠，凌厉的目光投向杰西。

杰西把想说的话吞了回去，疲软地往椅背一靠，呼了一口粗气。

委屈会成为财富

陈先生到洗手间去了，杰西对我说："对不起！让你看到我们父子俩争吵。我很感激我爸爸栽培我，不过他真的不理解我。我是不会让他干涉我的事业的，我觉得只要有他在，我就必须听他的，完全没有自由。"

"没事，我很理解你父亲，在他眼里你始终都是孩子。我觉得你已经足够成熟，你是我见过的少有的这么独立有主见的年轻人。我在你这年龄的时候还极度迷茫，没有任何人生规划。我相信，即便没有你父亲的帮助，你的梦想也是能实现的。只是你可能得掌握对父母报喜不报忧的方法，比如说不要再发朋友圈说今晚吃方便面之类的话了。那样你父亲才会给予你更多的信任，觉得你可以独当一面了。"我笑着说。

"你说得对！我爸爸就是不信任我，他每周要求我写报表就让我觉得很烦。"杰西说。

"每周写报表的确挺烦人，但从另一个角度看，可能也培养了你的理财习惯。一个成功的商人最重要的是要有对金钱的掌控力，财务知识对于他们来说太重要了。将来有一天你或许会感激你父亲提出的这个小小的要求。"我说。

我给杰西讲述了我的故事。

在我拿到大学录取通知书后，我的父亲告诉我，他可以支付我的大学学费，但他没有钱支付我的生活费，我的生活费需要由姐姐接济和自己打工解决。我提着行李茫然地到了一个陌生的城市上大学，很快便花光了父亲给我的 1000 元，面临着没钱吃饭的问题。我开始在课余时间疯狂地打工，包揽了很多勤工助学的活儿，做多份家教，也给一些工厂做兼职。暑假我不回家，而是留校打工。幸运的时候我一个月就可以赚到 3000 元，比当时大学毕业生的工资还多。我不但解决了我在学校的食宿问题，还因为感念父母的不容易而把自己赚的多出来的钱寄给家里。这种历练让我比同龄人成熟得更早，也更早地学会了与人相处，对金钱的渴望也让我逐渐产生了各种开创自己事业的想法。更重要的是，我在大学期间吃了很多打工的苦，因此毕业后来到社会上时，打工者的那些艰辛挫折已经不算什么了，我成为了一个抗挫能力非常强的人，遇到什么难关都能轻松渡过。

20 年后我的父亲去世，在收拾父亲遗物时我们才发现，父亲其实在我上大学之前就存下了一大笔钱没有动过。也就是说，在我上大学期间，我父亲不但能付得起我的生活费，而且那时的他也算得上十分富裕了。得知此事后我大哭一场，为我大学期间所经历的那种辛酸生活感到十分委屈。但在我当了妈妈后，冷静下来的时候我会想，作为父母，最难做到的不是你给孩子提供帮助，而是要让孩子学会吃苦。给孩子钱那是很容易的事，也能让父母自己感到心安；真正难做到的是你明明有钱，但你为了磨炼孩子的意志，忍住心里的担忧焦虑而不给孩子钱。

并不是每一个父母都能做到对孩子狠心，那些能狠下心来的父母实际上承担了更多的煎熬。因为他们知道，这种狠心能给他们的孩子带来最好的成长。如今我人到中年，见识了很多人和事，非常感激我父亲当年对我的那种狠心，因为他迫使我努力成为了一个可以创造自己未来的自食其力的人。我想在将来的某一天，你也会非常感激你父亲今天对你的狠心。

杰西双手抱着后脑勺，身体往后一靠，陷入了沉思。

"我觉得我现在已经开始感激他了。"杰西说。

怎样才能中奖

我儿子上幼儿园时，幼儿园每年秋天都会举办丰收节活动。活动中会有一个抽奖环节，学校会打包 6 份非常诱人的奖品，想得到奖品的人可以购买抽奖券，然后把它放到奖品前面的抽奖箱里。家长们一般会买一些抽奖券，往每一份奖品面前的抽奖箱里都扔几张玩玩。我之前也是这样操作，但中奖的概率几乎为零，权当给学校捐款了。

有一年，儿子非常想要其中一份有很多巧克力的奖品，站在那里一直不肯走。我心想：怎样做才能让他体验一下中奖的喜悦呢？于是我买了 30 张抽奖券，让儿子全部扔到了巧克力奖品前的抽奖箱里。抽奖时果然不出所料，儿子中奖了，他非常高兴地领回了那一篮子的巧克力，好几天都在为中奖的这种神奇力量高兴。

在儿子长大至开始有逻辑思维能力时，我们聊起了那次中奖，我把真相告诉了他。他很好奇，为什么我把所有抽奖券都放在一个抽奖箱里就会被抽中，而其他人分开放就不行了。我首先跟他分析了一般人是怎样看待这种抽奖活动的：他们只是想着买几张抽奖券玩一下，万一中奖了最好，不中奖也没太大损失。因此他们可能会在每一个抽奖箱里都放一两张抽奖券，在每个抽奖箱一共有 30 张抽奖券的情况下，中奖的概率就是 1/30，很低。这在经济学上称为小概率事件。当我把我买的 30 张抽奖券都放进其中一个抽奖箱时，如果抽奖箱里有 60 张抽奖券，那么我的中奖概率就从 1/30 变成了 1/2，也就是变成了大概率事件。尽管也有一半的概率会失败，但是概率变大了，赢的把握就更大了。就是靠着这种把小概率事件转变为大概率事件的方式，我们赢得了那个奖品。

"一般人的做法可能会把 30 张抽奖券分为 6 等份，每个抽奖箱里扔进去 5 张。我最开始的想法也是这样的。你知道为什么当我们手里有票的时候，我们会分开放吗？"我问儿子。

"因为想着会有更多机会赢，这个抽不中，另一个可能会抽中。我原来也是这样想的。"儿子回答。

"是的，这就是一般人与理财高手的区别。一般人想着碰运气，但理财高手算的是概率。他们会想方设法让小概率事件变成大概率事件。概率变大了，胜算的机会就大了。"我说。

儿子出生前认了我们在英国的一位好友约翰当爷爷。约翰一辈子在 IBM 当工程师，退休后靠买卖股票赚了不少钱。有一年，他因为妻子要到休斯敦治病，卖掉了位于奥斯汀的房子，搬到休斯敦的老人公寓去住。他把卖房子所得的 40 万美元，几乎全部投到了当时正蓬勃发展的亚马逊公司的股票中去，没想到两年后亚马逊的股价大涨，约翰因此赚了不少钱。我问他为什么那么勇敢全投在亚马逊上，他说当时他对看好的几家大公司进行了比较，苹果公司因为乔布斯的去世已经没有更多新型的设计，有更大的概率会走向衰落；谷歌公司因为已经平稳了很多年，也没有太多上涨的空间；而只有做电子商务的亚马逊，正在改变人们的生活方式，让人们可以足不出户就可以买到想买的东西。这种消费方式必定代表着未来的一种生活趋向，有着无穷的前景和空间。正是这种对大概率事件的分析，约翰毫不犹豫地选择了把手里的钱都压在了亚马逊这只股票上，并获得了数倍的回报。

专注于大概率事件

人性中有太多贪婪，也有太多畏惧损失的心态，于是就很难在几个看似都很好的东西面前做出取舍，总是想着什么都投入一点儿，什么都不想舍弃，但同时也没法对"赢"产生强烈的渴望。**越是畏惧损失，反而越会损失。心里明明很想"赢"，但却因为畏惧损失，而自我暗示"输"了也没关系。**一个人要创业，就要保持必胜的信心，要是想着成功了最好，不成功也不要紧当作积累经验的话，那成功的概率就会变低。这是人的心理暗示所起的作用。正如一个人打高尔夫球，如果他一心盯着旗杆看，认为自己能够取胜，那球打进果岭离洞很近的概率就会比较高；而如果他看见果岭旁边有个水坑，心里总想着球千万不要掉进水坑去，那球就会有很高的概率打进水坑去。

我们应该把对损失的算法改为对赢的概率的算法，那样就会想方设法把小概率事件转变为大概率事件，增强胜算的把握。

我先生在锂离子电池的研究领域遇到很多难题时，也曾有过一些机会可以转行做其他的行业，但我极力劝阻，希望他全身心放在自己擅长也更有把握的专业上，这样他获得事业成功的机会就会成为大概率。

成功有时意味着我们需要学会放弃，在创业的世界里，那些一门心思做好一件事的人，往往比那些什么都想抓在手里不放的人更容易成功。专注者的成功概率会更大。正如我儿子在 6 个抽奖篮面前，如果他喜欢那篮巧克力，但也喜欢另一篮蛋糕，也喜欢另一篮饼干……当他没法在短时间内考虑自己究竟最喜欢哪一篮时，那他便很有可能把抽奖券平均放到每一个篮子里，最终什么都抽不中。在商业的世界里，有时候人与人之间的区别就在于怎样选择以及是否会选择放弃，什么都想抓在手上，便可能什么都抓不住。

孩子没有概率的概念，很多行为都出于欲望，欲望会让人不舍得放弃，从而选择了小概率的机会。为什么聪明的人类在围棋大赛中会输给机器人？那是因为机器人没有情绪也不会焦虑，只会精准地计算赢的大概率，而人类却容易受情绪支配，畏惧损失的心理也让人类难以专注于赢。

为了训练孩子们计算大概率的能力，我开始训练他们放弃的能力。比如在加油站的便利店里，我常会同意给孩子们买一个糖果。在琳琅满目的糖果中，我女儿可以非常迅速地挑到第一眼看中的糖果拿在手上，但儿子却总是犹豫再三，这个也想要那个也想要，甚至不断地询问我是否可以允许他挑两个。因此，我开始通过帮助儿子学会放弃来训练他选择的能力，就是使用排除法。我首先问儿子，所有水果口味中，你最喜欢哪种口味？他想了想说草莓。于是我挑出仅有的几款草莓口味的糖果，把其他口味的所有糖果都排除掉了。在这几款草莓口味的糖果中，我问他更喜欢硬糖还是软糖，他说硬糖。于是我又把所有软糖都放回架子上，最后剩下两个草莓口味的硬糖。而我非常坚决地拒绝买两种糖，只允许他从中选择一个购买。儿子便非常高兴地拿走了较大的那包糖果。

如果有人给你一千万

我儿子在踢足球时，他希望我坐在他能看见的位置，希望我能看他打比赛。于是，我坐在一个非常显眼的位置，在跟场下的儿子挥手问候后，便打开笔记本电脑，完全沉浸在写作中。不知不觉儿子的球赛已经结束了，我关上电脑，带儿子回家。在车上，儿子对我说："妈妈，你刚才没有看我的比赛，你一直在看你的电脑，我跟你挥手你都看不见。你是在写你的书吗？"我听后自知理亏，赶紧道歉说我在赶书稿，很快就要交稿了。"不过今天是妈妈不对，下次球赛妈妈一定会好好看你比赛。你进球的时候妈妈有看见的。"我有点儿尴尬，对儿子充满了内疚。

"妈妈，如果有人给你一千万，你就不用写书了吧？"儿子忽然问。

"哈哈！没有人会给我一千万的，我们的钱需要自己去赚。"我说。

"这世上有人有一千亿吗？"儿子问。

"有。亚马逊公司的老板杰夫就有超过一千亿的资产。不过他也不是一下子就赚到那么多钱的，他也需要二十多年的努力。最早他创办亚马逊公司的时候，就跟你爸爸一样在家办公。他把车库修建成办公室，因为没有钱，他把门板拆下来做办公桌，他创业的路比你爸爸还艰难。"我说。

"那如果杰夫愿意给你一千万，你就不用写书了。"

"不会的。即便他愿意给我，我也不能要。如果没有付出努力而忽然得到一大笔钱，那我会很快就花光并且变成一个超级穷人。就像美国的超级百万彩票，全美国有三亿多人，每年或者每几年总会有一个人中奖。去年就有一个人中奖了，他忽然拿到了 16 亿美元的奖金。"我说。

"16 亿！哇……"儿子惊叹道。

"如果你忽然拥有那么多钱，对你来说是好事还是坏事？"我问。

"好事吧。那就什么都不用干了，还可以买好多东西。"儿子兴奋地说。

"对的。很多人跟你的想法是一样的。因为钱会让人变得很疯狂，很多中了彩票忽然拿了很多钱的人，都会疯狂地花钱，买豪华的房子、车子，以及巨大的游艇，到处吃喝玩乐，等等。但过不了几年，他们就会变得比他没中彩票之前还穷。更糟糕的是，变穷以后，他们因为曾经过着那么有钱的生活，他们就不会愿意干活儿赚钱，只会想方设法再去买彩票，梦想再中一次。但这种彩票几年才会有人中一次，中奖的概率是十几亿分之一。再次中奖的可能性几乎为零。因此很多中了巨奖的人没过几年就会变成穷人，甚至比穷人还惨。"我说。

"如果我中了奖，我就不乱花。"儿子信誓旦旦地说。

"如果你能做到，那是最好的。不过我们可以做的是，不要把钱用在'花钱'上，如果能把钱用在投资上，比如说创办公司，组建团队，购买一些会升值涨价的资产，等等，那你的钱就能生出钱来，让你有持久稳定的收入。当然，最重要的投资还是要花钱让自己学习，学习怎样让钱生出钱，学习怎样让自己变得更强大，等等。我们说的一夜暴富，又忽然变成穷光蛋的人，大多是因为没有自控能力，有钱了只想到花钱而从没想到学习怎样赚钱。如果你有足够的自控能力，那即便你有很多钱，你也不会乱花。就比如美国有很多富人，他们有上千亿或者几百亿，但他们不是只想着花钱，而是仍然持续地工作以创造财富，那样才不会让他们一下子变成穷人。比如杰夫，他虽然已经有很多钱，但他不会停止工作只待在家里买这买那，因为一旦停止工作，无论他有多少钱，都会很快变成穷人。"我说。

儿子似懂非懂，钱在孩子眼里是一个有魔力的东西，他们还不明白，有魔力的东西，也具备毁灭性的能力。

财富的秘密

带儿子去球赛的路上，我跟儿子玩了一个心理学的测试：你面前有两个按钮，一个红色，一个蓝色。如果按下红色按钮，可以直接拿走 100 万美元；如果按下蓝色按钮，有一半机会可以获得一亿美元。你会怎样选择？

坐在车后座的儿子沉默了一会儿，说："我觉得我会按红色按钮，100万美元对我来说已经很多了，如果我有一个亿的话，我怕我会乱花掉。"

这个回答使我震惊，我在给一些公司的员工培训时常提到这个心理测试，知道大多数人会选择按红色按钮拿走 100 万美元，那是因为大多数人会规避风险，认为 100 万美元落袋为安，总比什么都得不到的好。儿子的答案让我看到了另一种思维方式，他对钱有强烈的渴望，但他畏惧的不是损失，而是自己还没有控制巨额金钱的能力。

我很高兴看到了一颗渴望拥有能力的心。

不一样的思维方式，就是我在家庭教育中需要传递给他的。

我赞赏儿子的想法，并表达了我的惊喜。我告诉儿子，很多人都会按获得 100 万美元的那个按钮，是因为害怕什么都没有。但实际上，从概率算法来看创业，一个人开启自己的生意后，如果只是小本生意，如开一个奶茶店或者摆个地摊之类，的确比打工强，他创业成功的概率会高于 50%；如果一个人的创业梦想是月收入达到 10 万美元，那就得比别人想得更深更远，需要坚持、努力加运气，那样的创业成功率小于 10%；如果一个人创业的梦想是月收入达到 100 万美元以上，那就得有非常强大的团队、人脉和资金链。这样的创业不是白手起家的老百姓能够轻易达到的，这样的创业成功率不到 1%。

当了解了创业的概率算法后，你会怎样选择？你是不是会迫不及待地按下有 50% 概率可以拿到一亿美元的那个蓝键？多少人即便投入几百万甚至几千万美元，都无法获得这概率为 1% 的成功。

我跟儿子探讨，我既想把那 100 万美元作为保底落袋为安，又想继续获得按下蓝键搏一搏的机会，有什么办法可以让我实现这个梦想呢？

儿子一脸茫然，觉得这是不可能的事。我问他想不想知道怎样才能获得这样的机会，他轻声说当然想。

于是，我给儿子解释投资人的概念，并告诉他：你手里掌握的机会或资源都可以给你带来财富。我告诉他可以去找一个有钱人，告诉他自己有一个可以有 50% 概率赚到 5000 万美元的机会，但这个机会需要 100 万美元来启动，问他是否愿意支付 100 万美元购买这个机会。他付出 100 万美元以后，你就按下蓝色的按钮，有 50% 的概率可以拿到一亿美元，你们两人平分各得 5000 万美元。概率如此高的一笔投资，对于很多投资人来说，实在是天上掉馅饼，区区 100 万美元的入门费，必定会有非常多的人愿意抢着投资。

儿子目瞪口呆，他知道了方法，但他还没法把如此巨大的数额与现实生活联系起来。他望向车窗外，沉思了一会儿，与我聊起了其他话题。

第四章

培养领导力：
做更好的自己

美国的教育非常重视对孩子的领导力的培养，学校会成立领导力俱乐部，让孩子们参加领导力培训。孩子也常会从学校带回家一些有关领导力的小奖章。我孩子所在的小学还根据《高效能人士的 7 个习惯》一书中的 7 个习惯，对孩子们的行为习惯和思考习惯进行培养，以此提升他们的领导力。

那究竟什么才是领导力？领导力是与生俱来的还是后天培养的？

父母可以成为孩子的教练，给予孩子信心与勇气，鼓励孩子努力，发掘孩子的潜能。长期从事领导力培训工作的约书亚认为，父母的双眼就如同照相机的镜头聚焦点，如果我们把目光聚焦在孩子的缺点上，那我们就会认为一切问题都出自孩子，觉得孩子是一个恶魔。于是，我们对待孩子的方式就会简单粗暴，企图使用惩罚或者训斥、羞辱等方式来解决孩子的问题。而如果我们把聚焦点放在孩子的优点上，我们则会认为孩子很优秀，有一些小问题只是因为孩子仍然需要学习成长，因此，我们对待孩子的方式就会健康有爱，更愿意采用鼓励和赞美的方式去激励孩子。

培养孩子的领导力为什么至关重要？约书亚认为，领导力不是与生俱来的，必须经过后天的磨炼与培训才可获得。孩子具备领导力并不是指孩子将来必须成为领导者，领导力的范畴包括孩子独立自主的能力，关心他人的能力，为自己的人生做选择及决策的能力。孩子的成长就是为了将来能够离开父母独自走人生路；父母培养孩子的领导力，也是帮助孩子为他们处理好自己的人生选择做准备，为他们处理好自己与社会及他人的关系做准备，为他们处理好自己的情绪和生活做准备。

约书亚认为，领导力就是自发产生的能对他人产生有效影响的能力。这种影响可以是好的也可以是坏的，比如希特勒的领导力便是坏的影响力。作为父母的我们，需要培养孩子对他人更好的影响力。这就需要我们做父母的以身作则，关爱他人，以自己的能力去帮助他人和影响他人。引导孩子对他人产生好的影响力的最有效的方法，就是改善父母对待孩子及他人的态度和方法。父母只有具备宽容、平等、民主、友爱等精神，实现自我对社会及他人的影响，才能让孩子也具备同样的素质。

思考能力

引导式提问

孩子的思维方式决定了孩子对事件的处理能力，因此我们需要了解孩子的特质，找到孩子的内在动力。当家庭教育出现问题时，我们不需要纠结于事件本身，而应该花时间去思考：孩子的动机是什么？孩子遇到了什么问题？孩子的思维方式是怎样的？我怎样才能帮助他？

约书亚举了一个例子，她的女儿诺娃跑来问："爸爸，你能不能给我一些被单？"

约书亚很好奇女儿要被单做什么，诺娃说她想用被单在她的床上搭建一堵墙，这样妹妹就不能爬到她的床上来拿她的玩具了。约书亚没有纠结于用床单建墙这件事本身，而是敏锐地发现诺娃遇到了问题。于是，约书亚指出了问题，他说："看样子，你正在被妹妹随意拿你玩具的问题而困扰？"诺娃生气地回答："是的，她总是爬到我床上来，不经我允许就拿我的玩具。"

看到问题的同时，约书亚也看到了女儿的思维方式，他没有对她的想法和做法做任何否定，而是温和地说："诺娃，我看你遇到了一个难题，妹妹没经允许就拿你的玩具让你很生气。你是一个非常有领导力的女孩儿，这是上天赋予你的品格。我可以给你很多床单，但除了用床单建墙外，还有没有别的办法可以帮助你解决这个问题？有没有别的什么方法你还没有尝试过？"

诺娃很高兴，说："或许我可以先找她谈谈。"于是她跑去找妹妹。

不久后诺娃跑回来，对约书亚说："爸爸，她不听我的。你能帮我跟妹妹说吗？"

"这是你面临的一个问题，不是我的。你再想想，还有什么办法可以解决问题？"约书亚问。

"那我还是要建一堵墙。爸爸，请你给我一些床单吧。"诺娃说。

约书亚给了她一些床单，诺娃去搭布墙了。他忍住了要告诉孩子布墙没有用的冲动，因为他知道，孩子需要自己寻找答案。不断地尝试与经历，不断地失败并找到原因和解决问题的方法，这是一个孩子具备领导力的前提。

第二天，诺娃来找她爸爸，说那堵布墙没用，妹妹昨晚又爬过来拿了她的玩具。

"你昨天是怎样跟妹妹谈的？"约书亚问。

"我就冲着她大喊不要拿我的玩具。"诺娃说。

"哦！看来大喊大叫没有用，那我们是不是可以换一种谈判方式？"约书亚说。

"或许我可以送她一个玩具，让她不要再拿我床上的那些了。"诺娃说。

"很好的想法，去试试吧！"约书亚说。

最后孩子自己解决了问题。

让孩子不断地想办法，不断地尝试，不要因为事情很小就介入帮忙或者提供答案，这是父母培养孩子的思维模式的最好的方法。懂得不断思考，不断尝试的孩子，自然便具备了领导力。

发掘孩子的潜能

孩子的领导力，取决于父母跟孩子建立联结，而不是试图控制孩子。**因为控制的欲望主要来源于父母的恐惧和焦虑，恐惧和焦虑会促使父母用高压手段来强迫孩子服从。高压导致的服从会让孩子失去自由意志，从而失去独立思考的能力。**

举个简单的例子，孩子早上起床磨蹭乃至迟到，父母不停地对孩子唠叨和催促。因为父母对孩子迟到这件事本身感到恐惧和焦虑，于是父母希望以唠叨和催促的高压方式来促使孩子服从。但越是唠叨催促，孩子的磨蹭习惯会越发严重。那是因为孩子在抗拒父母，认为父母侵犯了他们的自由意志，并本能地认为上学是否迟到只是父母关心和在意的问题，并不是自己的责任，因此上学在孩子眼里就是父母的命令，而不是自愿的行为。要解决教育孩子时出现的大量问题，先得处理父母的恐惧与焦虑，把责任归还给孩子。只有因害怕迟到而焦虑过，或者承受过错误所带来的后果，孩子才能学会承担责任，为自己做主。

开放式提问是帮助孩子思考和进步的重要方法，对孩子的思维模式的改变有非常大的帮助。当孩子遇到问题时，我们首先要用"共情"的方式去表达对孩子的理解，把孩子的情绪和压力通过说出来的方式进行还原，让孩子感觉自己是被理解与被尊重的。然后我们可以通过开放式提问的方式，让他们找到自己思维里一些不合理的成分，帮助他们找到解决问题的办法。

利用开放式提问作为发掘孩子潜能的工具，它可以让孩子自主思考并找到能让父母与孩子双方都满意的解决办法。父母需要注意的是，要确保孩子能理解父母的问题并做出正确的选择。不要问那种答案是父母自己不能接受的问题。如父母希望孩子吃健康的食物，不希望孩子吃太多薯片，就不要问"你想吃苹果还是薯片"之类的问题，因为孩子一旦选择了薯片，你就不能再反悔了。父母可以问："你想吃苹果还是西瓜？"然后让孩子自由选择。自由式提问就是父母不预设答案，让孩子自主思考并找到答案。这样，孩子可能会在思考和找寻答案的过程中犯错误，或者没法获得你想要的结果。父母需要有心理准备，并做好一旦失败要再做新的开放式提问的准备，不停地问："再想想还有什么办法？""要不再尝试一下其他方法？"等等，激发孩子思考与不断尝试。

开放式提问需要注意不同年龄的孩子其思考方式的不一致性。比如说一个8岁的孩子和一个4岁的孩子要做一个手工纸船，我们问8岁孩子时应该问："你想想，还有什么方法可以帮你解决问题？"而问一个4岁的孩子时，我们就得给她提供一些选择，因此应该问："你是想用胶水还是用透明胶来粘贴你的纸船？"如果孩子选择了胶水，而你心里觉得其实透明胶会更好，但切记不要说出来，允许孩子按照自己的想法去尝试。如果她尝试了胶水的效果并不好，那她就会自动抛弃胶水而重新使用透明胶，并因为自己发现了一个好方法而感到自豪。

独立解决问题

如果要求孩子收拾自己的房间，对一个8岁以上的孩子，我们可以这样说："我希望你在睡觉前收拾好你的房间，你觉得什么时间收拾比较好？"因为8岁以上的孩子已经有了逻辑思考能力，知道不同的时间段该做什么事。因此，他们可能会回答"晚饭前"或者"晚饭后"的大概时间段。而对一个8岁以下还没有逻辑思考能力的孩子，我们则要给予一些时间段的选择，如问："我希望你在睡觉前能收拾好你的房间，你想要在晚饭前收拾还是晚饭后收拾？"这种选择式提问让孩子能轻松选择他们想要的答案。

孩子不是天使，他们答应了父母的事也常常做不到。斥责、批评或羞辱没法帮助孩子学会承担责任或履行承诺，为了孩子没有遵守承诺而发怒或惩罚孩子也没法使孩子学会承担责任，而只会使孩子因为恐惧惩罚而逃避责任。**如果做错了会被罚，那孩子会本能地选择无作为来避免惩罚，甚至是自暴自弃。理解了孩子犯错误是常态的事实后，我们也相信犯错误是学习的绝好机会，让孩子能从错误中学习并自我改正，这是"领导力"的重要体现。**

比如，女儿答应了在晚饭后会收拾房间，但在睡觉的时候，爸爸却发现女儿并没有收拾，那该怎么办？

一个希望孩子具备领导力的爸爸会这样对孩子说："亲爱的，现在已经是睡觉的时间了，我发现你还没有整理房间。我们可以谈谈吗？发生了什么事让你没法遵守承诺？"

爸爸认真倾听，不管孩子说什么理由，即便发现孩子在撒谎，爸爸也不要戳穿，不要否定，不要发表评论，只是认真聆听直至孩子讲完。比如，孩子可能会说妹妹把游戏机放在房间里，太好玩了，她顾着玩游戏就忘了收拾房间了；孩子可能还会推卸责任说都怪妹妹；等等。爸爸需要坚持倾听，不做评论和回应。

孩子讲完后，爸爸可以说："嗯！我知道了。你的意思是在你准备整理房间时却被游戏机吸引了。有时候我也很容易被一些好玩的东西吸引，我理解你的感受。那你认为下一次你该怎样做才能避免被其他东西吸引呢？"

这个开放式问题会把孩子引至如何自控的思考，孩子会提出一些避免诱惑的方法，这些方法说出来后就会成为他们的一种思维方式。因此，在孩子思考及说出自己的想法时，不管孩子的想法是否成熟或者可行，父母都要聆听，不做任何评价，更不要批评孩子的观点。而在孩子说完自己的想法后，要赞赏孩子思考的能力，夸孩子"你真的非常善于思考。"

孩子讲完他们的观点后，爸爸说："是的。我非常赞同你的观点。我认为你是一个善于解决问题的孩子，我知道下一次你一定能够做得更好！但是，因为今天你没有履行承诺整理房间，你需要承担一定的责任，那就是明天放学后我没法带你到公园里去玩。现在我问你，明天下午放学后，你觉得你什么时间收拾你的房间比较好？"

……

我想买一个陀螺

"妈妈，我想买一个陀螺。"放学回来后，9 岁的儿子兴高采烈地对我叫喊着。

孩子会有各种各样的需求，想要最新款的玩具，想玩游戏，想跟同学出去玩，想吃雪糕甜点……做父母的很难在孩子的需求与自己的焦虑之间找到平衡。比如说，孩子提出要买最新款的玩具，一方面，父母害怕孩子养成了想要什么就有什么的习惯，以后不懂得感恩和珍惜；但另一方面，父母也不希望孩子的愿望总是没法得到满足，与其他孩子没法互动。这可怎么办好呢？

纵观当今社会，无论是政界、商界，还是其他社会各界，要想取得成功都需要一项特殊的能力，这种能力就是"说服他人"。寻求国与国或人与人之间的合作互利，需要学会如何从彼此利益出发，有效地表达自己的想法，并最终实现双赢或多赢，这就是"说服他人"这项能力所带来的好处，也是

"领导力"中非常重要的一种能力。

"你想买一个陀螺？我记得你已经有好几个陀螺了。你能列出三个理由来说服我为什么要买一个新的吗？"我问。

为什么要求孩子列出三个理由？无论我们演讲或者辩论，如果我们天马行空地阐述一大堆观点，并不能体现出我们演讲的能力和水平。只有那种逻辑性强、思路清晰的回答，才能显示出演讲者的水平，才能更有效地实现演讲者的目的。又如在辩论赛中，辩手如果能运用第一点、第二点、第三点等这类简明论点来分点论述的方法，可非常有效地提高听众的理解度，从而达到"说服他人"的目的。我希望训练孩子们分点陈述的技巧，在日常生活中我会要求孩子们分点讨论。而我在回答孩子们的问题时，也会分点回答。

"第一点，我以前买的那些陀螺的拉线坏了，我的陀螺都不能玩了。"儿子说。

我鼓励他继续说下去："还有呢？"

"第二点，现在出了最新款的陀螺，我的好朋友们都有了，但我没有。我不想拿着那些旧的陀螺跟他们战斗。"儿子似乎看到了希望，兴奋起来。

"嗯。有点儿道理。"我说，"还有一点呢？"

儿子想了想说："第三点，如果你不愿意给我付钱的话，你可不可以把我的零花钱从银行里取出来，我用自己的钱买。"

我笑了："嗯……你已经9岁了，的确可以自己支配自己的钱买点儿你需要的东西了。"

儿子做了个举起拳头庆祝胜利的手势道："耶！我说服妈妈了！"

"那是你的钱，你可以自由支配。妈妈只是不想你养成想花就花的习惯才会帮你存起来。不过你列举的三点理由很好地说服了我，第一点，你陀螺的拉线坏了，你想要一个新的，这是合情合理的；第二点，你需要一个新陀螺才能更好地跟朋友们玩，这是值得花钱的；第三点，这是最能说服我的一点，你用自己的钱而不是妈妈的钱。你当然有权力使用自己的钱。最让妈妈高兴的是，你的思路非常清晰，想法也合理，妈妈会帮你买一个新的陀螺，然后把钱从你的账户里扣除。"我刚说完，儿子便跑到电脑前去查询他想要的陀螺了。

过了一会儿，儿子挑选了一个非常酷也非常贵的陀螺让我过去看。我看了一眼，一般陀螺的价格大概在十几美元至二十几美元之间，儿子挑的这个陀螺因为多了一个拉线，售价高达 50 美元。

"等等，儿子。你为什么选这个陀螺？"我问。

"这个陀螺带拉线，而且这个是最酷的。"儿子说。

我希望能说服儿子不要买太贵的陀螺，心里盘算着怎样跟他讨论。我说："嗯，这个的确很酷。不过你看这里有一个看着差不多的，也很酷啊！才 20 美元。"

"哦。妈妈，这个没有拉线。"儿子说。

"对啊！你还需要一根拉线。要不你查查有没有单独卖拉线的商家？"我建议道。

儿子敲了几下键盘，出来了很多陀螺拉线类商品，大多数拉线的售价都在 10 美元以下。

"是啊，我可以在这里买一根拉线，再单独买一个陀螺，这样好像省了不少钱。"儿子把一个 7 美元的拉线和一个 20 美元的陀螺放进了购物车，满心欢喜。

"妈妈，为什么那个带拉线的陀螺要卖 50 美元那么贵，我分开买却只要

27 美元？"儿子好奇地问我。

"你觉得呢。你试试看能不能用三点分析法说出它为什么要卖这么贵。"我继续让儿子推理和总结。

"第一点，它肯定比较好，比如说用的材料比较好；第二点，它自己就有拉线，买的人就不用再去找拉线了，可以省下一些时间；第三点，它可能是名牌。妈妈，你不是说名牌都比普通的牌子贵吗？"儿子说。

"你分析得太好了！尤其是你还能想到品牌的力量。我们一起来查查，看看那款陀螺是什么品牌。再查查那个品牌的东西是不是比较好。"我建议道。

儿子又噼里啪啦地敲打着键盘，阅读了有关信息后，他大声惊呼道："哇！妈妈，这个品牌是专门做陀螺的，而且他们的陀螺转速更快，转得比其他陀螺久。你看你看，他们还有科学家来研究怎样使这个陀螺转得更久。"

"怪不得卖得比其他的贵那么多。"我凑过去阅读儿子查阅到的信息。

"妈妈，我想买这个陀螺，那样我跟同学战斗的时候就一定会把他们全都打败！"儿子两眼放光，仿佛马上就可以成为陀螺战士，战无不胜。

"你当然可以选择买这个，不过这样你就要花掉 50 美元，你舍得吗？"我想，偶尔一次花点儿钱买一件自己钟爱的东西，也是一种善待自己的方式，只要儿子愿意，他完全可以自己决定自己的钱该怎样花。

"我舍得！妈妈，你要相信我，我很快就会把钱赚回来的。第一点，我可以去卖柠檬汁，一个周末我就可以赚 10 美元；第二点，我可以帮邻居剪草，我已经能非常熟练地剪草了，你看我把我们家的草坪剪得那么漂亮，我相信邻居也一定会愿意让我帮他们剪草的；第三点，我可以把我不要的一些玩具和书卖掉。这样很快我就可以把 50 美元赚回来了。"

儿子已经习惯性地用三点思维来做总结了，我会心一笑，为了得到一件心爱之物而努力赚钱，这不就是很多人成功致富的开端嘛。

我点点头，他把那个最贵的陀螺放进了购物车。

传球的秘密

刚到美国时，我不明白美国家长为什么那么喜欢跟孩子们一起玩橄榄球，他们的玩法只是你扔给我、我扔给你这种枯燥的练习。我觉得只是相互扔球这样的练习并不能达到很好的运动效果，也没有练习什么球技，似乎只是在浪费时间，我想不明白为什么他们喜欢这样玩。

后来，听到一对父子玩橄榄球时的对话，我才恍然大悟。

爸爸把球扔给 6 岁左右的儿子道："嘿，儿子，今天在学校有什么开心的事吗？"

儿子把球扔回来，想了想说："爸爸，今天阿丽莎和索菲亚都说要跟我结婚。"

爸爸笑了笑，儿子正处于婚姻敏感期。他把球扔回去说："哦！看来你很受欢迎啊！那你更喜欢谁啊？"

儿子又把球扔过来说："我不知道，她们俩都是我的好朋友，我没法决定跟谁结婚。"

爸爸说："那你总结一下她们都有哪些优点，分三点告诉我吧。"爸爸接住了球，差点儿摔倒。

儿子看到爸爸差点儿摔倒的滑稽样，哈哈一笑，说："先说阿丽莎的优点，第一，她每天都会给我一颗糖；第二，她总是送给我她的玩具；第三，她总是说我是班上最聪明的人。我很喜欢阿丽莎。"

爸爸说："哇……她真棒啊！她还那么崇拜你！那索菲亚呢？"球又扔

回去。

儿子接了球，说："索菲亚的优点，第一，她喜欢跟我玩；第二，她很漂亮；第三，她笑起来很好看。我也很喜欢索菲亚。"

爸爸做深思状，把球轻轻扔回去，说："我看出来了，阿丽莎喜欢你，所以她总是跟你分享她的东西，而且会夸你；但你好像也很喜欢索菲亚，即便她不跟你分享任何东西，你也喜欢她。"

儿子抱着球，张大嘴巴看着爸爸说："爸爸，真的吗？那我该怎么办？"

爸爸用手势招呼儿子把球扔过来，说："你可以跟她们都当好朋友啊！等你长大了，懂得了爱是什么的时候，你就知道该怎样选择了。"

橄榄球继续在爸爸与儿子之间轻轻地飞着，传递着爱与价值观……

观察能力

犹太人的智慧

犹太民族是非常重视教育的一个民族，犹太人经历过苦难的历史浩劫，深知强大的知识力量能改变人的命运。犹太人信奉一切都可能会被夺走，只有装进脑袋里的知识才是永远属于自己的。如今，犹太人也的确成了"智慧"的象征。再看美国犹太人的生存模式，早期移民美国的犹太人也受到过各种种族的压迫，然而今天的美国，犹太人却成为了财富的象征。根据《不一样的学习》一书中对美国犹太人的相关数据统计，哈佛大学有三分之一的人是犹太人；耶鲁大学有 25% 的人是犹太人；常春藤名校的教授中有 30% 是犹太人；美国几乎所有的投资银行都是犹太人投资的；美国联邦储备局是犹太人建立的，也就是说所有美国人都在借犹太人的钱来花；世界 100 强中有 30%～40% 都是犹太人掌控的；美国的新闻界、好莱坞是犹太人掌控的；美国的一个机构叫"美以关系委员会"，它每年开年会时美国国会都休会，因为美国国会里有大量这个协会的人。为了保持他们民族的优越性，犹太人成立的一些民间组织还会定期举办一些社交活动，资助在常春藤名校就读的犹太子弟参加有组织的聚会或派对。这些社交活动会得到很多犹太商人的捐赠和支持，就是为了保证他们族裔在美国的优越性，并希望这些优秀的犹太年轻人互相通婚，能继续犹太民族的繁荣。同时，犹太人在对待同胞苦难问题上，会秉承给三次机会帮助的原则。犹太人在历史上曾受过太多的迫害，不安全感使他们认为，想要获得安全，必须跟全世界最强大的国家捆绑在一起，因此他们注重经营美国。

重视阅读是犹太人教育的最重要的准则，他们在孩子婴儿时期就会把蜂蜜涂在《圣经》上，让孩子去舔。这是一个广泛流传的故事，以此让孩子们感知书是甜的。

犹太人的孩子在准备上大学前，会先花一年的时间以不同的方式环游世界一圈，然后再回来选择适合自己的大学或专业。这是因为他们有一种根深蒂固的"没有观世界，哪来世界观"的观念，只有对世界有足够的认识，才能形成适合自己的世界观并做出最优的选择。

犹太人在美国成功建立了一个无人能超越的商业帝国，主要是因为犹太人非常重视教育。他们的教育方式不是知识的灌输，而是阅读能力与思辨能力的培养。他们鼓励孩子大胆提问和质疑，通过不断提问的方式来深入了解事实的真相，找到问题的解决办法。老师上课时也十分重视提问，他们会向学生提大量的问题，刺激学生求知的欲望。学生为了能回答老师课堂提的问题，需要在课后做大量的查询和阅读。这种提问教学的方式刺激了学生的求知欲，使他们形成了良好的内动力。

餐桌文化

犹太人在教育孩子方面最受世人赞赏的是他们的"餐桌文化"。犹太人在每周五的晚安息夜会上要求全家人围坐在餐桌旁，以提问、思考，以及头脑风暴等各种方式与孩子交流。所有人在这天晚上需要把电子产品都收起来，围坐在一起尽情地享受家庭的温暖。他们会讨论在生活中遇到的问题，讨论孩子学业上的问题，家长在工作中遇到的问题，以及这个世界如今面对的难题。他们让孩子们充分发挥他们的思辨能力，为各种问题寻找最佳的解决方案，并帮助孩子们执行。因此，当别的孩子还在为玩具争执的时候，犹太人的孩子已经在思考全球变暖或改变世界格局等问题。犹太人就是靠这种"餐桌文化"的积累，让他们的孩子们形成了领导型思维，以保证他们的下一代在美国社会继续处于精英地位。

"餐桌文化"的教育方式在美国社会广泛流行，美国人评判一个家长是否称职的一个基本标准，就是看这位家长是否经常跟家人一起吃晚饭。奥巴马担任总统期间就常表示，不管再忙，他也不会缺席跟家人一起吃晚饭的时光。

在我还不了解餐桌文化对孩子教育的重要性时，我们在餐桌上关注的常常只是孩子吃得好不好的问题，或者只是纠正孩子的坐姿，解决孩子们在餐桌上的争吵等问题。后来了解到餐桌文化的重要性，我们便常常跟孩子们讨论各种各样他们感兴趣的问题，如：分析一下宇宙中到底有没有外星人，外星人入侵的话我们该怎么办；爸爸研究的电池的原理；巴菲特怎样赚钱；如何保护海洋生物；珍珠港事件与美国的发展；华盛顿为什么不当国王；好朋

友的爸爸如何开网站，等等，都成了我们餐桌上的谈资。一旦我们在餐桌上
找到题材并开始了对话，所有人都会处于兴奋状态，滔滔不绝地发表观点，
我们也就不再关注孩子们吃得多不多、好不好的问题了，不会再在坐姿和餐
桌礼仪等问题上指责孩子。孩子在餐桌上的不良行为也就不自觉地消失了，
换来的是一个非常温馨祥和、充满欢笑的用餐场面。

美国学校也大多采用提问式教学模式，针对一个问题，老师不会简单地
重视答案，而是让孩子们不断地提问并讨论。美国的课堂重视阅读，老师每
天会给孩子们读大量的图书，读完以后会以提问的方式引导孩子思考。每周
五午饭后，女儿的一年级老师会邀请一名家长前往学校去给孩子们读书。轮
到我去做家长阅读者时，我读了三本非常有趣的书，孩子们听完后都哈哈大
笑，然后我问孩子们有没有什么问题，结果全班 20 个孩子都齐刷刷地举起
了小手。我随意抽了几位孩子让他们提问，他们还不太懂得提问，而是把故
事的某个片段讲出来，然后问我对不对。我称赞他们的记忆力，也提出几个
比较容易回答的问题让他们回答。他们为自己能回答我的问题而感到十分
自豪。

作为移民国家，美国可以吸收不同族裔的优秀品格，不同文化的冲击必
定会带来社会的进步与繁荣。犹太人已经成为美国这个移民社会的重要力
量，并正在以他们无形的手影响着美国社会的发展。

如今，印度裔在美国也以一种类似的"犹太"模式在发展壮大，他们重
视人们领导力和管理能力的培养，重视演讲，重视幽默教育，重视体育，重
视社交，重视视野培养，重视族裔文化的拓展，重视抱团精神以帮助下一代
获取更多的资源。

CEO 输出国之印度

在美国有一个怪现象，大多数印度人和华人都是靠技术移民至美国的，但在同一个公司里，印度裔相对更容易被提升。在各种高科技企业中，印度裔担任高管的比例要比华裔高。一般公司的结构大多是华人工程师上面有一层印度裔中层。近年来美国公司中印度裔的高管越来越多，世界 500 强的企业中，印度裔高管的比例已经高达 30%。如谷歌、微软、百事可乐、联合利华等大公司都曾有过印度裔 CEO。这些 CEO 并非是美国土生土长的二代，而是从印度移民至美国的第一代，因此印度也被戏称为"CEO 输出国"。

语言优势是印度裔成为 CEO 输出国的一个原因，英语是印度的官方语言，他们来到美国后在语言上会更有优势。但世界上以英语作为官方语言的国家有很多，在印度能从小学习和使用英语的大概只有一亿人，因此英语并非印度裔在管理上处于优势地位的主要原因。

移民美国的印度裔大多来自印度的精英阶层，他们从小接受西式教育，拥有西式思辨能力，很多人都从事 IT 行业。印度人擅长记忆，在他们的文化中，因为宗教文化过于强大，需要记住的神灵太多，所以印度人发明了很多舞蹈和手势以帮助记忆。印度的高考很残酷，即便不是来自精英阶层，大多数移民美国的印度裔都来自印度几所非常厉害的大学，如印度理工学院。印度理工学院是印度高等教育的一个神话，每年只有不到 3% 的录取率，世界 500 强企业抢着前往招聘人才，印度人戏称考不上印度理工只好去考麻省理工了，这些都证明了这所大学非凡的教育水平。谷歌公司的印度裔 CEO 桑达尔·皮查伊就曾经是印度土生土长的穷小子，他考上了印度理工学院，随后到美国深造，人生得到逆袭。百事可乐公司曾有史上首位印度裔女 CEO 因德拉·努伊，她曾表示，自己从小被父母灌输过要具备独立思考问题的思维习惯，即使在餐桌上，她与妹妹都会被母亲问及一个个世界热点问题。

仔细研究这些印度裔 CEO 的履历，他们都曾经接受过 MBA 教育。印度是一个多种姓、多族裔、多宗教的国家，这给印度政府的管理带来了很高的难度。因此印度政府极重视对人们管理知识的教育，要求所有高校都必须开设 MBA 课程。大学生在完成大学学业的同时，也已经完成了 MBA 课程的学习。他们从毕业后踏足社会开始，便已经拥有了非常强的商业思维和管理能力。

印度裔非常抱团，他们在公司招聘中会优先招聘自己族裔的人，即便招聘进来的人不是最优秀的，他们也会想办法培养，使之成为优秀的适合该岗位的职员。因此在很多大型企业中抱团的印度裔发展越来越好。

因为重视思辨能力的培养，印度裔很容易在头脑风暴中接受不同的观点。他们在组织一个会议时，开场可能会说："嗨！我来了！今天我们来讨论几个问题，大家先来说说你们的看法。"而不是"今天我们来讨论几个问题，我先来说说我的看法"。印度裔在社交和娱乐方式上更擅长使用幽默。印度人的幽默感是十分明朗阳光的，就像宝莱坞电影中的所有热舞，可以把比较棘手的问题通过滑稽自嘲的方式加以解决。我曾听过不少印度人的演讲，一位印度妈妈对自己的教育方法的极度自嘲引起了全场观众的哈哈大笑，我也几乎笑出了眼泪，但很快就开始反思我们大笑背后的那些教育逻辑。这种演讲方式虽然不是一本正经的说教，却比任何理论更让人感到刻骨铭心。

总结能力

吞拿鱼三明治

周末我允许孩子们向我点餐，我会花时间下厨做他们喜爱的食物。有一个周日，我跟先生钓鱼回来，儿子跟我说他想吃吞拿鱼三明治。

"吞拿鱼是我唯一爱吃的鱼。"他说。

"很好啊！我希望我能为你做吞拿鱼三明治，亲爱的。不过很抱歉，我遇到了两个难题，第一个难题是我们家现在没有吞拿鱼，第二个难题是我不会做吞拿鱼三明治。你看看我们应该怎样解决这个问题？"我问。

"这样好不好？你到超市去买吞拿鱼，我在家上网搜索怎样做吞拿鱼三明治？"儿子说。

"这个主意太棒了！你很会解决问题啊！我现在就去买吞拿鱼，你在我回来之前把吞拿鱼的做法分步骤写出来好吗？"我说。

"好的，我现在就去。"儿子打开电脑，搜索吞拿鱼三明治的做法，他打开一个没有字幕的视频，非常认真地逐条记录下制作的步骤。

我买好吞拿鱼回到家里时，儿子递给我两张纸，上面密密麻麻地写着吞拿鱼三明治的做法。第一张纸是吞拿鱼的做法，分10个步骤，他都以阿拉伯数字分点记录好了。第二张纸是一个吞拿鱼三明治所需的沙拉酱的做法，也分8个步骤记录了下来。

儿子的字迹十分潦草，看得出来是只凭听介绍便快速记录下来的，不是一件容易的事。

"太棒了！你记录得非常清楚，这样分点的做法让看这个介绍的人可以按步骤来做。"我惊喜万分。

"我查找的那个视频叫'怎样做世界上最好吃的吞拿鱼三明治'，他们需要一种特别的沙拉酱，我想我们没有这种酱，于是搜索了这种酱的做法，也记录下来了。"儿子说完，把那张附加的记录递给了我。

我认真读了那份记录，儿子指着其中的一点材料，上面写的是日本芥末。"妈妈，我刚看了冰箱，我们好像没有这个调料。"儿子说。

"哦！你知道什么是日本芥末吗？"我问。

"不知道。不过我可以查查。"儿子说。

"日本芥末就是平时爸爸妈妈吃日本寿司时涂的那种绿色的东西，非常辣。你不会喜欢的。没有没关系，我们不用它正好。太辣了。"我说。

"可是，如果不用的话，我们就做不了'世界上最好吃的吞拿鱼三明治'了。"儿子说。

"不要紧，你想想这是谁要吃的三明治？这个吃的人要不要那种辣死人的芥末？"我哈哈大笑问。

"我吃的。我不要芥末。"儿子嬉皮笑脸地说。

"那这问题就解决了。你完成了非常重要的一步，你做的这两张报告太棒了！好样的！"我给了儿子一个大大的拥抱。之后我对儿子说："现在你可以去做吞拿鱼三明治了，就按照你写的步骤做。需要我帮你做点什么时可随时过来找我。"

儿子高兴地在厨房里倒腾着他的三明治，我帮他做了一些琐碎的杂活，最后三明治做好了，他大口大口地吃着自己做的美味。

CEO 妈妈

我去参加一个演讲俱乐部的活动，其间遇见了曾经做过多年 CEO，正在写一本关于商战书的比尔。比尔告诉我他的书的内容，是关于如何把小公司做大后卖掉赚钱的故事。我问他是不是用这种方法卖掉了他的公司，他笑笑说，他一直以这种方法收购各种小公司。我忽然想起我的"CEO 妈妈"的概念，告诉比尔我也是家里的 CEO。比尔对这个概念非常感兴趣。他有两个女儿，他觉得自己能有效掌控公司的发展，却很难掌控女儿的生活，很难让女儿跟她合作，由此而导致争吵是常有的事。

"你在公司最常用的会议方式是什么？"我问。

"开早会，每天早上把当天的任务安排下去。"比尔说。

"任务安排下去后你会怎样做？"我接着问。

"安排下去我就不管了，第二天例会时我会问问员工前一天任务的进展情况。"比尔说。

"那如果遇到问题你会怎样处理？"我继续问。

"我会在会议上让团队头脑风暴一下，找出解决的办法。或者找个别相关人员谈话，问他们问题背后的原因，然后再寻找解决办法。"比尔被我问得一头雾水。

"如果有员工有特殊的要求，或者对公司的制度有意见，你会怎样处理？"我笑着问。

"我会去调查了解他们的需求，如果是合理的要求，我会想办法满足；如果是不合理的要求，我会让他们理解公司的状况以及公司的需求，并希望得到他们的合作。"比尔忽然有点弄懂了我的意思，一拍脑袋说："啊！你说的就是我那两个难缠的女儿啊！"

我哈哈一笑说："对的！你用在公司员工身上的方法，也完全可以用在女儿身上。不同的是，员工因为有利益牵涉，可能会屈服于一些公司的政策，不会对你发脾气。但女儿与你更多的是情感联结，她们对你没有畏惧感。当你从爸爸的角色转变为家庭 CEO 后，你会体验到这种在爱中成长的管理乐趣。"

"你是怎样做这个 CEO 的？"比尔问。

"我先生做生意，经常出差。我会跟我的两个上小学的孩子说清楚，他们需要把各自的事情做好，那样我才会有时间为他们安排好吃的和好玩的。每天早上我会去叫他们起床，给他们一个早安的吻，这是一天开始的仪式。然后我就会告诉他们我下楼去做早餐和为他们准备午饭餐盒，他们洗漱穿戴好后就可以下楼来吃早餐了，我们 7 点 20 分准时上车出发去上学。我下楼后便不会再管孩子在楼上的事，他们有时会赖一会儿床，我不会做任何提醒和催促，他们忙完便下楼来了。如果他们拖拉，那他们会错过美味的早餐而需要直接去上学，我通常不会抱怨或者责备，而只是执行到点就上车的这个规则。我会制作美味的早餐，还会在早餐桌上和他们进行有趣的交谈，探讨一些有趣的人或事，孩子们会为了不错过这种交谈而尽快地完成洗漱。早餐期间我也会顺便安排孩子们放学后需要完成的任务，这些任务的进展情况将会在晚餐时进行交流。晚餐期间也是我们以头脑风暴法解决家庭难题的重要时刻。我就是这样执行每天的程序，不需要催促或者发火，完全地信任，也完全地放手让孩子们自己承担责任。

"这就是妈妈 CEO 的做法，冷静和蔼，洞察人心，言出必行。这样的CEO 是不是会培养出更优秀的员工？"我笑着说。

餐桌头脑风暴

餐桌是每个家庭教育孩子最理想的场地，我们需要培养出一种饱含价值观的餐桌文化，这种文化会影响孩子一生。**不少家长把餐桌变成了批评或责备孩子的场所，这是教育的巨大失误，这样做不但会影响孩子的消化吸收，而且会把一个本应温馨和谐的场景弄成阴森恐怖的心理墓场。**

家长首先要做到餐桌上不批评孩子，让孩子慢慢地爱上与家人围坐在一起享受美食。在餐桌上，作为主导的家长可以跟孩子探讨这世界上各种各样有趣的话题。孩子天生好奇，这种有趣的探讨会培养出孩子良好的价值观，让孩子渐渐读懂这个世界。

做电池生意的爸爸有一天叫醒孩子们后，对孩子们说他遇到一个十分棘手的问题，需要孩子们帮忙想办法解决。"你们赶紧洗漱好，换好衣服下楼来，我在早餐桌上等你们。"爸爸说完就下楼去了。平时被叫醒后还要在床上赖几分钟的孩子们这时就变得十分积极和高效，他们迅速完成了起床后的任务，小跑着下楼坐到早餐桌前。爸爸开始谈他的两批货物出了问题，分别被卡在纽约和华盛顿，需要派人去修复，他现在找不到可以帮忙的人，不知道该怎么办，让孩子们帮他头脑风暴一下，想想办法。

"爸爸，我可以去帮你忙。"女儿一边吃着鸡蛋，一边对爸爸甜甜地说。

"对啊，我们还没去过纽约呢！"儿子兴奋地说，感觉是要去旅行。

爸爸笑了笑说："谢谢你们这么乐意帮忙。以后会有机会带你们去纽约的，但这次这批故障电池都是大电池，需要大人去才能修得了。"

"那就派哈利去吧！哈利应该没问题。"哈利是爸爸的一名员工，爸爸常跟孩子们说起哈利是一个非常负责任的员工，儿子第一时间想到了他。

"好主意！哈利一定能胜任这项工作。"爸爸说："但是有两批货物，时间也比较紧迫，哈利一个人不可能在短时间内跑两个地方。怎么办啊？"

"那就把东西都拉到一个地方去，哈利就只需要去一个地方就可以啦。"女儿提出了一个我们意想不到的好建议。

"这个主意太棒了！哎呀！幸好有你们帮忙想办法，这个问题就容易解决了。不过光哈利一个人处理那么大一批货也需要很长时间，那样就会耽误交货。如果能多几个人帮忙就好了。"爸爸还是继续犯难。

"那就把东西都拉到纽约，然后让哈利到纽约去，让他在纽约请几个人吧。像 Home-Depot 门口不是常常会有一些人在那里举着牌子找工作吗？就找他们好了。"儿子一边吃粥一边说。

"你的想法太好了！帮我解决了一个大难题！我这就找哈利去处理！你们赶紧吃完碗里的粥，穿鞋拿书包出来，我在车上等你们。"爸爸兴奋地说完后，拿着车钥匙和手机出去了。

孩子们赶紧吃掉剩下的食物，小跑着去穿鞋拿书包，然后匆匆跟我拥抱贴脸道别，就跑上车上学去了。

孩子们从家庭餐桌上吸收到的养分，会构建起他们强大的知识体系，让他们能从中找到适合自己的价值观。为了每天能得到这种爱的心流体验，孩子们认真有序地与我们合作，我们家几乎没有了那种为小事争吵或责备的场景。而我们在享受这种心流体验的同时，也不得不逼迫自己去学习和阅读，不断地完善和提升自己的知识体系，以获取更多的与孩子探讨交流的机会。

餐桌上，只盯着孩子的碗，看孩子吃了多少饭的家长是没法给孩子构建一个多元的世界的，很多家长常常抱怨孩子吃饭难，个中深层次的原因，其实是家长只盯着结果，却并不享受美食，也并不把用餐视为一种可以享受的人生体验。

这就是作为 CEO 的家长能使用的最好的餐桌头脑风暴法，请享受与孩子一起吃饭探讨人生的宝贵时光吧。

执行能力

告别拖拉

大多数人都有这样的感受，那就是童年时最厌烦的事情便是妈妈的唠叨，但在自己当妈妈后却发现自己也在盯着孩子时，嘴巴有时会把一句话重复几十遍。尽管心里知道没用，却忍不住一遍又一遍地重复唠叨催促，直至孩子无动于衷，自己都讨厌自己为止。

最明显的是孩子早上起床至上学前以及睡觉前这两段时间。孩子上学似乎变成了妈妈的事，孩子在床上赖着不起来，或者慢吞吞地刷牙洗脸，穿一只鞋似乎要半小时；而晚上却怎样赶孩子去洗澡他们都不肯去，洗起澡来又怎样都不肯出来，然后怎样赶他们去睡觉又都不肯去……满身疲惫的妈妈体内的肾上腺素每天都因此猛烈上升，恨不得把娃扔进洗衣机里去洗洗睡。

育儿界的一句至理名言是："当你说了很多次仍然没有用的时候，就不应该再说同样的话了。"

当我们被怒火燃烧，感觉要爆炸的时候，先等一等，想想这句至理名言。既然唠叨催促了那么多遍都不见效果，那证明这方法是无用的，我们需要的是寻找新的方法。

我家有每周开一次家庭会议的习惯，我在家庭会议中提出我为早上总是唠叨催促儿子感到非常抱歉，我希望能改变对待他的方式（那时女儿还小，没上学，所以不参与讨论）。然后我问他是否愿意告诉妈妈他在睡醒后希望做的事，并画出了一张对开的表格，左边写着"约翰想要的"，右边写着"妈妈想要的"。儿子因为我在开场真诚的道歉而去除了戒备，也看到了我愿意和他谈谈的诚意，于是放开了他的想法。他在他想要的那栏写下了：赖床 5 分钟、吃喜欢吃的早餐、给他买带甜味的牙膏、允许他穿短裤、不要催他。我在我那栏写下了：6:45 起床叠被子、换下来的衣服放洗衣篮（因为他经常扔在地上）、7 点前完成洗漱、7 点下楼吃早餐、7:25 准时上车出发。

双方的意愿都列出来后，我们开始谈判。有谈判自然就要有退让，我不能干涉他吃早饭与刷牙哪项先做的决定，不能要求他在春天穿长裤而是让他自己决定。同时我得满足他的要求，为他买带甜味的牙膏，按他的喜好做早餐，等等。他也提出不想每天整理床铺，于是我也允许他只在周末整理床铺。

当然，在我答应了他提出的要求后，我向他强调，6:45 分在我把他叫醒以后，我就会下楼做早餐了，不会再上楼去管他。7 点钟他爱吃的早餐会准时摆在餐桌上，我开始吃早餐。7:25 分我会提醒他一次时间到了，我会上车等他，他自己收拾好餐具后穿鞋、拿书包上车。儿子同意了。

谈判后一天我们开始执行。6:45 分我叫醒儿子，如果年龄稍大点的孩子可以用闹钟，我觉得在孩子还小的这几年，比起那个让人神经紧张的闹钟，父母抚摸他的脸颊，柔声细语地叫醒他更能带来好体验。他睁开眼睛时看到一个大大的笑容，感受到充满爱意的亲吻和注视，如此便会一整天都沉浸在浓浓的爱的正能量中。

叫醒儿子后，我告诉他我要下楼去做早餐了，然后与他共情说我也知道他还不愿起来，他可以在床上躺 5 分钟后再起来，自己洗漱好后就下楼吃早饭。有一次叫醒他后，过了 10 分钟我仍然没听见他动静，眼看还差 5 分钟就 7 点了，我感觉喉咙里卡着什么东西，体内也有一股气流涌动，如果不喊一嗓子，会一直不舒服。于是我拿起一本书读起来，自我暗示不在乎他是否吃早餐。

又过了一分钟，我听见儿子跑向卫生间的声音，随后我就听到了冲马桶的声音、电动牙刷的响声、流水的声音等。我松了一口气，庆幸自己忍住了这 11 分钟。

儿子洗漱完下楼吃饭，我怕自己对他吃饭多少等问题指手画脚，于是跑进书房去运动。到了 7:25 分，我穿好鞋拿起包，对儿子说："到时间了，穿鞋走吧。我在车上等你。"

"可是妈妈，我还没吃完呢。"儿子说。

"哦！那不要吃了，走吧，要不然会迟到的。"我轻轻地说，说完我就出门到车上去了。很快儿子就穿好鞋背上书包跟上车来。我夸奖他非常准时。

送完孩子回到家，我才发现儿子的餐盘里还有很多食物，估计他就磨磨蹭蹭地吃了两口。我心里有些担忧，但决定忘掉这件事，因为我觉得让孩子养成独立的习惯比他多吃几口饭更重要。

第二天用同样的方式执行，我也做了儿子爱吃的早餐，慢慢地，他知道时间一到就得走，于是开始快速地吃饭，餐盘里剩的食物越来越少。

一周以后，儿子便把上学前的各种流程变成了习惯，去上学已经内化成了他自己的事，而不是爸爸妈妈的事了。后来换爸爸送他上学，他反而会经常催促爸爸快点，不要迟到。女儿上小学后我也用同样的办法对女儿进行起床训练。有趣的是，允许他们赖床的 5 分钟后来似乎成了他们的一个酷刑，让他们觉得好漫长，他们感觉好像是我要求他们躺 5 分钟一样难受。通常我刚下楼去，就会听见他们起床、洗漱、争相跑下楼的声音。

逐渐地我也不再在孩子上学前为孩子整理书包，让孩子自己整理第二天要带去学校的课本杂物。有几次周一晚上我忘了提醒他第二天要去图书馆得带书去还，他没带书去便没法借新书，他心里不高兴，以后到了周一晚上，他便自己把从图书馆借的书先塞进书包里，以免第二天早上因时间太赶而忘记。

行动代替语言

要求孩子做某件事前，父母最好先跟孩子商量好具体的细节。如晚上睡觉这件事，很多人头痛孩子明明眼皮都抬不起来了还不肯去睡觉，一定要玩至睡着或者累得发脾气为止。父母应该为孩子制定好作息规律表，与孩子商量晚上的作息时间，并严格按照时间表执行作息制度。

我家一般在傍晚 5 点半至 6 点之间吃饭，7 点半前完成洗漱工作，7 点半至 8 点是亲子共读时间，8 点后有 10 分钟时间教孩子认几个中文字，剩下的时间让孩子自主阅读，8 点半准时关灯睡觉。

在与孩子商量制定时间表的时候孩子会满口答应，但真正做起来时他们会想方设法拖延。此时父母需要做的是雷打不动地按照时间表执行各项任务，让孩子知道需要遵守的是经过大家商议而得来的规则，而不是迫于父母的高压。

我儿子晚饭后总是拖延着不肯去洗澡，提醒无效后，我便不再提醒他，到 7 点半时，我会牵着他的手带他到浴室让他洗澡。这是行动代替语言的一种方式，不要无休止地提醒或要挟，只需要上前去牵着孩子去做这些事就好。如孩子正在读书，时间到了也催促过了但他仍不去洗澡，那我会把他的书轻轻拿走，牵着他的手至浴室，说："你洗完澡出来后可以继续读书。"如果他在 7 点半前完成洗漱，我会非常高兴地与他一起享受亲子阅读时光；如果他洗漱完了出来已经超过时间了，我会告诉他很遗憾今天没有时间做亲子阅读了，只能教他认中文字和让他自己读书，8 点半准时睡觉；如果他 8 点才洗完澡，那根据商定，他就得马上睡觉，而没有任何阅读的时间。

8 点半睡觉这一点不能改变，如果拖延，那需要减少的就是孩子热爱的读书时间。在孩子心目中，父母不允许他们做的，或者用来作为奖赏的事物，必定会让他更依恋。因此，不要用玩电子游戏作为奖赏，也不要用不允许他们玩电子游戏作为惩罚，虽然它效果明显，但却是短暂的，它会让孩子越发痴迷于这种奖赏物。用阅读作为奖赏，不能再阅读作为后果，则可以让孩子痴迷阅读。

得克萨斯州的夏天很长，晚上 9 点才天黑。儿子 8 点半躺在床上，外面感觉好像还是白天。他说为什么天还没黑就要睡觉。我笑笑说天还没黑就要睡觉感觉的确很怪，但你已经到睡觉时间了，你需要遵循你的作息规律，而不是太阳的作息规律。说完就让他躺下关灯。孩子因为累了一整天，躺下后便会秒睡。

作息规律在严格执行两周以上后，孩子的作息习惯便基本成型了。在我们提醒他们几点该做什么事时，孩子会条件反射般感受到他的作息需求，从而遵守作息规则与父母合作。

相信孩子

我在课堂上讲到，在早上起床的争斗中需要用到前面的方法时，很多家长会迫不及待地问道："如果他就是不动那怎么办啊？"不少家长在处理孩子的问题时会预设一种假想的结果，也就是潜意识里认为孩子不会按照自己的要求来做。

潜意识是一种很奇怪的东西，当我们在潜意识里产生某种想法时，我们会想方设法去证实自己的想法是对的。 当家长在叫醒孩子后，潜意识里会潜藏着"他一定不会按我要求的来做"的想法，认为孩子肯定要等到家长吼叫时才会去做。家长在心里盘算着孩子到底要赖多久的床，自己得在什么时候对孩子吼叫以使孩子服从。于是家长在等了漫长的两分钟后，潜意识会发出一个信号，那就是"你看我说得没错吧，他就是要跟我对抗到底"。这个信号一旦发出，家长可能就会怒火冲天，开始大喊大叫催促孩子。孩子本来可能正准备要起床，却敏感地捕捉到了家长对自己的不信任，于是会故意与家长对抗，就是不起床。直至最终家长不断提高音量骂孩子，亲子间两败俱伤。孩子在潜意识里认定家长不信任自己，他们脑海里的声音是："你看我说的没错吧，我是不值得信任的人，爸爸妈妈从来都没有信任过我。"

如此恶性循环，反复伤害。

当我们对孩子提出某个要求时，我们一般只说一遍，让孩子自己承担后果。比如准备出发上学前我会提醒孩子们带水杯和零食。但等我们快到学校时，孩子们才说："哎呀，忘了带水杯和零食了。"我不会责备他们，而只是说："哦。没关系。明天记得就好。"

到了第二天，不等我提醒，孩子们就会把水杯和零食放进书包。很快孩子们知道妈妈提醒他们去做某件事时，妈妈只会说一遍，于是他们便会赶紧去做，甚至不再需要提醒都会去做。

一个人的执行力其实就是对自己负责的态度，孩子懂得了对自己负责，就会懂得去追求梦想，奋发努力。**执行力的训练需要从小事做起，孩子懂得**

把自己责任范围内的各种小事做好，就能在成年后懂得依靠自己的双手创造生活与财富，从而成为执行力与责任心强的人。

凡事只说一遍，相信孩子会自己做好。

控制情绪偏方

一个情绪管理能力强的家长，能更有效地控制局面而不是控制孩子，能在遇到挑战时调整对策，与孩子有效沟通，找出解决问题的办法。

人非圣贤，父母难免会有各种各样的负面情绪，这些负面情绪会形成踢猫效应，让孩子们深受其害。父母如果容易情绪失控，那以父母为榜样的孩子也容易情绪失控，以致遇到问题时没法冷静寻求解决问题的办法，而是以暴力或发脾气的方式来解决问题。

控制情绪的许多方法如自我隔离、有效转化等，我已经在我的书《积极教养——培养自信有领导力的孩子》中写过。有一些常常被我们忽略的帮助家长和孩子控制情绪的小偏方，虽然看着不起眼，但却对情绪管理起着十分重要的作用。

运动。很多家长不看重运动，他们常常觉得工作太忙碌，闲下来时恨不得睡个懒觉，根本没时间运动。部分家庭主妇则觉得做家务的时候忙进忙出，已经是运动了。

实际上运动对于人的情绪控制非常重要，它可以让人的注意力得到集中，大脑机能得到发展，工作会更高效。人类的进化决定了人是不可能长时间集中注意力的，一段时间的注意力集中后，人就会出现涣散状态。原始人在狩猎时，不可能一整天都把注意力集中在跟踪猎物上，那样他的大脑无法获得刺激，脑细胞没法进入活跃状态，很容易产生疲惫感和厌倦感。当他们适时地对猎物进行追赶时，奔跑类运动会激发他们脑细胞的活力，让他们处于亢奋状态，从而对追捕猎物这件事的注意力变得更集中、更持久。由于奔跑会使人的大脑产生多巴胺，这是一种脑神经传导物质，会给人传递兴奋和开心的感觉。

原始人可以通过追赶猎物来调节情绪，人类的大脑已经适应了在运动的过程中传递更多的正面情绪的神经元。现代人的生活常常三点一线，不是在车上踩油门或刹车就是在电脑前敲键盘，运动已经不再是生存所需。但因为现代人缺乏运动，我们的原始大脑便误以为我们的生命处于静止状态，因而传递出暴躁、易怒等负面情绪，阻止了我们的思考和行动。这就是为什么那些每天都在职场拼搏加班加点的家长们，回到家很容易被孩子的一丁点儿不良行为激怒。他们的原始大脑没有得到运动的满足，原始大脑会对自己感到异常愤怒。

运动能产生多巴胺，让人产生愉悦的情绪。当我们有了愉悦的情绪时，我们会变得宽容豁达，在孩子犯小错误时能一笑而过，这就达到了有效控制自己情绪的目的。

值得注意的是，我们重复的工作与家务不能算作有效的运动，重复性没法刺激大脑细胞的活力，不但无法产生多巴胺，甚至还可能因为单调的重复而产生强烈的厌倦感。如果在繁忙的工作或家务间隙进行一些有氧运动或拉伸运动，大脑的反应会让我们的工作和家务都变得更高效。

城市水泥森林使孩子的活动范围变窄，运动的本能没法得到发挥，缺乏运动的孩子也容易变得脾气暴躁。很多家长觉得奇怪，为什么孩子总是爱发脾气，其实那是因为孩子的原始本能没有得到满足。如果家长能每天坚持带孩子到户外运动一段时间，孩子就会变得更合作。坚持运动其实是一种意志力的训练，一个热爱运动的家长会培养出热爱运动的孩子，孩子如果在人生中能够有坚定的意志坚持运动，那不管他们身处任何行业，都会拥有成功的条件。

我家里有一个跑步单车，我没事就会去跑跑。在我跟孩子们学习如何认识和控制情绪时，曾与孩子们商讨如果谁感觉自己有非常强的想爆炸的情绪，那就自己到跑步单车上去骑几圈，那样我们体内那个情绪的魔鬼就会飞走。我们也是按照这个约定执行的，当孩子们为争抢文具大打出手时，我会让孩子们到跑步单车上去骑一会儿。孩子们嘻嘻哈哈跑完后就和好如初了。

好几次当我为孩子们的问题生气，准备爆发时，孩子们会指着跑步单车对我说："妈妈，你快去骑跑步单车！"我便冷静下来，遵守自己的约定去骑跑步单车，让自己的情绪得以恢复。

有几次，我的两个孩子发生了争吵，哥哥被妹妹气得满脸通红，情绪即将爆发，他却忽然放下了要举起来的手，跑到跑步单车去拼命骑起来，一边骑一边骂，发泄着自己的情绪。有时妹妹被哥哥欺负，"哇"地一声大哭，哥哥逃之夭夭，我会牵着妹妹的手到跑步单车上去，她一边骑一边哭着说："我恨哥哥，我希望你没有生他。"我便共情回应她，抚慰她的情绪，没一会儿她不要再骑了，跑到玩具房去看哥哥在玩什么，两个人又非常开心地玩了起来。

我希望孩子们养成这样的习惯直至成年，心里有各种不良情绪时，如生气、委屈、伤心等，懂得用运动去帮助自己发泄情绪。

借助提神饮品。父母有效地控制好自己的情绪，是避免孩子们情绪失控的一个重要前提。有时候孩子只是犯了一个小错误，家长如果处于压力或疲惫状态，就会因为自己的情绪问题而失控，以致严厉地斥责或惩罚孩子。

璇有一个两岁的儿子，这个年龄的孩子活泼好动且不受约束，璇每天下班回家后已经非常疲惫了，但仍然坚持带儿子到早教中心去上一节早教课。儿子不肯坐在教室里，要往门外跑，璇为此感到十分苦恼。有一次，当儿子再次往门外跑时，又饿又累的璇的情绪马上爆发了。她觉得自己付出了大量的时间和金钱，忍受着饥饿带儿子上早教课，儿子却完全不配合。因此她在带儿子回家的路上恶狠狠地吼了儿子，这一吼吓得孩子躺在地上放声大哭，现场一片混乱，璇感觉世界都要崩塌了，抱起儿子气呼呼地回了家……

每一个人都有一些情绪的爆发点，这些爆发点常常是我们的疲惫点。我们得认识到我们自己的爆发点在哪里，得想方设法让自己避免进入这些爆发点。比如，我在傍晚的时候会感觉异常疲惫，而傍晚时分其实也是孩子的疲惫点，这时候他们容易因为一天不停的活动而有了劳累和饥饿感，家长的疲惫点如果碰上了孩子的疲惫点，战争就容易一触即发。孩子没法像成人那样去分析自己的情绪，我们除了尽量避免让孩子进入爆发点外，更重要的是我们得控制我们的爆发点，不让自己成为点燃战争的导火线。为了避免我的疲惫点给孩子们带来情绪上的伤害，我常常在下午 3 点去接孩子们放学之前喝一杯咖啡，以保证我在下午至晚上孩子睡觉前这段时间不会疲惫，从而能稳定自己的情绪，以便更理智地陪伴孩子及处理孩子的问题。

孩子们后来都知道了我有在接他们之前先喝咖啡的习惯，于是在我偶尔对孩子们发脾气的时候，女儿会十分真诚地对我说："妈妈，你今天忘记喝咖啡了。"

与孩子一起制作"情绪牌子"也是一个很好的处理情绪的方法。"情绪牌子"就像酒店门上挂的那种"请勿打扰"的牌子。我们先跟孩子们一起认识情绪是什么东西，然后把每一种情绪制作成一个可以挂在门上的牌子，当孩子躲进房间时，如果不想被父母或兄弟姐妹打扰，就可以在门口挂上一个"我很生气，请不要打扰我"或者"我很开心，欢迎来跟我玩"之类的牌子。

如果孩子学会了用"情绪牌子"表达情绪，等他们到了青春期，即便他们喜欢把自己关在房间里不出来，至少父母可以通过他们的"情绪牌子"知道他们的心情以及需求。

其他小偏方。个人爱好能很好地帮助家长或孩子控制情绪，当我们体内涌动着各种气流，需要一个发泄的渠道时，做自己喜欢的事便能把情绪疏导出去。比如喜欢音乐的人不高兴时弹一首曲子就会变得身心舒畅；喜欢画画的人随便涂鸦就能气定神闲；喜欢打球的人投几次篮就可把怒气抛到九霄云外……我喜欢写作，写作对于我来说是一种爱好而不是职业，因此在我十分烦闷的时候，我会坐下来静静地写点什么，等写完后我就会感觉满血复活。每一个人都有不同的表达自己的方式，生活再不容易，也得保持一些可以让自己平息情绪的个人爱好，以随时帮助自己达到情绪控制的目的。当然这也是我们培养孩子的兴趣和爱好的原因，有个人爱好的人更善于控制情绪，不容易产生抑郁症状。

养宠物其实也是非常好的控制情绪的良方，我们家自从养猫以来，孩子们在不开心的时候，只要看见那只拼命卖萌往腿上钻的柔软小猫，孩子们立刻就会温和下来，他们把小猫抱进怀里抚摸着，忘记了刚才的负面情绪。后来我家里还养了一只小狗，有时眼看孩子们进入了疲惫点，我便让他们带小狗到院子里去玩。孩子们跟小狗玩扔球和接球的游戏，情绪十分高涨，那些在疲惫点时常出现的抱怨或争斗就不会出现了。

宠物对于成人的情绪疗愈也有非常大的帮助，孩子爸爸非常喜欢训练小狗，常常为了让小狗学会一个动作如握手或趴下等而花一小时训练。在小狗学会了这个动作时，爸爸会很有成就感。有时小狗调皮咬坏了爸爸的耳机，爸爸虽然心疼却不会发脾气。爸爸因儿子做了什么错事而生气时，转头看见小狗直勾勾地盯着发怒的自己，想到狗也经常犯错误却能得到自己更多关爱，会自言自语地说："算了，不跟你计较了。"

孩子常常不会做父母要求他们做的事，但会按照父母做事的方式来做事。我们都知道一个善于管理自己情绪的人会在人生中更具优势，所以我也希望自己的孩子能成为善于管理自己情绪的人，那我们就先从自我做起，去认识与控制情绪，帮助孩子更好地认识和处理情绪问题。

追求梦想的能力

父亲的 MBA 课程

我出生在中国经济腾飞的年代，有一个十分热爱学习并通过自学致富的父亲。父亲没接受过正规教育，却自学电工知识成为一名出色的电工。父亲一生十分勤奋，他一直教导我们学习无止境，只要勤奋就可以致富。他一直保持着读书的习惯，并对有商业头脑的人十分崇拜。他认为商人能吃常人不能吃的苦，也能看到常人看不到的商机。

我大学毕业工作后，有一次，父亲跟我提起他的一些往事，父亲在 20世纪 90 年代靠电工的手艺赚了不少钱，但由于缺乏领导力思维让他错失了很多机会。父亲的电工活儿做得好，所以很多人都找他来为家里或公司承包电工活儿。蓬勃发展的 20 世纪 90 年代的广东，到处都在建设，因此电工也就成为非常吃香的行业。但父亲天生具备匠人精神，只懂得把活儿做好，却没有半点创业思维。慢慢地订单太多他做不过来，于是他就推掉了一些活儿。但因为父亲没有建立自己的工程队，全凭自己一个人来做，工程便变得效率低下。很多急于投入使用的商铺或个人都不愿意把活儿给我父亲，而另找其他工程队。一位曾十分欣赏我父亲也给我父亲推荐了很多活儿的客户最终对父亲说："你什么都好，就是老想着靠自己亲力亲为，这样赚钱害了你，如果你自己懂得拿出钱来聘请他人，组建一个工程队，那你早就发达了。"经济的浪潮越掀越烈，父亲却最终失了业，从此郁郁不得志。

父亲在跟我讲他的这段往事时，正是我大学毕业后事业发展的一个关键期。那时我接下了一些企业的广告宣传项目，没日没夜地为他们写策划书，常常忙到半夜两点多才睡觉，感觉力不从心，策划书也写得越来越没水平。父亲的这个故事给我敲响了警钟，我重新思考自己思维方式的局限，并开始尝试聘请一些刚毕业的大学生承担写广告策划书的工作，而我自己则可以抽出身来约见更多企业客户，承接更多广告业务。

这是父亲教给我的最重要的一堂 MBA 课程，他以自己的经验教训，引导我把"努力工作—赚钱"这条单一的生存模式，转变为"努力工作—聘请雇员—赚钱"这样的发散性的思维模式。小时候我们常常被教育，只要好好学习，一切都会好起来的。这种教育观点限制了我们思维的广度。尽管我们可能会因此成为优秀的工程师或匠人，但却很容易被社会发展的洪潮抛弃。在美国，华人工程师在公司裁员时被裁下来的比比皆是，我先生在企业实验室工作时也曾遭遇过裁员，这就是"努力工作—赚钱"这个模式的弱点，它与外界的联结太少，非常容易断裂。痛定思痛，我先生才开始思考寻求更适合自己的路，从而勇敢地选择了自主创业。

我有一个好友从小被父母逼着学习乐器，度过了每天需要练琴 4 小时以上，完全没有时间玩的童年。她的父母一直告诉她只要把自己的技艺做到最好，就一定会有更好的前途。好友也十分争气，一直都是学霸，并成为美国常春藤名校的音乐高材生。只是世事弄人，在各种流行音乐的冲击下，高雅音乐的路却变得越来越窄。父母曾经许诺的只要有精湛的技艺便能有更好的生活的神话早已不复存在，生存的压力如影随形。

而那些看起来似乎轻轻松松就能赚钱的企业主们，风光的背后也有太多不为人知的辛酸故事。我曾经采访过很多企业家，在他们的致富故事中，每一个故事背后，都带有很强的"杀不死你的东西只会让你更坚强"的味道。一位电子产品的企业主，如今已经把产品销售至世界各地。在开始创业之初，因为没有场地也没有人，两个合伙人曾经在一起没日没夜地打包了几千件商品；一位从河南到广东打拼的企业主，因为小时候家里太穷而吃不起橘子，到广东后第一件事就是买了 30 斤橘子狂吃一顿，发誓以后都不能买不起橘子，并从此缔造了一个大型科技企业；一位民办教师，在改革的浪潮中看到了土地买卖的商机，毅然辞职下海，最终成为房地产大亨与钢铁企业大王；一个普通的大学生，靠买卖古物赚点生活费，却最终建立起庞大的连锁培训机构……

长大后我也要当老板

上文提到的那些企业家们成功的背后，都有他们不畏艰苦，善于转变思维，以及不给自己的人生设限的精神在支撑。无论家庭还是学校的教育，大部分人的观念都是"好好读书—上个好大学—找份好工作"，大多数人的职业取向都停留在安全需求上，只要一份稳定的有高收入的工作，因此职业发展无法上升到自我实现的层次。很少人会把"好好读书，你可以改变世界"作为一种教育理想，因为那实在太遥远，也无法量化。我们能看到的只是孩子将来可能从事什么职业，却无法看到孩子的无限可能。因此我们得改变思维模式，在孩子小的时候要看到他的无限可能，不对他的未来发展设限。

有一次，我儿子问我："妈妈，爸爸是老板吗？"我说是的。儿子接着说："我们老师说老板不好，他们让工人们辛苦工作，但他们自己却赚更多的钱，那不公平。"我沉默了一下，9 岁的孩子刚刚开始有逻辑思维能力，他仍然处于非黑即白、不是好人就是坏人的思维模式中。我不希望他人的个人偏见让他产生对老板的刻板印象，因此我需要引导他自己去思考老板究竟是怎样一个角色。

"爸爸是老板，我们一起来看看爸爸的工作，他早上 6 点起床，你们 7 点半上学后爸爸就开始上班。除了下午你们放学后爸爸会陪你们玩一会儿外，晚上你们睡着以后爸爸又开始工作到晚上 11 点后才休息。爸爸还经常出差，常常坐半夜的飞机回家。相比爸爸聘请的工人们，他们可以早上 9 点上班下午 6 点下班，他们下班后就不用再工作了。你觉得谁更辛苦一些？"我问儿子。

儿子没有回答，他从来没有想过这样对比，不过我的对比让他陷入了沉思。

"另外，爸爸是没有固定工资的，公司是他的事业，他得不停地往里面投钱。这些钱包括给员工的工资、办公室的租金、办公用品，以及给政府的税金等。爸爸不断投钱使公司赚到钱，那样他就会有收入。但投钱也会有风险，很有可能投了钱赚不到钱。如果投入的钱没能让他赚更多的钱，那就不会有人愿意投钱建公司了。工人们不用为公司投入钱，他们只要工作就可以赚取自己的工资，如果他们做得不开心还可以辞职另外找一份工作。但一个老板却不能辞职，他们创业的结果只有两个，要么成功赚到钱，要么失败赔了钱。你觉得谁的压力会更大？"我继续问。

"爸爸的压力比较大。"儿子说。

"是的！很多刚创业的老板们，都要承担这种强大的工作压力和风险。就好像一个弹簧，你把它压得越紧，它就会弹得越高，没有压力的弹簧，就没法弹起来。老板们就好像一个把自己压得很紧的弹簧，他们付出了努力，承担了压力和风险，他们就会比其他人跳得更高更快，因此他们可以赚更多的钱，这是他们应该得到的。如果这世界上没有了老板，就没有人能建立起各种各样的公司，那大家就没法找到工作，社会也不会发展。这世界没有绝对的公平，原始社会中大家一起打猎回来后把肉平均分给每一个人，那样看似是公平的，但如果一直保持这样的状态，每个人不管多努力都分得同样重量的肉，那就不会再有人愿意努力去打猎，人类也就不会有发展。最早想到用"多劳多得"的方法来分肉的人，能刺激大家都努力打猎，获取更多的猎物。这个有更多想法可以让大家改变的人，最终就会成为领导者，他甚至可能不需要去打猎就能让大家分给他肉。这不能说他就是坏人，不需要干活，他付出的是其他人没有的智慧，包括制定规则的智慧、管理的智慧等。人类因为有了智慧，才能跟其他动物区别开来。"我说。

"但是老板赚更多的钱不公平，打工的人也很努力啊。"儿子仍然感到困惑。

"是的。很多人都很努力，也应该赚更多的钱过更好的生活。只要他们持续不断地努力，那他们也会有机会，或者自己创业当老板，或者升职为经理甚至 CEO，过上更好的生活。但那些总是抱怨不公平且不努力的人，往往没有看到他人的努力而只考虑公平。这世界上没有绝对的公平。比如说你们学校的 FUN RUN 活动，是由美国一家超级大的公司组织的，几乎所有学校都会跟他们合作，他们会设计出非常有趣的游戏让你们去奔跑，去玩，你们会为了这个活动去找爸爸、妈妈、爷爷、奶奶、叔叔、阿姨等大人们捐钱赞助学校。妈妈给你 3 美元 1 圈的捐款，你跑了 36 圈，妈妈就为你捐款了 108 美元。这笔钱并不是全部捐给学校的，只能有一半捐给学校，另一半归组织这次活动的公司所有。这家公司跟全国各学校的合作，每年靠 FUN RUN 一项活动就可以赚很多钱。你可能会觉得不公平，你们这么辛苦找来的捐款，却不是全部捐给学校的，甚至这家公司赚得更多。因为这家公司派员工组织这项活动，他们设计了游戏，他们做了大量的广告宣传，而学校只需要提供场地和鼓励学生参加就可以了。因此这家公司与学校是双赢的，学校非常愿意跟这家公司合作。试想如果没有这家公司，学校也就不会得到每年几万美元的捐款，你们也就少了一项非常有趣并可以锻炼你们募捐能力的活动。如果你是这家公司的老板，你赚了钱很高兴，员工有工作也很高兴，学校筹集到捐款也很高兴，孩子们可以玩也很高兴，家长们觉得锻炼了孩子的能力也很高兴。这就是一个成功老板的厉害之处，既能让自己赚了钱，也让大家都高兴。"我说。

儿子忽然笑了，说："我长大了也要当老板。"

琳茜的残奥梦

琳茜曾经是美国国家游泳队的一员，曾代表美国队参加过两届残奥会比赛。退役后琳茜一直在一家游泳机构当教练，培养游泳队员。琳茜在游泳机构中一直很耀眼，不单因为她强悍的教练作风，更因为她那支始终露在短裤下面的有力的假肢，还有半边瘫痪的脸。初见琳茜时，很多人会感到害怕，因为她的半边脸已经下陷，整个脸庞结构不协调。但当我与琳茜坐到咖啡厅里，开始聊她的人生时，我忽然觉得，她的一颦一笑，都充满着坚毅的力量。

琳茜两岁的时候患上了严重的小儿麻痹症，为了抢救她的生命，医生决定为她做截肢手术，她从此失去了左腿。刚开始时她依靠轮椅，生活很艰难。更让人难过的是她左半身也瘫痪了，脸部逐渐因为肌肉萎缩而凹陷，这也成了她的噩梦，因为同龄孩子选择远离她。爸爸妈妈为了给琳茜做理疗，坚持每天带她到游泳池去游泳。琳茜说她曾经给爸爸妈妈带来极大的苦恼，因为她不肯离开轮椅进入水中。后来爸爸用三点说服了她：第一点，水可以帮助她恢复健康；第二点，爸爸会始终在水里陪着她；第三点，在水里她可以享受到自由行动的感觉。真正刺激琳茜跳进水里的是爸爸所说的第三点，因为自由是她始终渴望得到的。

水的浮力可以帮助琳茜左半身神经得到舒张，渐渐地琳茜的左手恢复了活动。爸爸又惊又喜，坚持每天带琳茜到游泳池去。回忆起自己的童年，琳茜觉得她跟大多数在游泳池里嬉戏长大的孩子们没什么区别，泡在游泳池里是她感觉最安全、最舒适，也是最享受的时光。更让琳茜骄傲的是，在游泳池里，她获得了很多敬佩羡慕的眼光，很多同龄人对她能用一条腿游泳充满了敬意，这让她在同龄孩子中成为传奇人物。

琳茜之所以能在这样的环境下快乐地成长，是因为她有一对无条件接纳她与爱她的父母。琳茜称有时自己会因为做不到的事而大发脾气，父母体谅她的难处，一小步一小步地教导她，从来没有视她为麻烦。父母因为她的进步而感到骄傲，琳茜也因此能幸福地长大，勇敢地面对自己的缺陷。

9 岁的时候，琳茜开始进入了思考人生的年龄。有一天，学校请了一位参加过残奥会的运动员来做讲座，琳茜第一次了解到残奥会这个概念，她强烈地希望自己将来也能参加残奥会。

当她回到家兴致勃勃地把自己的梦想告诉爸爸妈妈时，爸爸妈妈很震惊。他们并不是没有思考过女儿的未来，只是受身体条件的局限，他们一直认为女儿最好的出路应该是上一个社区学院然后找一份简单的工作，继续留在小镇里生活。而参加国家游泳队的训练，则意味着琳茜需要离开家，到科罗拉多州进行集训。让一个没有自理能力的孩子独自到另一个州生活并进行高强度的训练，爸爸妈妈对此十分担忧。不过他们还是给琳茜联系了残疾人国家游泳队。

正式被录取以后，琳茜由当地的教练指导训练。从此她在游泳池的玩法变了，她不再是一个肆意玩水的疯丫头，而是变成了一个刻苦训练的运动员。她几乎每天在游泳池里泡两个小时，按照标准的要求一遍又一遍地挑战自己的纪录。

14岁时，琳茜离开父母到达科罗拉多州进行专业集训。多年的苦练让琳茜以惊人的速度进入女子200米赛训练队。她将最美好的青春年华奉献给了每天持续不断的训练，琳茜的生活变得枯燥而单调，但她的内心深处，却充满了期待。几年后，她相继代表美国队参加了伦敦残奥会和里约残奥会，后到得克萨斯州当游泳教练至今。

在最美好的青春年华，琳茜曾遇到过美好的爱情。她与另一位残疾人运动员相恋多年，后因男友被派往外地而分手。爱情的滋养让琳茜更加相信幸福需要自己争取，曾经有过的自卑都为琳茜带来了动力。如今的琳茜自信而独立，她喜欢自己的假肢，喜欢自己的工作，梦想着爱情的来临。她在游泳池边向小队员们呐喊，孩子们课上视她为可敬的教练，课后与她拥抱欢笑，甚至俯下身来摸她那钢管假肢，咯咯地笑。

"没有我父母无条件的爱，我不可能有今天。"琳茜给我看手机里她与父母及祖父母的合影。每一次琳茜参加大型的国际性比赛，她的家人都会在看台上为她激动欢呼，呐喊助威。她的家人以无条件的爱，让琳茜不断地追求自我，实现自己的理想，直至成为一名非常出色的运动员。

童年时的安全感是一个人能勇敢坚毅地面对外部世界的精神保障。这份安全感，大多来自父母无条件的爱。即便身体有残疾，行动有困难，生活无法自理，但琳茜仍然被父母视如珍宝。他们极尽所能去爱她，帮助她实现梦想。

琳茜的故事让我想到了伟大的科学家霍金，他在 20 岁时身患渐冻症，在被医生判定最多只能活两年的情况下，是什么力量使他能活到 65 岁？霍金青少年时期曾叛逆不羁，但却一直被父母接纳和信任。他 21 岁时与妻子简结婚，简在知道他得渐冻症且时日无多的情况下，仍然选择嫁给了他，并给予了他无条件的爱。正是这种无条件的爱，让霍金展现出惊人的生命力，好好地活了下来，并创造了科学的奇迹及生命的奇迹。

坚毅品格从何而来

很多父母都懂得坚毅品格对于孩子的成功很重要，但却误以为培养坚毅品格就是强迫孩子去面对苦难。有的父母不顾孩子的恐惧，以直接把孩子扔进游泳池的方式来教孩子游泳。孩子因为恐惧而拼命扑腾自救，的确有助于快速学会游泳，但这种通过恐惧而得来的技能，背后却是安全感的极大缺失，孩子对成人不信任，甚至不敢面对真实而残酷的世界。

21 世纪初，我在中国当记者，广东的经济蓬勃发展，我曾采访过很多企业主。这些企业家们谈到童年时都很感慨，在他们的童年时期，家里经济条件并不好，但在他们的记忆中却有很多在山野疯玩的片段，以及母亲为他们准备晚饭，看着他们狼吞虎咽时，眼神里散发出来的无限的爱的光芒。在家里，一个温柔的母亲能带给孩子的是无限的滋养。

通过近 10 年来对家庭教育的学习与研究，我慢慢地能从很多人的性格中看到他们原生家庭中父母的性格。尽管人的性格在成长过程中会因为经历而改变，但父母不同的管教方式仍然会给他们留下深深的印记。

有一位女士跟我谈到她的丈夫十分追求完美，把一件产品做得尽善尽美，但却没有把产品推向市场的勇气。因此他总是浪费很多钱和时间做产品，却失去了很多推向市场的机会。我问她，你的先生是不是有一个非常严厉的妈妈？她十分惊讶，问我是怎么知道的，因为她的婆婆属于那种咄咄逼人的人，她根本没法与她婆婆好好相处。我又问她的先生是不是在家排行老二，她说是的，她觉得我能做出此判断实在不可思议。我告诉她，一个十分严厉强悍的母亲往往对老大有非常高的要求，如果老大是叛逆型性格，他就会游离在自我迷失的边沿；但如果老大是顺从型性格，他则会得到更多的关注与重视，可能会拥有比较好的前途。对于老二来说，不管老大是叛逆或顺从，老二通常都会成为一个完美主义者，总是希望用讨好、百分百努力、做得最漂亮等方式夺取母亲的爱与关注。严厉的母亲往往更关注老大的发展，因此只希望老二做个乖孩子，于是老二就很容易顺从母亲，凡事不敢自己做主。严厉的母亲所培养出来的老二，可能会成为非常出色的工程师或艺术家，但如果没有对自我真实地进行剖析，以及与自己的童年有效和解，便会在创业道路上举步维艰。

安是两个男孩的母亲，她在美国的一家电脑公司当高管，属于职场上的风云人物。她深知做一个温柔的母亲对于孩子的重要性，所以尽一切努力做一个温柔的母亲陪伴孩子。她在工作之余学习烘焙为孩子们做好吃的，陪孩子读书游戏，节假日与孩子外出郊游。在孩子眼里她不是一个严厉的母亲，她使孩子们感到温暖舒适，像一个安全的港湾。孩子们愿意跟她谈论自己的想法，甚至在失恋和考大学等重要关节点，都会跟母亲分享自己的悲伤或担忧，寻求母亲的建议和帮助。安提出了做好孩子"后勤与粉丝"的观念，她称自己不懂音乐，因此觉得正在学音乐又能弹出十分美妙曲子的儿子十分厉害，自然而然地成为了孩子的粉丝。这种粉丝的欣赏心态激励儿子努力去追求更高的成就，终于考上了音乐学院，成为音乐人。

美国新泽西州的父母子女教育俱乐部的总顾问廖冰提出了一个"与孩子站在同一战壕"的概念，父母不应该把自己放到孩子的对立面，而应该成为孩子背后的忠实粉丝。这个观点很好地概括了上面两个案例的成功之处。遗憾的是很多父母很容易把自己放在孩子的对立面，认为孩子不如父母厉害或聪明，以挑错和否定的方式把孩子越推越远。

有个叫安迪的小男孩不爱说话，他的父母感到很困惑，为什么安迪不爱说话？即便父母不小心冤枉了他，他也从不解释或反抗。安迪的爸爸是大学教授，妈妈是公司高管，他们是理论水平极高又非常强势的父母。安迪只要说出一个观点，都能被父母从中挑出错来，并被狠狠地批评指责。慢慢地安迪觉得自己不应该说话，因为只要说出来都是错的。于是他屏蔽了与父母的交流，对说话失去了兴趣，把自己埋藏在虚幻的电子游戏世界里，不愿意与真实的世界接触与交流。

对与错只是人类的想法，不同的环境下，对错其实并不重要。记得有一年我带孩子回中国，我带着两个孩子一起到西安讲学顺便游玩。晚上我们去逛"大唐不夜城"，看到了一个很奇怪的兵马俑。这个穿着盔甲的兵马俑悬在半空，只有一根铁棒兵器接地。更奇特的是，这个兵马俑不是雕塑，他的头是会动的。当有人去敲他的衣服时，他的头就会转向那个人，怒目而视，有时甚至可以把头转到身后。这个奇特的兵马俑引来了很多游客的围观，我的孩子们也好奇地边吃棒棒糖边观看。我8岁的儿子站在兵马俑前停留了近20分钟，这里碰碰那里碰碰，然后他大声地对我喊话说："妈妈！我知道这个兵马俑是怎么回事了。他只有头是活的，身体是假的。"围观的游客听孩子这样说，都哈哈大笑。对于我们成年人来说，很容易就看穿这个兵马俑的把戏，外面庞大的盔甲是固定不变的，而那个小伙子只是坐或者站在那个盔甲里面，这是他的工作。但我不能打击儿子思考的能力，他的想法对不对不是最重要的，更重要的是他会去思考问题背后的原因。

我搂着儿子说："嗯！你说得有道理！我也只看到他的头在动，他的身体根本不会动。不过他怎么只有头会动？难道他是一个妖怪？"说完我就笑了。

儿子跟着我一起笑，他又转悠了几圈，回来偷偷对我说："妈妈，他外面的衣服是假的，我刚才偷偷用指甲戳他的屁股，他的屁股是硬的，他也没有感觉疼。他外面那件衣服肯定是假的。"我哈哈大笑起来，儿子的这种好奇与真实把我深深地打动了，我忽然觉得做一个孩子是多么有趣的事。

我儿子花了30分钟认认真真地观察这个兵马俑，最终得出了结论，是有个人躲在假衣服里面。这30分钟时间，我和其他人都在旁边等待，看小摊上的小玩意，直至儿子自己完全弄明白了来告诉我们答案。我很高兴把这30分钟留给了儿子去思考，一个思考的习惯，会比正确答案重要很多倍。

终身学习能力

阅读量是一个人获得终身学习能力的基础，如果一个人热爱阅读，那不管在人生的任何阶段，他都能从阅读积累中找到成长的动力。在人生的很多关口，那些热爱阅读的人，也能从阅读中找到稳定情绪与解决问题的办法。美国的教育并不太重视知识的灌输，大多数小学生没有作业，但都会要求孩子每天至少阅读 20 分钟。不管是公立学校还是私立学校，对阅读量的要求都非常严格。孩子在学校里，阅读是一门单列出来的课程，老师会跟孩子们大量地阅读各种主题的图书，也会为孩子们安排安静阅读的时间。

美国大小城镇里的图书馆非常多，几乎每一个有人居住的社区附近，都有一个大型的图书馆，居民可以免费享用公共图书馆里的图书，很多图书馆开放给居民的可借阅量达到一次 50 本。因此，孩子们每周在学校大概能阅读 20 ~ 30 本童书，我每周还会带孩子们去一次公共图书馆，借阅 30 多本图书。年幼的孩子在一周内的读书量可以高达 50 本，这是一个十分惊人的数字。

在我看来，孩子做大量的习题和作业只是为了应付考试，一个人如果没有很好的阅读习惯，就很容易在没有考试压力的情况下放弃学习。阅读习惯的培养能让人对人生有更多的选择权，并享受由读书带来的好处。纵观社会上的很多成功人士，大多在童年阶段并不十分出众，但正因为热爱阅读钻研，而能在某个领域拔尖，并因此具有持续的学习热情，从而有所成就。像美国很多企业家早期都在学习拉丁文或哲学文学历史之类的学科，这些学科尽管不如一些理工学科容易找工作，但相对而言，文史类学科对人价值观的塑造有非常大的帮助，也更容易培养人的思考与探索能力。扎克伯格在大学期间学习的是拉丁文，并在学习与不断阅读的过程中找到了改变世界的梦想。他的孩子出生后，他做得最多的也是培养孩子的阅读习惯。古迪纳夫教授就精通五种语言，同时也是文史哲各大学科的通才。他小时候曾有轻微阅读障碍，但并不妨碍他通过终身阅读与学习来改变世界。

我们应该如何培养孩子的阅读习惯？既然是习惯，那就一定是后天培养而来的。没有人天生就热爱阅读。很多家长自己不爱阅读，却要求孩子每天读书，那这种要求对于孩子来说就是酷刑。孩子不喜欢做父母要求他们做的事，但却会做他们父母喜欢做的事。这也是为什么如果父母在孩子面前喜欢拿着手机刷屏，孩子也就会对手机充满好奇而经常想拿来玩的缘故。歌手王菲的孩子也热爱音乐，不是因为王菲逼着她去学习，而是因为父母的热爱，对孩子起了耳濡目染的影响，成了孩子价值观的一部分。

书是好东西

孩子小的时候，我们得千方百计地营造一个"书是好东西"的观念和环境。热爱读书的父母，和孩子讨论的是书里的内容，书中人物的故事，书里教导的方法和技巧，如此一来，孩子就会产生一种"书是好东西"的观念，把阅读当成了一种追求。美国的教育把阅读看得非常重要，除了老师每天会给孩子们读书，讨论书的内容外，学校每年还会邀请一些童书作者到校与孩子们交流并合影。孩子们与自己喜爱的童书作者合影的照片常常会被贴在自家冰箱上，成为孩子们的骄傲。

学校每年还会举办读书节卖书，邀请家长到校为孩子们阅读，在孩子生日时可以在图书馆选一本书贴上孩子的生日标志。那些阅读量大的孩子，还会得到一些机构赠送的礼物。

强迫孩子去做的事情在孩子眼里就不是"好东西"，相反那些可以作为奖赏，需要通过很大努力才能获得，或者可能会被父母剥夺的东西在孩子眼里才是"好东西"。尽管我们不需要像犹太人那样把蜂蜜涂到书上以告诉孩子们书是甜的，但我们可以把和孩子一起读书的时间当作奖赏给予孩子。比如每天晚上睡前陪孩子读书，便是给予孩子在完成必须完成的任务如洗澡刷牙等后的"奖赏"。我晚上让孩子们去洗漱时，总是会加上一句："越快完成，就可以有更多的时间读书哦。"因为孩子们晚上睡觉的时间是固定的8点半，到点了就不管怎样都得睡觉，不能再读书了。孩子们为了争取有更多的读书时间，会迅速地完成应该完成的事，并形成了习惯。有时候他们为了获得多10分钟的读书时间，需要费很多口舌向我争取，而争取到了以后，他们会非常开心，这来之不易的10分钟会让他们对读书如饥似渴。

我小时候家里经济不好，父母也只重视学校的教育，不允许我们在家读"闲书"，只要求我们读类似课本或作文选之类的"有用的书"。我的姐姐非常热爱阅读，经常偷偷给我买一些"闲书"。我背着父母偷偷地读书，对书里描述的外面的世界如饥似渴。小时候千方百计读"闲书"的习惯让我找到了读书的乐趣，这种习惯一直陪伴我成长，成为我生命中不可或缺的娱乐方式，让我从中找到自我与自信。上大学的年代，随着电脑技术的发展和进步，电子游戏横行，韩剧肆虐。所有的大学宿舍都沉迷在一片打电子游戏或看韩剧的氛围中。我因为终于得到了很多读"闲书"的机会，如饥似渴地把很多时间花在了图书馆里，且养成了包里放一本书的习惯，只要有闲下来的时间，或者排队等待的片刻，我都习惯于掏出书来读读。

读书的习惯改变了我的思维模式，我们不再固守"好好学习将来找个好工作"的思维模式，我与先生决定出国深造，也是因着一本书的激励。在那个还没有"世界那么大，我想去看看"这句流行语的时候，我们从书里看到了外面的世界，以及我们心底的渴望。我先生在美国成为一名科研人员的时候，因为阅读带来的思维的改变，他毅然决定自己创业。这是一条艰辛的道路，但我们却乐此不疲。

阅读让我们坚持在每一个接触的领域都尽量让自己成为专家，创业以来，我们开始阅读学习管理学、经济学、商学等各种相关学科。有了孩子以后，我们通过阅读学习掌握了大量的家庭教育的专业知识。相信在经济爆炸的时代，学校教育只是教给了我们学习的方法，但真正意义上的学习，是我们通过大量的阅读来丰富自己的知识。

接触过各行各业的人，我们发现那些坚持阅读的人与不阅读的人，在多年以后必定会拉开差距。这就是终身学习的秘密。

孩子们已经对阅读如饥似渴，我们并不宣扬阅读的功利性，而只是让他们随心所欲地读。而且我们经常会对他们进行一些限制，如餐桌上不允许他们阅读，在车上不允许他们阅读，走路的时候不允许他们边走边读。但我越是限制，孩子却越是"中毒"更深，他们常常在我看不见的时候，偷偷地一边吃饭一边读书，或者躲在被窝里读书。我一边表示生气，一边心里偷偷地乐，一个热爱阅读的孩子，不用担忧他们的将来。

孩子是普通人

在我的"父母课堂"上，我用了两节课探讨了家长们的来自原生家庭的各种伤痛，以及他们如今与孩子之间的挣扎和困惑。动情之处，不少家长眼眶湿润。

桐来自中国南方，自小她父母遵从的理念是"学会数理化，走遍天下也不怕"，于是她在父母的棍棒底下用功学习。桐如父母所愿考上了一流的理工大学，学成后到美国深造，并自此定居美国结婚生子，异乡成故乡。

桐来找我是在一个母亲节的晚上，她给我发信息，称所有人都在朋友圈晒孩子送的母亲节礼物，而她却在母亲节当天把二年级的女儿暴打了一顿。孩子们都睡了以后，她在洗手间无助地发抖，于是她想起我来，希望能与我见一面。

做父母太不容易，而最艰难的事莫过于我们不认识自己。

第二天中午我和桐在一家餐厅见面，桐眉头紧锁，没有打扮，额前的几根白发隐约刻画着她生活的不如意。桐说，她之所以对女儿大打出手，是因为女儿在母亲节当天被中文学校老师投诉不肯做数学作业，并在家里对她出言不逊。桐不理解，自己小时候那么听父母的话，为什么女儿却要处处与自己对着干。女儿的数学成绩很糟糕，桐认为她如果数学学不好，未来便没有希望了。

我问桐，你女儿有什么爱好？桐称女儿虽然只有 8 岁，却热爱化妆打扮，还喜欢玩芭比娃娃，给芭比娃娃做衣服、梳头发等，她觉得很生气。我说她长大后不一定要像妈妈一样成为理工女，她或许可以成为美容师、服装设计师，甚至，即便她开个小店卖花、卖饰品也会非常快乐。

桐疑惑地看着我，孩子不能成为她心目中的精英，这是她无法接受的。

"我们都是普通人，对吗？"我问。

大多数通过学术之路移民美国的华人一代，都曾经历过家庭或社会教育中的"精英洗脑"。他们或许背负着"光宗耀祖"的使命，或许是为了"荣归"的名声，却很少去思考，即便我们远赴重洋、背井离乡，可我们仍然是一个普通人，过着普通人的生活。这个世界没有所谓的精英，精英只是人脑海中幻化的一种观念。最精彩的人生，就是做一个自信且内心强大的普通人。

我深深理解桐暴怒的背后，是那个在童年时曾经被极度压抑的自我，是那些她曾经不被别人理解的愤怒，这些被长期压抑的愤怒，使桐在她的女儿身上找到了出口。桐的父母自小为她灌输的只有"学好数理化，才能有出息"的观念，这种观念在潜意识中折磨着她。尽管意识上她知道任何行业都会出人才，即便开个美容店也能在事业上得到成功，但在潜意识深处，父母的影响如此深远，以致她在女儿的数学成绩不好时有着极强烈的忧虑，甚至暴怒与发抖。

这是桐的意识与潜意识之战，只要桐无法超越，无法让意识与潜意识达到和谐统一，这种战争就会持续发生，甚至越演越烈。

后来桐参加了我的"积极教养家长课堂"，从刚开始的每次都眉头紧锁，到半年后她每次走进课堂，都能与我们谈笑风生。

"嘿！你知道吗？昨晚我女儿说她长大后要做帮助穷人的工作，而且把她所有的零花钱都捐给学校。要是半年前，我一定会认为她疯了，肯定要把钱都抢回来。但昨晚我居然笑着对她说我真的很高兴她找到了自己想做的事。哦！还有一件事，上周我儿子用水彩笔在地毯上画铁轨，我居然没有揍他，而竟然会哈哈大笑说他画得不错，还趴着在他画的铁轨上跟他一起玩小火车。儿子一直跟我说说笑笑，最后与我一起把地毯擦洗干净了，还跟我击掌。真的太神奇了！"桐每次都迫不及待地分享她的喜悦，我们看着她日渐舒展的眉心，感受到了她发自内心的"笑"的感染力，所有人都会心微笑，充满喜悦。

请相信你足够好

芸是音乐高材生，博士毕业后在美国的一个知名乐团工作，曾经无数次与在国际乐坛上声名显赫的音乐家们同台演出。在美国的华人圈子里，芸的履历更接近于世俗认定的成功。第一次见芸时我误以为她是日本人，因为她待人接物非常谦虚谨慎，似乎随时准备好鞠躬的样子。这份谦虚让我感到不自在，所以我与她只停留在比较表面的交流上，彼此没有真实地沟通。

后来，我邀请芸来参加我的家长课堂，聊聊她的原生家庭的情况。芸说起了她的童年，她家里随时备着几根铁制的量尺，是她父母专门用于她不肯练琴时打她的工具。因为她抗拒练琴，所以她不知挨了父母多少顿打。她说她没有童年，从来不能跟其他小朋友一起玩，她所有的时间都用于练琴。童年时她对音乐非常痛恨，也因此痛恨父母。

天赋加上重复性的练习让芸在音乐之路上成长了起来，也逐渐获得了成就感，最终进入美国的名校，一切都十分顺利。只是两个孩子出生以后，芸开始痛苦地面对生活的一地鸡毛，她感觉自己不快乐、不自信，别人总是比自己好的观念一直折磨着她，她不知道真实的自己在哪里。一旦与先生产生争执，她便变得十分悲观，以离家出走的方式来逃避现实，在悲伤的情绪中越陷越深。

让芸抓狂的是，她的两个孩子并没有音乐天赋，当她在教自己的孩子们学琴的时候，孩子的挣扎和反抗让她怀疑人生，在逼迫孩子练琴的关节点上，她想起了自己父母的量尺，从而产生了用父母对待自己的方式来对待孩子的冲动。

"我不够好" 的想法总是让很多颇有能力与成就的人在轻微的挫折中就

产生悲观厌世的情绪。这种不够好的思维模式，大多来源于原生家庭中父母对她的评价。太多的家庭教育，总是希望以打击的方式达到让孩子变得更好的目的。孩子取得了好的成绩，父母明明心里很高兴，却因为害怕孩子"骄傲"，于是打击孩子说："骄傲什么，比你好的人多的是。"

曾经有一个案例，父母一直认为大女儿不如小女儿聪明伶俐，因为小女儿更懂得察言观色讨好父母，而大女儿无论做什么都无法得到父母的肯定和夸奖。大女儿努力在期末考试中考了第一名，当她把成绩单给父母看时，父母却说："光学习好没有用啊，你得像你妹妹那样学会待人接物。"大女儿十分生气地把成绩单撕碎。成年后大女儿考上了名牌大学，毕业后当了律师，却再也没有回家看望过父母。后来她患了非常严重的抑郁症，不被肯定的阴影伴随她一生。

好友苏因为童年时曾被父母抛弃，极度的不安全感让她变得暴躁冲动。为了报复父母的抛弃，她不断地把时间和精力投入事业中并做出了非常好的成绩，年纪轻轻便开始建工厂且把产品销售至世界各地。但苏始终难以进入一段持久稳定的感情，害怕自己在感情上的投入最终会遭遇抛弃。既渴望爱又害怕爱的矛盾心理让苏十分难受，并长期忍受着失眠的困扰。苏长期忍受的是父母"你不够好"的抛弃式否定，真正能让她重新信任他人并进入一段健康的婚恋，解决方式只能是她与父母的和解。她要真正地认识到不管谁认为她"不够好"，那都是别人的问题，而并不是她本身"不够好"。

在很多父母眼里，孩子永远都"不够好"，因为永远都有太多"比你好"的人。很多父母以为这是鼓励与鞭策，却不知道这是一种打击。父母通过"你不够好，所以必须努力才能变得更好"的方式来激励孩子，但孩子却因此患上抑郁症甚至自杀，这种现象屡见不鲜。"你不够好"是一把残忍的双刃剑，常常会把亲子双方都刺伤。

我的"父母课堂"很轻松，没有长篇的教学理论。我做得最多的，就是看着学员们的眼睛，微笑着，静静地听他们讲述他们的故事。在最后的引导式提问中，我会提出一些值得思考的问题，引发大家哈哈大笑，从而实现自我疗愈。

"如果再回到从前，你爸爸对你举起量尺时，你最想对那根量尺说的话是什么？"我问在座的家长们。家长们哄堂大笑，芸也笑得前俯后仰。昔日的皮肉之痛成就了今日的芸，因为与父母和解，芸也重新变得快乐。因着这份快乐，芸才开始微笑着面对自己的孩子"没有天赋"这件事，从而也就不再要求孩子跟随她走音乐之路。

"我会对量尺说，会弹琴的是我，不是你。"芸笑着说。

后　记

本书所描写的所有案例都是真实的，感谢接受我采访的每一个家庭和个人，感谢他们付出宝贵的时间跟我讲述他们的精彩故事！

感谢我的先生，他为家庭付出了很多爱，在创业的艰辛忙碌中仍然坚持在所有的节假日中陪伴孩子成长，带领孩子们滑雪攀岩，划艇冲浪，赋予孩子们坚毅勇敢的品格，让他们成为有生命力的孩子。

感谢我的孩子们，是他们让我有了写书的动力，是他们让我不断地自我反省与成长，也给予了我学习与追求个人梦想的内动力。

感谢清华大学出版社的张尚国老师，他花了一年多的时间为本书的出版做了大量的工作，并对书稿进行了反复的研读和指导。

感谢所有支持和帮助过我的朋友们。我们常常坐在一起喝茶闲聊，他们的各种辛酸与喜悦给予了我创作的无限灵感。

感谢美国奥斯汀的华盟组织以及周边城市的所有家庭教育组织机构，是他们给予了我无数次在台上分享家庭教育技巧与方法的机会。

感谢所有《积极教养》的读者们，你们的支持和对家庭教育知识的热切渴望催生了这本不一样的《培养未来 CEO：给孩子的领导力课》！未来我会继续努力修炼自我，希望能给大家带来更多更好的作品。

感谢我的父母和兄弟姐妹以及所有其他亲人们，感谢你们的肯定和接纳，让我有勇气追求自我实现。

愿我们的未来都充满阳光，让我们一起来培养未来CEO。